Découvrez l'histoire par les archives de presse

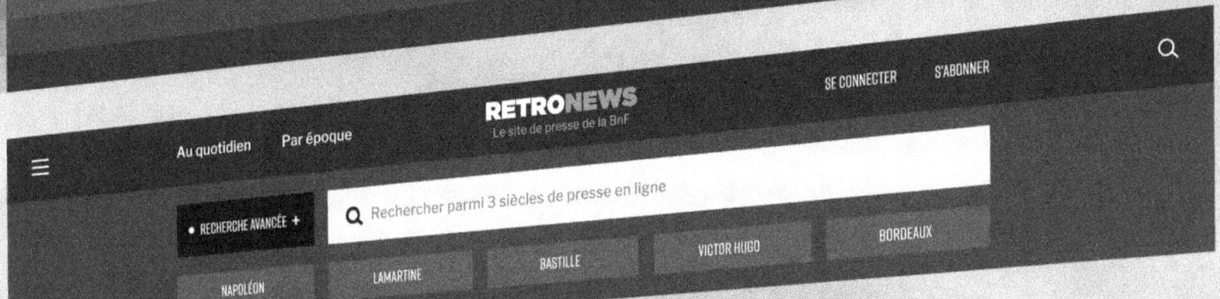

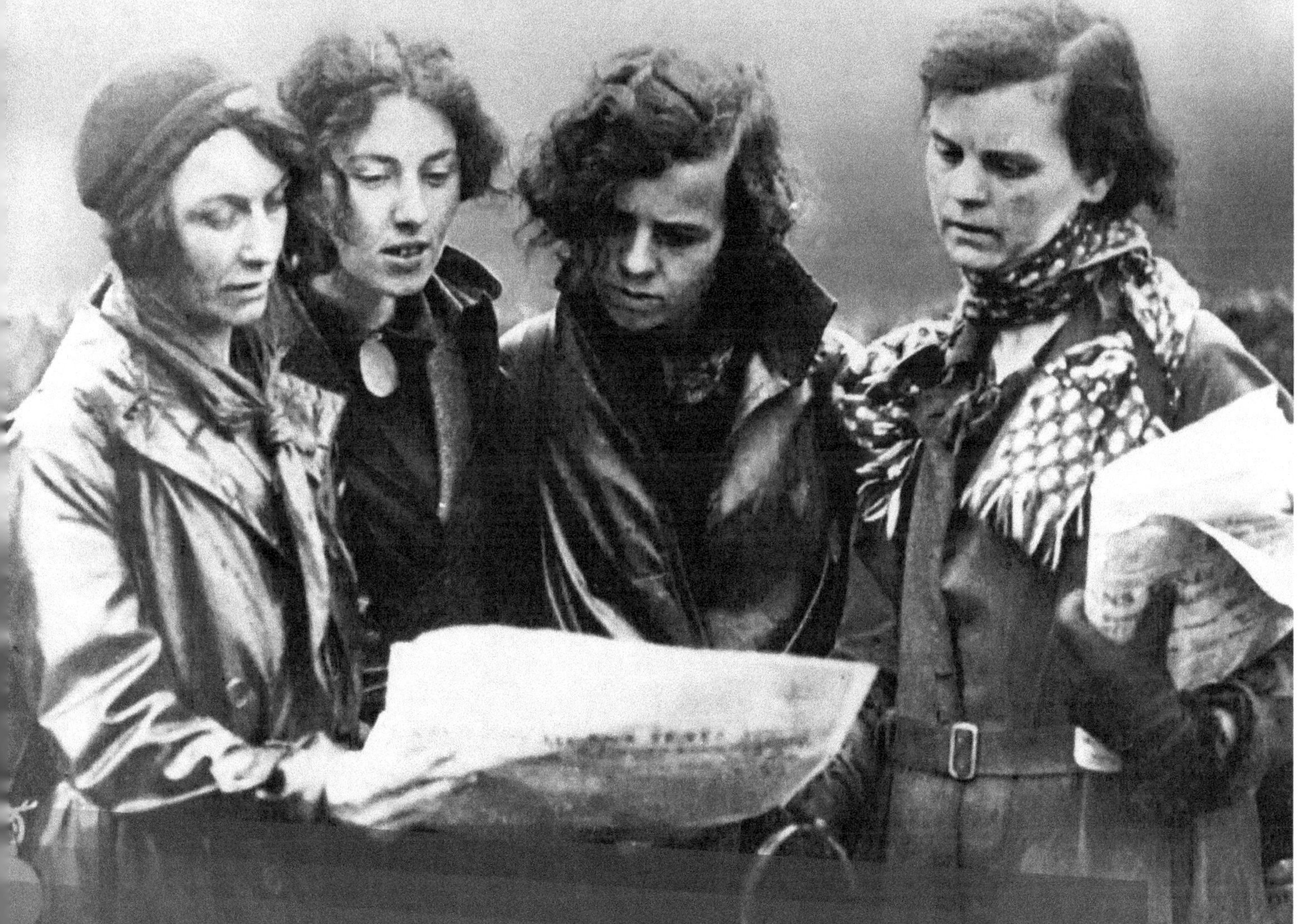

RETRONEWS

Le site de presse de la BnF

www.retronews.fr

L'Action Littéraire

et

Artistique

REVUE MENSUELLE

SOMMAIRE :

Janvier 1904

ADMINISTRATION & RÉDACTION : **5, rue Bonaparte, PARIS (VIe)**

Abonnements { *France et Colonies :* Un an, **20** fr. — Six mois, **10** fr. — Trois mois, **6** fr.
Étranger : Un an, **25** fr. — Six mois, **15** fr. — Trois mois, **12** fr.

NOTRE BUT

*Le mieux-être par la foi
dans un idéal, le travail,
l'union et la paix.*

Les lettres et les arts ont sur la mentalité d'un peuple, et par suite sur ses destinées, une influence que les historiens ne manquent jamais de faire ressortir ; mais il arrive souvent que celles des œuvres littéraires et artistiques qui auraient l'influence la plus salutaire, qui mériteraient le plus d'être connues et appréciées, sont précisément celles qui restent ignorées. A l'heure actuelle la réclame tapageuse chèrement payée est aussi nécessaire pour faire prendre une œuvre d'art qu'un produit commercial. Le talent est devenu la chose la moins utile pour réussir. Deux sortes d'œuvres parviennent seules au succès : celles qui sont annoncées avec beaucoup de bruit, celles qui ont l'attrait de la lubricité. Ces dernières ne se trouvent pas seulement dans des publications spéciales dont le titre et l'aspect ne trompent pas, mais, ce qui est plus dangereux, dans certains grands journaux quotidiens à un sou, feuilles puissantes enrichies en se faisant entremetteuses pour adultères dans de « petites annonces » très rémunératrices. Et voici comment le « poison de la littérature » pénètre chaque jour pour un sou dans les foyers les plus pauvres.

Il ne faut peut-être pas chercher d'autres causes à la décadence morale actuelle. Il est déjà douteux que des esprits très cultivés puissent lire impunément les conceptions morbides des cerveaux de nos neurasthéniques ; il est en revanche certain que pareille lecture se trouve néfaste pour tous les autres esprits, c'est-à-dire pour la grande majorité des lecteurs. La littérature à un sou ! C'est à peu près la seule qu'on connaisse aujourd'hui. Pour un sou on a trois ou quatre feuilletons, plusieurs pages de faits divers troublants avec leur odeur de sang et de poudre, faits divers qui contiennent d'utiles leçons à l'adresse des aspirants criminels. Voilà une abondante lecture pouvant occuper plus que toutes les heures libres de la journée de l'ouvrier ou de l'ouvrière. Il leur en reste encore pour leur dimanche !... Et les romans d'amour sain et pur,

qui apprennent la vie et font penser, sont abandonnés de plus en plus...

Nous ferons connaître par cette Revue, par d'autres publications plus fréquentes destinées à pénétrer dans les foyers pauvres, par des conférences, les œuvres littéraires et artistiques de nature à donner le goût du beau, la notion de la vérité, l'amour de tout ce qui est noble et généreux. Ainsi nous parviendrons à réaliser notre but, à la vérité très prétentieux : refaire la mentalité de ce pays dévoyé par les souteneurs de la littérature pornographique comme par les sophismes des politiciens.

Nous voulons que l'action littéraire et artistique passe au premier plan, du dernier où elle se trouvait, peut-être.

L'œuvre d'art véritable ne trompe pas ; elle montre la vérité, elle dirige la raison et le cœur.

La vérité est dans le travail personnel qui permet les joies immédiates ; l'erreur est dans la confiance en les promesses d'autrui de travailler pour vous à votre bonheur, elle consiste à rester inactif, les yeux tournés vers les idoles qu'on croit toutes-puissantes. Mais, pour qu'une œuvre littéraire et artistique soit bonne, il ne lui suffit pas de montrer cette vérité et cette erreur, il lui faut indiquer en même temps l'idéal nécessaire ; l'amélioration matérielle qui résulte du travail personnel procure une joie incomplète si elle ne fournit pas aussi le moyen d'approcher l'idéal généreux qu'on s'est formé.

Nous sommes des travailleurs, nous voulons le travail dans l'union et la paix. Nous travaillerons à ce que les divisions et les haines actuelles cessent, parce que la haine ne crée rien de viable. Nous travaillerons à faire comprendre aux hommes que, toujours faibles et impuissants quand ils agissent isolément, ils sont seulement capables d'œuvres grandes et fécondes quand ils s'unissent. Leur union est possible, malgré les divergences d'opinions, car ces divergences sont plus superficielles que profondes ; parfois même elles sont toutes factices, et en se différenciant de son voisin, on n'a pas le but de faire mieux que lui, mais seulement de prendre sa place. Il serait en vérité bien surprenant que les idées d'êtres ayant la même nature et les mêmes besoins fussent si profondément inconciliables.

Par une éducation raisonnée on arrivera à comprendre que chacun peut vivre, satisfaire ses légitimes besoins, sans que ce soit au détriment de ses semblables ; c'est par cette éducation

de l'esprit et par une action *pacifique* qu'on arrivera à trouver l'organisation capable de réaliser l'harmonie sociale, car la colère et la violence sont les plus grands obstacles à tout progrès. L'association de tous les travailleurs intellectuels et manuels, leur union solidaire dans le but de défendre leurs intérêts matériels et moraux, contient la seule solution vraie de la question sociale. Cette solution n'est pas et ne peut pas être, en effet, dans les promesses des politiciens, qui ont intérêt au contraire à la retarder, car ils en vivent, et à fomenter la haine, destructrice des œuvres existantes, pour remplacer celles-ci par une organisation satisfaisant les passions égoïstes d'une tourbe violente (1).

C'est alors qu'apparaît l'utilité de notre œuvre. Si l'on veut que l'union sociale, si féconde, se forme, il est indispensable que les esprits se soient unis d'abord, comme nous le disions tout à l'heure, dans « le goût du beau, la notion de la vérité, l'amour de tout ce qui est noble et généreux ».

Cette union se fera par les lettres et les arts, aussi indispensables à la vie de l'esprit que l'air pur et la lumière à la vie du corps. S'unir dans leur harmonie **ce n'est point rêver, c'est agir**, c'est apprendre à trouver la vérité.

Nous espérons que nos lecteurs voudront bien encourager de tout leur pouvoir notre œuvre d'action (2), au succès de laquelle ils sont directement intéressés, car, il ne faut pas craindre de le dire : d'une part le manque actuel de tout idéal, qui produit l'anarchie des cerveaux et l'égoïsme croissant, d'autre part le chaos des sophismes dans des esprits orgueilleux d'une instruction incomplète, nous conduisent à la guerre civile et à la barbarie.

L'Action Littéraire et Artistique.

(1) D'aucuns vont plus loin et prétendent que ce n'est pas seulement des politiciens qu'on ne peut rien attendre d'utile au point de vue du progrès social, mais même des législateurs honnêtes et désintéressés, car, disent-ils, les législateurs ne font qu'enregistrer, poussés l'épée dans les reins, des réformes depuis longtemps réalisées dans la volonté de leurs mandants. Cette théorie osée n'est pas seulement celle du parti libertaire, puisque nous la trouvions récemment exprimée dans les termes suivants par un membre éminent de l'Académie française, M. E.-M. de Vogüé : « Les gens asservis aux vieilles superstitions vont trop souvent chercher le point de départ de nos transformations sociales dans le recueil des lois ; ils attribuent l'évolution des mœurs à ces vains fantômes, l'initiative parlementaire, l'action gouvernementale. C'est voir une cause là où il n'y a qu'un effet, qu'un enregistrement docile des mouvements imprimés à la civilisation par le savant, l'industriel, l'ouvrier inventif. (*Le Gaulois* du 2 janvier 1904.)

(2) Lire à la dernière page ce qui a trait à *Notre Association*.

POST-SCRIPTUM

Un rayon d'or qui se faufile
Aux interstices des volets
Fait danser une longue file
De petits atomes follets.

. . . .
. . . .
. . . .
. . . .

Ils vont, viennent Mais d'habitude,
On ne peut les apercevoir :
L'air s'emplit de leur multitude :
On les respire sans les voir.

Leur existence qu'on ignore
Ne se révèle brusquement
Que lorsqu'un rais de soleil dore
Leur humble poussière, en passant !...

*
* *

Et je pense à ces pauvres diables
Qui s'agitent autour de vous,
Poètes, rêveurs misérables,
Artistes aux grands projets fous !

Ils sont là dans l'ombre, qui riment,
Qui peinent sur leurs œuvres, — mais
C'est pour eux seulement qu'ils triment...
Et vous ne les voyez jamais !

Vous ignorez leur existence
A tous ces humbles faiseurs d'art,
Bourgeois pleins de votre importance !
Mais lorsque par un pur hasard

La lueur de gloire est tombée
Sur un petit groupe d'entre eux,
Vous les admirez, bouche bée,
Ceux-là, qui furent plus heureux !

Car ils sont comme la poussière
Des petits atomes danseurs,
Qu'on ne voit que dans la lumière,
Les artistes et les penseurs !...

Le rayon faufilé dans l'ombre,
Dans lequel seul on peut les voir,
Est trop étroit pour leur grand nombre,
Et beaucoup restent dans le noir.

Dans cette clarté d'auréole
Tous voudraient bien un peu venir,
Hélas, et leur désir s'affole
De n'y pouvoir pas tous tenir.

Ils y voudraient vite leur place,
Car bientôt ils seront défunts...
Mais la gloire, la gloire passe, —
Et n'en dore que quelques-uns !..

EDMOND ROSTAND.

(*Le Bal des atomes.*)

L'*Action Littéraire et Artistique* se propose de donner place, dans la mesure où elle pourra le faire, aux idées de ces « rêveurs misérables » dont parle M. Edmond Rostand avec une grâce si charmante et si émue.

Tout essai de leur part sera accueilli avec bienveillance, à la condition qu'il cadre exactement avec notre but, et porte la marque d'un esprit original et sincère.

A. L. A.

La Question des Nationalités

Un article de M. Chélart, publié en septembre 1903, dans le *Mercure*, sur la question des nationalités, pourrait servir de conclusion à la grande enquête poursuivie récemment auprès des plus grands penseurs et savants de notre époque sur l'idée de patrie (1). L'attitude prise en face de ce problème par la plupart d'entre eux s'y trouve très naturellement expliquée. Voici l'analyse de cet intéressant travail qui est devenu, par suite des circonstances, la critique d'une critique.

La question des nationalités s'entend du mouvement qui porte certaines populations de même origine, de même langue, mais faisant partie d'Etats différents, à constituer un seul corps politique. Dans l'Etat primitif, l'identité de race est la base de l'unité politique. L'histoire et les mouvements économiques arrivent ensuite à répartir des populations de même sang entre les mains de souverains différents. Autrefois, personne n'y voyait d'inconvénient. Aujourd'hui les souverains ou Etats, menacés dans leur intégrité par la tendance très marquée des individus à s'unir quand ils parlent le même idiome ou ont ensemble des affinités ethnographiques, s'opposent à ces revendications. Ainsi se pose le problème des nationalités.

Ce problème est inévitable, mais non pas insoluble.

Il se rattache aux mouvements historiques qui transforment notre société depuis l'avènement du Christianisme et la Réforme. Pour arrêter l'agitation des races, il faudrait passer outre sur ce fait qu'en s'éclairant les peuples, comme les hommes, prennent conscience d'eux-mêmes, et arrivent à vouloir se diriger librement.

Mais il ne s'ensuit pas que le progrès même de la civilisation aboutisse à la constitution, coûte que coûte, d'énormes agglomérations ayant pour base des affinités ethnographiques et la communauté de l'idiome. Les peuples occidentaux ont dépassé ce moment. L'interdiction du breton dans les églises de Bretagne n'a pas, d'une manière générale, produit l'effet d'un

---

(1) Voir les numéros de la *Revue* des 1ᵉʳ et 15 janvier et celui du 1ᵉʳ février, qui paraît au moment où nous mettons sous presse.

coup porté au cœur d'une race. Dans la constitution d'une nationalité, à mesure que la culture d'un peuple s'élève, l'identité de sang et d'idiome fait place à la sympathie morale. On voit naître alors comme une sorte de prolongement des nationalités ethnographiques, une nationalité élective, reposant sur un amour commun de la liberté, sur le culte d'un passé commun, sur un sentiment de communauté dans les intérêts et dans les idées. Ainsi se charge peu à peu de sens, et devient plus digne de respect, l'idée de patrie.

Le principe des nationalités revendique pour les races l'autonomie et l'unité. Où est l'origine de ce droit ? Ce n'est pas la race qui le confère, pas plus que la latitude ou le climat : c'est la qualité d'homme, avec ses droits naturels, que possèdent les individus qui se sont groupés en société. Si donc la revendication de l'autonomie par les peuples opprimés est chose sacrée, la revendication de l'autonomie pour les races est chose indifférente pour elle-même et ne peut constituer un droit. Les petites races d'Orient ont le sentiment obscur de cette vérité quand, pour réclamer l'autonomie, elles commencent par se dire opprimées.

Ainsi donc des différences d'origine ne sauraient être des raisons de haine. Le droit est violé lorsqu'un peuple se voit déchirer par la force sa constitution nationale ou réduire son territoire. Mais il n'est pas violé parce que plusieurs nationalités, plusieurs races se trouvent réunies dans un même État, sous une même constitution. Le droit est d'ailleurs sur ce point en accord avec la nature, dont le but paraît être le croisement des races, afin d'en créer de nouvelles plus fortes. (Le génie des États-Unis, d'Angleterre, de France, le peuple métis par excellence, est plus varié que celui des peuples dont la nationalité est plus pure, comme l'Allemagne, l'Italie.)

Cet article de M. Chélart mérite d'être relu et médité. En mettant bien en lumière chacune des deux faces de la question : d'une part, ce qu'on pourrait appeler son côté tragique, les moments de crise où la conscience nationale se réclame, à juste titre, du droit contre l'oppresseur ; — d'autre part, le progrès normal de la civilisation, au cours duquel on ne saurait mettre en travers de l'œuvre de croisement, poursuivie par la nature, de prétendus droits naturels de race, M. Chélart montre qu'il y a sur le problème deux points de vue également légitimes. C'est pour avoir choisi l'un à l'exclusion de l'autre que les esprits les plus généreux et les plus éclairés de notre époque ont révélé entre eux des divergences profondes. C'est pour n'avoir pas fait les réflexions auxquelles nous invite M. Chélart qu'on est parfois embarrassé pour expliquer la présence en soi-même de deux tendances qui se réclament toutes deux de quelque chose de profond et qui sont en apparence contradictoires.

PAUL VUILLERMOZ.

Le Sentiment de la Patrie
et l'Idée de Patrie

Il paraît que « jamais plus qu'aujourd'hui, il n'a été opportun de préciser le sens qu'il convient d'attacher au mot « patrie ». C'est M. Sully-Prudhomme qui l'affirme (1). Je me permets de croire très exagérée cette affirmation pénible à entendre. Comme le reconnaît M. Gabriel Monod, « les querelles que ces deux idées (patriotisme et humanitarisme) suscitent encore ne sont que des querelles de parti et non des controverses philosophiques. » Aussi la grande consultation entreprise par notre confrère la *Revue* auprès de cinquante-cinq philosophes, hommes de lettres, savants, hommes politiques et polémistes en vue de notre époque, en France et à l'Étranger, n'a pas ajouté grand'chose aux données du problème. Il y a là, assurément, cent pages remarquables qu'on a bien fait de publier ; mais les idées qu'elles contiennent se trouvent résumées dans tout bon Manuel de philosophie, au chapitre de la Morale, traitant de : Nos devoirs envers la « patrie ». Cinquante-cinq hommes éminents n'ont pas trouvé une idée nouvelle sur la question, tant il est vrai que « tout a été dit depuis qu'il y a des hommes, et qui pensent ». Il semble même qu'aucun d'entre eux n'ait fait une distinction qui éclaire tout, car elle montre à quel moment et pour quelle cause les internationalistes se séparent de nous.

Le mot « patrie », qui vient du mot latin « *pater* », père, indique, dans son sens premier et étroit, le coin de terre

(1) Dans la *Revue* du 1er janvier 1904, où il écrit avec son talent de plume accoutumé un article intitulé : *Patrie et humanité.*

qui nous a donné naissance. C'est à dessein que je dis « *qui nous a donné naissance* » et non pas « *où nous sommes nés* », selon la définition courante. Notre vie ne tient pas seulement, en effet, aux deux êtres de qui nous tenons le jour ; elle tient au pays où ces êtres ont vécu, ainsi que tous ceux qui nous ont aimés les premiers avec eux ; elle tient à l'air que nous avons respiré ensemble, au climat particulier auquel nous nous sommes habitués, aux fruits de la terre dont nous nous sommes nourris, aux « objets inanimés » vus chaque jour durant des années, et restés nos amis fidèles. Ce sentiment, qui s'attache au coin de terre, se fortifiera encore si, là, depuis plusieurs générations, nos ancêtres ont vécu et reposent.

Je défie tout internationaliste sincère de me dire qu'il n'éprouve pas ce *sentiment* de la « patrie. »

Mais, à côté de ce sens très simple, sens d'une vérité profonde et indiscutable, le mot « patrie » a un sens moins net et plus discuté quand il comprend l'ensemble des petites patries *paternelles*, — si l'on peut ajouter ce mot, afin d'insister principalement sur le lieu qui nous a fait naître. Il est aisé de comprendre que, par les alliances des familles et par les facilités des communications, le « coin de terre » constituant la « patrie » pour toutes les raisons que nous indiquions tout à l'heure, s'est élargi. L'union d'un plus ou moins grand nombre de familles, et leur solidarité nécessaire en présence de familles voisines et rivales, a formé l'État. Le gouvernement politique est intervenu et a agrandi encore la « patrie », selon l'ambition plus ou moins grande de ses différents chefs. Ce ne fut plus alors qu'un lien politique qui unit les habitants d'une même patrie. Ce lien n'est évidemment plus formé par un *sentiment*, mais par une *idée*. Il importe donc de bien distinguer le *sentiment de la patrie, et l'idée de patrie*. C'est ici, en effet, que les internationalistes se séparent de nous. « Votre idée de patrie ne repose, disent-ils, sur rien de sérieux et de profond ; elle n'a pas des origines pures et élevées. Il a plu, certain jour, à quelque grand seigneur ambitieux et ne regardant pas à verser le sang, d'aller prendre par la force les terres voisines des siennes, afin de s'enrichir davantage en pressurant un plus grand nombre de travailleurs. Voilà la patrie agrandie par le vol et le carnage. Et si un autre jour une partie de cette patrie fait envie à quelque autre seigneur aussi ambitieux et guerrier, il faudra que le peuple, dont on a disposé malgré lui, qui ne fut pour rien dans le vol et le carnage, répande encore son sang. Une telle idée de la patrie, s'écrient les internationalistes, est funeste et criminelle. »

Pour leur répondre, il n'est pas besoin d'essayer de montrer que toutes les patries ne se sont pas formées ainsi ; il faut dire que nous n'avons pas à établir, à l'heure actuelle, le certificat d'origine morale des patries, que nous devons simplement nous placer en présence des faits. Or, les faits, les voici : Depuis un nombre plus ou moins grand d'années, plusieurs millions d'habitants sont en relations étroites, quoique de mœurs différentes parfois, et partagent un sort commun ; ils se déclarent satisfaits de cet état de choses ; ils forment, dès lors, une patrie, et cette patrie doit être inviolable. L'*idée* de patrie qui les unit est d'ailleurs féconde et doit être entretenue avec soin chez eux, parce qu'elle excite leur amour-propre, parce qu'elle les fait travailler à surpasser leurs voisins, et que les progrès ainsi réalisés par une patrie profitent ensuite à toutes les patries. La coexistence d'un grand nombre de patries est une *source de progrès ;* voilà ce qu'il faut dire bien haut et répéter souvent. « Si, conformément au rêve que nous ont légué tant de nobles esprits, dit M. Anatole Leroy-Beaulieu, l'humanité doit un jour être organisée en un tout homogène et harmonieux, ce ne sera point par la destruction de ces grandes et immortelles personnalités de l'histoire, ayant chacune leur génie propre, qu'on appelle les nations ; — ce sera, tout au rebours, par leur alliance et par leur collaboration raisonnée et consciente. »

Le lien *idéal* qui unit les membres d'une grande patrie est aussi étroit que le lien *sentimental* qui unit les membres d'une petite patrie ; c'est là une des manifestations les plus admirables de la puissance de *l'idée*.

Les Bretons et les Gascons peuvent être, chacun de leur côté, très attachés à leur histoire, à leur langue et à leur littérature ; mais les uns et les autres éprouvent, malgré cela, la même émotion patriotique au récit des victoires de Rocroi et d'Austerlitz ; les uns comme les autres éprouvent la même fierté en entendant louer le génie de grands Français comme Victor Hugo et Pasteur ; les uns comme les autres se sentent encore plus profondément attachés à la France au récit de ses revers immérités.

Cette *idée* de la patrie est raisonnable et saine ; elle éveille dans nos âmes et y entretient les sentiments élevés ; elle est, d'ailleurs, également éloignée du cosmopolitisme utopique et du chauvinisme stupide. Le cosmopolitisme détruirait l'émulation chez les peuples, et le chauvinisme, en les isolant les uns des autres, nuirait à leur prospérité particulière, — partant à la prospérité universelle. Il faut donc développer l'idée de patrie chez ceux qui s'instruisent ; elle est la condition du progrès et de la vie d'une nation. Une nation n'ayant plus l'amour de la patrie marche au suicide, comme un homme qui n'a plus l'amour de la vie.

LE FRANÇOIS.

P.-S. — Extraits de l'enquête de la *Revue*.

1° *Sur la facilité qu'il y a à se dire internationaliste.* —
La folie internationaliste.

« Dire à la cantonade qu'on aime tous les hommes et qu'on leur est à tous dévoués, c'est émettre une affirmation fort attrayante, mais peu gênante en fait.

« Le citoyen, le compatriote, c'est le *prochain* visible, spécialement désigné à notre attachement et à notre dévouement ; l'idée de patrie, ainsi envisagée, est comme une forme contraignante du lien social. Les déclarations d'amour à l'endroit des Hottentots risquent fort de demeurer platoniques ; l'acceptation d'un lien qui nous enchaîne à nos compatriotes entraîne des devoirs. »
M. Goyau.

— « Je me méfie des gens qui prétendent s'enthousiasmer pour l'humanité et commencent par tourner le dos à la partie de l'humanité qui leur est la plus proche et la plus familière. Ils rappellent fâcheusement ces testataires qui déshéritent leur femme et leurs enfants et lèguent leur fortune à quelque institution publique, peut-être à quelque chimère prétendue noble. Le psychiatre sait que ces bienfaiteurs publics, à qui parfois on érige des monuments, sont presque toujours des aliénés méconnus, des persécutés qui se servent de leur testament comme d'une arme de vengeance posthume contre ceux que leur délire leur fait considérer comme des ennemis.

« Une solidarité humaine qui n'est pas une solidarité nationale est suspecte, parce qu'elle n'observe pas la marche de l'évolution naturelle avec ses étapes successives. »
Dr Max Nordau.

2° La patrie change avec les temps.

« Ma patrie est la Hollande, mais, il y a un siècle, c'était la France, car la Hollande était devenue une partie de la France par la force des armées de Napoléon. Il y a quatre siècles, c'était l'Espagne, car la Hollande fut sous la puissance du roi Philippe II d'Espagne et de Charles V. La patrie change avec les temps. Auparavant, les villes du même pays comme Amsterdam et Utrecht se faisaient la guerre ; maintenant, ce sont des parties du même pays. »
M. Domela Nieuwenhuis.

« En Italie, pendant le moyen âge, les Vénitiens haïssaient et tuaient en guerre les Gênois ; les Florentins tuaient les Pisans. Si on leur avait dit alors qu'on pouvait aimer sa petite patrie : Venise ou Gênes, Florence ou Pise, et aimer en même temps la grande patrie, l'Italie, peut-être eussent-ils répondu que de tels sentiments étaient inconciliables. »
Enrico Ferri.

« Il n'y a pas tant de siècles que les gens du royaume de Naples et ceux du duché de Milan, les Lorrains et les Bretons, les Normands et les Bourguignons, les Ecossais et les Anglais, étaient étrangers, ennemis, s'entr'égorgeaient, s'exécraient et s'outrageaient dans l'intervalle des tueries. Maintenant, ils sont frères. »   Urbain Gohier.

3° *Ubi bene, ibi patria.*

« Quand on demeure dans un pays où on trouve son pain, où on a la liberté de penser, de parler, de se réunir avec ses amis, on aime ce pays, parce que la perte de ce pays serait une perte intellectuelle et matérielle qu'on sentirait formidablement. Mais, quand on trouve la liberté d'avoir faim, quand on ne peut pas dire presque un mot sans aller en prison, on ne peut pas avoir d'amour pour ce pays qui ne vous offre rien de ce dont vous voulez jouir. *Ubi bene, ibi patria*, disaient les vieux Latins, et c'est la vérité. La patrie est donc partout où l'on se trouve bien. Et le plus grand patriote n'est pas assez sot pour préférer la vie de faim et de misère dans le pays de sa naissance à une vie de surabondance et de bien-être dans un autre pays. Pourquoi ? parce que la règle la plus élémentaire est : *primum vivere, deinde philosophari.* »

                                   M. Domela Nieuwenhuis.

Voltaire avait déjà dit : « On a une patrie sous un bon roi, on n'en a pas sous un mauvais ». C'est pourtant un fait constant que les hommes s'attachent à leur patrie, même quand ils y ont souffert.

4° *Les hommes sont aussi barbares qu'autrefois.*

« Les hommes sont aujourd'hui fondamentalement aussi barbares qu'il y a un, deux, trois, cinq ou dix siècles. Si dans leur conduite, les actes de violence sont moins nombreux et moins fréquents qu'autrefois, cela tient à ce que, par des circonstances extérieures indépendantes de l'état moral des esprits, les classes et groupes qui prédominent actuellement dans le monde peuvent satisfaire leurs appétits et leur ambition en ayant moins recours à la force brutale. »

                                   M. Ferrero.

LA QUESTION POSÉE :

La question posée par notre confrère était la suivante :
« *Le patriotisme est-il incompatible avec les sentiments humanitaires* » ? Tout le monde a répondu : non, — sauf ceux qui ont
répondu sans vouloir se souvenir de la question, uniquement
préoccupés de donner une opinion politique. Or, la politique est
ici plus néfaste encore que partout ailleurs.

M. Enrico Ferri n'a pas oublié la question quand il a écrit :
« Il n'y a pas d'incompatibilité nécessaire entre l'amour de sa
propre personne, celui de sa famille, celui de sa patrie, et celui
de l'humanité. C'est la dégénérescence de l'amour personnel
qui tue l'amour familial, et ainsi, de degré en degré, c'est la
dégénérescence du patriotisme qui nuit à l'humanité. »

M. Vandervelde suit la même idée dans cette formule : « La
patrie est un cercle dont le centre est en chacun de nous et la
circonférence nulle part. »

« L'amour de la patrie et l'amour du genre humain sont des
plus compatibles, dit M. Louis Havet, comme l'amour de la
famille est compatible avec l'amour de la nation ou avec l'esprit
de corps. Bien plus, je les crois inséparables s'ils ont le sens
commun, car l'amour de l'humanité ne serait qu'une aspiration
en l'air, incapable de travailler à sa réalisation partielle, et
l'amour exclusif de la patrie serait un égoïsme dangereux pour
la patrie même. Il me semble que tout cela ne pourrait même
pas être mis en question dans un pays comme la France, *si
nous n'étions dans un temps d'équivoque.* »

Voilà la vérité. Nous sommes dans un temps d'équivoque.
On pourrait bien chercher qui a fait naître l'équivoque, mais
laissons ce point de côté. Il est de toute évidence que l'incompatibilité n'existe pas « entre le patriotisme et les sentiments humanitaires. » Il faut dire avec Marc-Aurèle :
« Comme Antonin, ma patrie est Rome ; comme homme, ma
patrie est le monde. »   L. F.

Les Victimes du dédale

A propos du « Dédale » de M. Paul Hervieu. — La porte du
dédale doit être refaite.

Le talent de M. Paul Hervieu attire de nouveau l'attention
sur cette *question du divorce* que l'accroissement des procès
rend de plus en plus grave. Le nombre des instances a en
effet doublé depuis la première année de la mise en vigueur
de la loi rétablissant le divorce : il est monté de 4.000 à 8.000.
Le tribunal de la Seine a été jusqu'à prononcer 270 divorces
en un jour.

La loi, qui permet plusieurs mariages et divorces successifs,
n'autorise pas le « remariage » (1) avec un époux autre que
le dernier. Madame, ne rencontrant pas chez son mari toutes les
qualités qu'elle attendait (et qu'elle-même aurait de la peine
à bien préciser), s'est décidée soudain à divorcer ; puis elle
s'est remariée, et ayant constaté que son second époux ne possédait pas plus que le premier les qualités désirées, qu'il avait
même quelques défauts de plus (cela est très fréquent),
elle a divorcé également avec lui ; désespérant de mieux
trouver, le désir lui vient de se remarier avec son premier
mari. La loi le lui interdit. Si, néanmoins, elle reprend avec
lui la vie commune, tous deux ne pourront jamais être, aux
yeux du Code, qu'amant et maîtresse ! Ne nous arrêtons pas
à constater que cet empêchement a refait parfois d'heureux
ménages, l'esprit de la femme étant si bizarre et si capricieux
que la seule pensée de ne plus être épouse légitime lui a fait
supporter avec joie des liens qu'elle avait autrefois trouvés
trop gênants ; laissons de côté cette anomalie psychologique,
et contentons-nous de remarquer que le but de la loi de 1884,
qui défend ainsi aux époux divorcés de se réunir « si l'un ou
l'autre a, postérieurement au divorce, contracté un nouveau
mariage suivi d'un second divorce », fut sans doute d'empê-

(1) M. Hervieu n'emploie pas le mot *remariage* ; mais il emploie le verbe
raimer. Il a raison de tenter de faire entrer ce mot simple et commode
dans le Dictionnaire de l'Académie, quoi que sa consonance surprenne
l'oreille au premier abord.

cher les « divorces de coups de tête », demandés à la légère.
Vaine précaution ! Cet article de loi a seulement donné naissance à des situations dramatiques. Mais ce n'est pas de lui
que M. Paul Hervieu a tiré parti dans le *Dédale* ; il n'a eu à en
parler que de façon incidente.

Marianne a divorcé avec Max de Pogis, son premier mari.
Celui-ci avait une maîtresse qu'il épousa après le divorce,
mais pour une assez courte durée, car elle mourut bientôt.
Marianne n'avait point complètement cessé d'aimer Max, et si
elle se remaria avec Guillaume Le Breuil (au reste galant
homme, pour lequel elle éprouve beaucoup d'estime et d'affection), ce fut surtout parce qu'elle savait éveiller ainsi la jalousie de son premier mari. Marianne et Max avaient eu un
fils qui tombe soudain malade, chez son père. Sa mère accourt
le soigner ; quand il est guéri et qu'elle va repartir, elle se
laisse reprendre par Max, lors d'un entretien qu'il est parvenu
à lui imposer... Que faire alors ? Marianne va-t-elle divorcer
avec son second mari ?... Quand bien même ce divorce lui
permettrait d'épouser de nouveau Max, elle n'y songe pas,
car elle a pour Guillaume, qui fut toujours un mari irrépro-
chable, une estime et une affection réelles. Que faire ? Voilà
le *dédale*.

Marianne songe d'abord à se tuer (c'est la première pensée qui vient, à l'heure où le cerveau est faible, déprimé par
la souffrance) ; mais elle réfléchit vite que, ayant un enfant,
son devoir de vivre pour lui est supérieur à tout. Sa mère
lui conseille de retourner vivre avec son premier mari et son
fils. « Monsieur le maire ne donnerait pas, dit-elle, son agré-
« ment à un nouveau contrat avec M. de Pogis, paraît-il. Je
« me contenterais de vous savoir d'accord avec la vieille loi
« du bon Dieu ! — Si tu te sentais alors l'audace exemplaire à
« laquelle je songe, c'est moi que tu aurais cette fois à ton
« côté. Je serais là pour dissuader qu'on te jette la pierre,
« pour te couvrir de mon honnêteté. Je te soutiendrais de
« tout le crédit que ma vie a mérité, je mettrais tout mon
« honneur à te défendre le jour où tu ne reconnaîtrais plus
« pour ta demeure que celle de ton époux chrétien. » Voilà
l'avis de la mère de Marianne, Mme Vilard-Duval ; mais elle
a près d'elle un antagoniste naturel, son mari, M. Vilard-
Duval. Ce vieux magistrat retraité qui montrait une intelligence par trop simpliste en n'ayant que l'opinion suivante sur le

divorce de sa fille : « J'ai passé ma vie à faire appliquer la loi ;
la loi consacre le divorce ; je ne puis dire à ma fille : ne divorce pas ! » trouve ici des arguments plus impressionnants :
« Je n'invoquerai, moi, que ta bonne foi, dit-il. Tu as un jour
« enterré définitivement tout ce qui avait existé entre M. de
« Pogis et toi. D'une volonté libre et en parfaite connaissance
« de cause, tu as échangé avec Guillaume des engagements
« sans réserve... Tu reconnais qu'il a tenu les siens. Eh bien,
« quels que soient les livres sur lesquels on atteste, livres
« saints ou livres graves, nulle part la parole donnée ne vaut
« plus ou moins, partout elle vaut autant ; elle est la parole
« des honnêtes gens. Je te dis qu'à présent ton seul droit est
« de racheter ta faute envers Guillaume. Ton seul devoir est
« envers lui. » Voilà le langage de la froide raison après celui
du sentiment. Mais le langage de la raison ne triomphe jamais
quand il s'agit d'amour ; aussi, dans la réalité, Marianne aurait
suivi le conseil de sa mère et serait retournée avec son premier
mari. Dans la réalité, de plus, le second mari aurait voulu
qu'aucun lien ne subsistât entre lui et une femme dont l'amour
demeurait à un autre. — Cependant, comme tout se voit, il ne
faut pas trop se hâter de dire que M. Hervieu est entré dans le
domaine de la fantaisie. Il a voulu un second mari jaloux, qui ne consente à s'en aller qu'à la condition que le premier « laisse pour toujours en repos » sa femme. Cela peut se
rencontrer. Max refuse naturellement de « laisser en repos »
Marianne, comme le lui demande Guillaume. Un corps à corps
se produit, et tous deux vont rouler dans un abîme.

Cette solution était, après tout, la meilleure pour permettre
à Marianne, devenue doublement veuve, de se « dévouer
uniquement à son rôle de mère, de se cloîtrer dans la solitude
et dans la chasteté ». Je laisse de côté la question du caractère
prétendu mélodramatique de ce dénouement, question sur laquelle on peut discuter longtemps, et je reviens au *Dédale*.

Ce que, en somme, il faut bien remarquer, c'est que la *porte
du dédale* se trouve être *le divorce*. Assurément, le meilleur
moyen de sortir d'un dédale sera toujours de n'y pas entrer.
Mais doit-on, pour cela, condamner la porte même ?

Le divorce sera toujours un remède utile dans les *situations
absolument désespérées*, quand une *rupture absolue* s'impose
entre un époux et son conjoint indigne, avili. Il est utile, il ne
faut pas craindre de le dire, même quand il y a des enfants

issus de l'union, si la vie commune doit offrir à ces enfants un spectacle cent fois plus lamentable que celui de la vie séparée : un père et une mère s'injuriant et se brutalisant. Mais la séparation de corps apporte à ces situations le même remède que le divorce, dit-on assez justement ; le divorce n'a en effet pour avantage que de permettre un second mariage, et il importe de savoir si c'est bien là un avantage.

Il faut remarquer tout d'abord qu'une doctrine interdisant à un homme et à une femme séparés le don d'eux-mêmes à un autre époux, part d'un idéal très élevé, trop élevé sans doute. Puisqu'on est d'accord pour célébrer la virginité, on devrait être également d'accord pour reconnaître la souillure inhérente à des unions successives. Une *doctrine simplement morale* pourrait très bien partir de là pour soutenir l'indissolubilité de l'union conjugale ; on l'avouerait alors très belle, et même très juste, en disant que ceux qui souffrent de cette indissolubilité ne font, après tout, que payer le prix de leur faute. Mais c'est une doctrine religieuse qui a émis cette théorie (sans aller toutefois aussi loin puisqu'elle autorise les « unions successives » en cas de veuvage), et cela suffit pour qu'on la trouve « inhumaine », voire « immorale ». On oublie que c'est notre immoralité à nous qui lui donne ce caractère. Nous sommes facilement tentés de traiter d'immoral tout frein à nos passions. S'il est un cas, un seul, où les inconvénients d'un enchaînement inflexible puissent être moindres que ceux de la liberté, ne serait-ce pas celui qui nous occupe ? Peut-on nier que la perspective d'une union indissoluble soit de nature à faire réfléchir et à donner au mariage sa véritable base ? La rupture possible du lien conjugal n'encourage-t-elle pas à ne voir dans le mariage qu'une société d'intérêts pécuniaires, puisqu'on pourra s'en retirer demain, comme de toute société, si elle ne prospère pas ou cesse de plaire ? La rupture possible du lien conjugal n'encourage-t-elle pas aussi la femme à ne voir dans le mariage qu'un moyen de connaître la liberté (licencieuse parfois), tout en jouissant d'une considération sociale refusée en dehors du mariage, puisque, si cette liberté n'est pas aussi complète qu'elle l'avait espéré, elle pourra chercher un autre mari moins sévère, c'est-à-dire, souvent, plus coulant ou plus aveugle ?

D'ailleurs, en dehors des inconvénients, au point de vue social, de la simple possibilité d'un second mariage, en dehors

de ses inconvénients au point de vue familial, s'il y a des enfants, il faut bien noter aussi, avec tous les psychologues, ce
que le second mariage a de contraire au penchant naturel du
cœur humain : les souvenirs qu'il n'efface pas, la haine qu'il
crée, la jalousie invincible qu'il fait naître chez le second
époux.

Mais, comme aujourd'hui autant qu'aux époques où le père
avait le droit de vie et de mort sur ses enfants, *on vous marie*
plutôt que vous ne vous mariez vous-même, surtout du côté
féminin, on est obligé de reconnaître qu'il y aurait quelque
chose de véritablement cruel à refuser à une femme jeune
qu'on a mal mariée, le droit de prendre un nouvel époux, époux
de son choix, cette fois. Lui demander le sacrifice, durant toute
son existence, de ses besoins de tendresse ne peut se comprendre
que si elle est l'unique cause de son malheur, ou si elle a des
enfants. Dans ce dernier cas il est préférable qu'elle « se dévoue
uniquement à son rôle de mère dans la solitude et dans la
chasteté ». Du reste, il n'y a qu'un divorce de droit entre des
époux ayant des enfants ; il ne peut pas y avoir de divorce de
fait, de rupture absolue. Le « trait d'union » subsiste.

Le divorce sera donc toujours un mal (la porte ouverte d'un
dédale redoutable), et ne pourra jamais être tout au plus qu'un
moindre mal, dans certains cas exceptionnels. Comment donc
arrêter ce mal qui s'accroît de jour en jour ? La loi a cru faire
beaucoup pour l'enrayer ; on peut compter dans son texte jusqu'à cinq tentatives (cinq !) faites pour réconcilier les époux qui
ont l'intention de divorcer. Il est intéressant de voir comment
ces tentatives sont illusoires et fatalement appelées à échouer.

Lorsqu'un époux demande le divorce, il doit présenter en
personne sa requête au président du tribunal, qui lui fait « les
observations qu'il croit convenables » ; c'est-à-dire que le magistrat essaie de le faire renoncer à sa demande. Voilà une *première* tentative de rapprochement. A-t-elle des chances d'aboutir ? Très peu, car la *requête* de l'époux demandeur a été rédigée
par un avoué, elle contient les principaux griefs contre l'autre
époux ; le scandale est déjà public, les clercs de l'avoué en ont
eu connaissance....

Le juge autorise ensuite l'époux demandeur à citer son conjoint devant lui, et voilà une seconde tentative de rapprochement. Depuis la première l'huissier a agi, pour délivrer la cita-
tion ; ce nouveau personnage n'a pas dû faire naître des senti-

ments de conciliation chez l'époux auquel il s'est présenté. Le juge parviendra donc difficilement à réconcilier les deux époux présents devant lui. S'il échoue, il peut recommencer sa tentative dans un délai de 20 jours. En cas de nouvel échec, l'époux demandeur est autorisé à assigner son conjoint devant le tribunal. Le procès s'engage, les témoins sont entendus, les scandales s'étalent. Quand, après enquête, et les débats terminés, le tribunal n'a plus qu'à prononcer son jugement, *il peut ajourner à six mois sa décision*, dans l'espoir de permettre aux époux de se réconcilier. Cette *quatrième* tentative, dont je ne connais, pour ma part, aucun exemple, n'est-elle pas une dérision, après les scandales publics du procès ?

Enfin on peut voir une dernière tentative dans cette exigence, purement logique, de la loi, qui veut que le divorce tombe s'il n'a pas été transcrit sur les registres d'état civil *deux mois* après avoir été prononcé par les juges.

La législation actuelle n'a donc rien fait de sérieux pour éviter l'accroissement de ce mal qu'est le divorce, et les juges, suivant ce déplorable exemple, prononcent le divorce avec une facilité et une légèreté effrayantes. Le divorce par consentement mutuel se trouve rétabli en fait par les tribunaux, qui admettent toutes les combinaisons détournées et hypocrites des époux. La seule différence consiste en ce qu'il n'est plus entouré des garanties que lui donnait le code Napoléon. Quoi de plus facile que de divorcer après des décisions comme celles qui admettent que des articulations injurieuses produites au cours d'une instance en divorce peuvent, même quand la preuve n'a pu en être rapportée, servir de base à la décision qui prononce le divorce ? Mieux vaudrait agir loyalement, et encourager la franchise, en permettant au consentement de délier seul ce qu'il a lié, tout en exigeant naturellement des temps d'épreuve, afin d'empêcher que le lien ne soit rompu à la suite d'un de ces mouvements irraisonnés de l'esprit qu'on peut regretter le lendemain. Pour ne prendre comme exemple que le *Dédale* de M. Hervieu, n'est-il pas certain que si Max, et aussi Marianne, n'avaient pu se remarier si tôt, leur fils les aurait vite rapprochés, et ce rapprochement, qui aurait pu être légal, aurait évité la catastrophe dont la pièce nous donne un exemple. — Autrement dit, sans le divorce, il ne peut y avoir de dédale, va-t-on m'objecter. La chose est évidente ; mais je ne veux pas rechercher si c'est là ce sur quoi M. Hervieu a voulu attirer notre attention.

Je me borne à dire, en terminant, que le jour prochain où l'on réformera la législation du divorce, il faudra décider que tout se passera entre les époux et le juge *de paix*, qui essaiera de les réconcilier et leur imposera divers temps d'épreuve fixés par lui selon les circonstances. Ces événements intimes et douloureux se passeront dans le cabinet du magistrat, sans qu'un avoué ait à intervenir pour rédiger des requêtes, sans que des témoins plus ou moins impartiaux aient à exposer les scandales pénibles du foyer, sans débats publics, sans avocats. Je crois pouvoir dire que ni les avoués, ni les avocats, ni les magistrats ne se plaindront de n'avoir plus à feuilleter ces lamentables dossiers de divorces. Seul un notaire pourrait être admis afin de dresser acte, en présence du juge, des conventions intervenues entre les parties, ou des décisions que celui-ci prendrait comme arbitre réglant les questions d'intérêts et autres sur lesquelles les époux ne seraient pas d'accord. Tous les moyens de rapprochement épuisés, le juge *permettrait* le divorce, et les époux n'auraient plus qu'à aller rompre devant l'officier d'état civil l'engagement formé devant lui.

Cette organisation serait la plus simple et la plus morale; c'est pourquoi, très probablement, elle ne sera jamais votée.

Comme conclusion nous dirons donc que, tout en approuvant ceux qui, s'inspirant d'une doctrine élevée, s'interdisent à eux-mêmes le second mariage à l'aide du divorce, il faut comprendre qu'une législation faite pour tous, permette le divorce à ceux qui ne professent pas ou ne professent plus cette doctrine, Il faut aussi comprendre que ceux-ci peuvent parfois, à l'aide de ce mal, éviter un mal plus grand encore. Le divorce une fois admis dans notre législation civile, — et, comme on le voit, il est nécessaire de l'admettre, — nous prétendons que la façon la plus morale de le prononcer est de le faire sans esclandre, à huis clos, par le mode logique correspondant à celui qui a formé le mariage, mais en entourant ce mode de précautions sérieuses obligeant l'époux qui demande le divorce à manifester une volonté soutenue, réfléchie, raisonnée et irréductible.

Ceux qui font la loi ne doivent pas construire un labyrinthe; ce ne peut être une gloire pour eux de rappeler le personnage célèbre de la mythologie grecque.

AD Vocatus.

P. S. — M. Marcel Prévost a publié dans le *Figaro* du 4 janvier un article intitulé *Le déchet d'une loi*, où il dit:

« La femme risque une part de sa considération et même du repos de sa conscience ; car, dans une société où, depuis des siècles, l'honneur féminin est concentré dans ses rapports avec l'autre sexe, une femme souffrira nécessairement d'un état d'infériorité, si elle a appartenu publiquement à deux hommes vivants... Lui aussi, l'enfant, souffrira du divorce des parents, car, outre le désordre de son éducation et le dommage matériel, il se sentira diminué, inférieur aux enfants dont le père et la mère vivent d'accord dans le même foyer... Tel est le déchet essentiel de la loi, celui qu'il faut admettre, même si on la défend. Les cas particuliers résultant de circonstances dramatiques — et exceptionnelles, — comme la crise du *Dédale,* ne peuvent évidemment fournir un argument. Car rien n'empêcherait dès lors de tirer des arguments contre le mariage de toutes les pièces où se débattent des époux malheureux... Mais la vie moins plane, la qualité sociale amoindrie, l'équilibre moral plus instable pour la divorcée et pour l'enfant de divorcés, c'est proprement la règle. Et cette règle est assez inique, assez nocive pour que des esprits sincères se soient demandé : « Ne valait-il pas mieux le mariage indissoluble — avec tous ses inconvénients ? »

« J'avoue que cette conclusion me paraît découler d'une double erreur de principe. »

Et M. Marcel Prévost résume ainsi cette double erreur :

« Premièrement le sort des époux et des enfants — dans l'état de divorce — ne doit pas être comparé au sort des ménages heureux dans le mariage indissoluble, mais bien au sort des ménages qui supportent impatiemment leur union.

« Secondement, nulle conscience n'est en droit de se révolter contre une loi d'usage facultatif, dont chacun est libre d'éviter les conséquences plus ou moins fâcheuses, — tout simplement en n'y ayant point recours. »

Dans le Mercure de France de ce mois-ci, M. Péladan publie une « *Supplique à S. S. le Pape Pie X pour la réforme des canons en matière de divorce* ». Cette supplique de 43 pages mérite d'être lue, *s'il est vrai* qu'elle traduise les inquiétudes d'esprit d'un grand nombre de « *croyants* », au nombre desquels l'auteur tient à se placer dès le début.

Nous ne l'analyserons pas, car cette *Revue* a pour principe de loyauté de présenter les opinions contradictoires sur une même question, et, en l'espèce, elle ne possède aucun collaborateur ayant qualité pour défendre un point de dogme.

LES MEILLEURS AMIS DE LA JEUNESSE

C'est une erreur grande de penser que, seuls, les vieillards blasés et désillusionnés peuvent dire : « Mes livres sont mes meilleurs amis. » Ceux qui frémissent, jeunes, avides et curieux, devant l'inconnu de la vie, sont également capables de goûter cette amitié sûre qui naît de la lecture d'un bon livre, amitié si forte qu'elle domine les événements graves de l'existence, et qu'on aime toujours se rappeler les physionomies précisées au long des pages. Ce sont de bons compagnons de route, rencontrés un jour ensoleillé, un de ces jours qu'on ne revoit plus quand la lutte âpre a commencé, et dont le souvenir vous apporte en conséquence la joie la plus vive et la plus réconfortante.

Il paraît que la jeunesse actuelle ne connaît plus ces amis chers, et que les générations nouvelles pourront seulement rappeler, aux heures de déclin où l'on évoque les heures de force, « les malades de leur siècle », rencontrés dès leur enfance dans les romans à la mode lus par leur père.

Notre distingué confrère, Lucien Descaves, a déploré cet état de choses dans un excellent article dont voici les principaux passages (1) :

« Je crois que l'on n'ose plus donner aux enfants d'à présent les livres qui nous amusèrent, qui éveillèrent notre imagination, quand nous avions leur âge. Leur précocité nous inquiète souvent, et nous l'encourageons. Nous ne traitons plus assez longtemps nos enfants en enfants. C'est nous qui rougissons pour eux. Nous rougissons de nous laisser guider par les empreintes qu'ont laissées dans notre mémoire les contes d'autrefois. A jeunesse nouvelle, livres nouveaux. Nous appréhendons, en restant fidèles à nos premiers amis, de paraître aussi démodés qu'eux. Les livres de récréation ont le même sort que les livres de classe, qui servirent au père et ne conviennent plus aux fils. Mais il y a de nouvelles méthodes pour apprendre à lire et il n'y en a pas pour apprendre à s'émerveiller. Le merveilleux n'est plus, avec le lait, le premier aliment de l'enfant. C'est dommage. En rognant trop les ailes à l'enfant, ne craignez-vous pas que son existence ne soit une longue infirmité ?

(1) *Le Journal* du 2 janvier 1904.

« La naïveté est devenue pareillement une disgrâce, un ridicule dont on le corrige. L'insupportable petit Bob, gouailleur et impertinent, amuse les parents qu'il devrait affliger. C'est l'enfant prodige de ce temps, où l'on se baisse pour trouver des prodiges. Les enfants terribles de Gavarni étaient inconscients et naïfs ; ceux d'aujourd'hui sont avertis et rosses. Écoutez leurs mots, que l'on colporte ; c'est à faire frémir plutôt qu'à faire rire. On dit qu'ils sont avancés pour leur âge. S'ils conservent cette avance, à trente ans ils en auront soixante. Ils seront alors bien avancés !

« Visitant, un jour, à Épinal, la vieille imagerie célèbre, je me laissais aller à regretter qu'elle ravalât maintenant sa vertu séculaire à la publicité des produits du commerce et de l'industrie, voire aux réclames électorales et aux programmes des partis !

« Et l'un des chefs de la maison, l'accueillant M. Payonne, de me répondre alors, assez mélancoliquement : « Que voulez-vous ? Ce n'est pas nous qui avons quitté les enfants, ce sont les enfants qui nous quittent ! Nous sommes trop ingénus pour eux. Nous ne pouvons pas, cependant, nous verser dans la pornographie pour lutter contre les publications innombrables qui s'étalent aux devantures. Le journal illustré est un concurrent redoutable aussi. Il donne le portrait de l'assassin et la photographie des morceaux de la victime... Allez donc, après cela, proposer à l'enfant, qui est rassasié de ces horreurs, l'histoire de Riquet à la Houppe ou de Madame Tartine ! On nous dit de faire du nouveau... Nous avons essayé..., oui, nous avons essayé jusqu'aux dessinateurs du Chat Noir ! Ces acidulés n'ont pas eu plus de succès que notre ancienne guimauve. L'absinthe est souveraine... Mais que les enfants ne comptent pas sur nous pour la leur vendre. Passé oblige. » Il en est de même des volumes de la Bibliothèque Rose. On ne les voit plus guère sur les étagères qu'ils fleurissaient jadis, et même aux petites filles dont on coupe encore le pain en tartine, on hésite à offrir les *Mémoires d'un Âne*, la violette et le muguet des romans de Mme la comtesse de Ségur, née Rostopchine.

« Ce discrédit s'étend, d'ailleurs, à toutes les œuvres d'imagination qui charmèrent notre enfance. La peur de paraître arriérés empêche aujourd'hui les donneurs d'étrennes d'initier leurs petits amis dans les aventures immortelles de Robinson Crusoë et de ses frères bâtards, le Robinson Suisse et le Robinson de

Saintine. Les Contes de Perrault, des frères Grimm, du chanoine Schmid, d'Andersen, ne sont plus des cadeaux à faire à un enfant, et l'on renonce également, un peu plus tard, à l'intéresser ou à l'émouvoir, avec le *Voyage de Gulliver*, *la Case de l'Oncle Tom*, *l'Histoire d'une bouchée de pain*, de Jean Macé, les Voyages extraordinaires de Jules Verne et les admirables Contes et Romans populaires d'Erckmann-Chatrian.

« Ils sont pourtant bien près de nous, ceux-là, et nous devrions leur être reconnaissants des joies de lecture qu'ils nous procurèrent. Vers la fin de l'Empire et pendant dix années après la guerre, les livres de Jules Verne jouirent d'une faveur méritée. Mais le bon Jules Verne est la victime d'une divination, d'une prescience dont plusieurs de ses romans fournissent la preuve. C'est aussi lui qui vérifie le mieux une remarque fort juste de M. Ernest-Charles, qui disait, l'autre jour, dans la *Revue bleue* : « Est-ce que ce genre de littérature pittoresque et fortement imaginative ne va pas être annihilé par les voyages réellement effectués, qui se multiplient et nous enrichissent de découvertes ayant sur celles de Jules Verne et d'André Laurie l'avantage du fait accompli ? »

« Il est certain que Livingstone, Nordenskjold, Fridtjof Nansen, Stanley, Andrée, Foureau-Lamy, relèguent à un rang inférieur le capitaine Hatteras, le Docteur Ox et les Enfants du Capitaine Grant. Est-ce toutefois une raison pour condamner à l'oubli ces agréables et instructives fictions ? Je sais aussi qu'il n'a fallu que soixante-trois jours à l'un de nos confrères pour faire le tour du monde. Mais je sais aussi qu'il n'était accompagné ni de Passepartout, ni de Mrs. Aouda, ni du détective Fix… ; et c'est assez pour que Jules Verne regagne tout ce qu'il a perdu !

« Quant à Erckmann-Chatrian, dont la dépréciation injuste n'a pas les mêmes causes, à quoi faut-il l'attribuer ? Leurs œuvres, j'en appelle à tous les lettrés et à tous les enfants auxquels je les ai fait lire, leurs œuvres n'ont pas vieilli. Les *Contes du bord du Rhin* gardent une saveur incomparable. Le *Conscrit*, *M*^me *Thérèse*, *l'Invasion*, *le Blocus* sont restés frais et sains. Pourquoi n'en régale-t-on plus les enfants ? Hommes, ils vous remercieraient de leur en avoir donné le goût.

« Quoi qu'il en soit, les éditeurs, voyant baisser leur vente et passer de mode leurs auteurs, ont cherché à rajeunir le genre en remplaçant la comtesse de Ségur, Jean Macé, Boussenard,

Jules Verne et Erckmann-Chatrian. Ils ont fait pour le livre d'étrennes ce que les Pellerin avaient tenté pour l'image d'Epinal : ils se sont adressés à des conteurs nouveaux.

« Mais rien n'est plus difficile que d'écrire pour les enfants. Pour y réussir, il faut — il fallait du moins — suivre le conseil de Diderot : tremper sa plume dans l'arc-en-ciel et sécher son encre avec de la poussière de papillon. Il n'y a que les très jeunes ou les très vieilles personnes auxquelles ce privilège soit accordé. Les jeunes ont un vocabulaire naturellement restreint ; les autres, sachant tous les mots et leur valeur exacte, sont à même de choisir. Rappelez-vous que Charles Perrault s'est contenté de transcrire, en le modifiant seulement dans la forme, le délicieux conte de *Barbe-Bleue*, composé par son fils Pierre, âgé d'une douzaine d'années.

« Les éditeurs n'y regardèrent pas de si près et firent leurs commandes au hasard, à des fabricants. Il arriva ce qui devait arriver : la chance leur vint du côté où ils l'attendaient le moins. Hector Malot écrivit *Sans famille*, simplement pour amuser sa petite fille... et connut un triomphe qui dure encore. Tout est là : ne pas le faire exprès.

« Depuis le roman de Malot, qui parut il y a vingt-cinq ans, je ne vois guère qu'une œuvre digne d'une fortune pareille : *Le Livre de la jungle*, de Rudyard Kipling, et je serais bien étonné si celui-là, en l'écrivant, avait songé aux enfants.

« Gustave Toudouze, Pierre Maël, Charles Canivet, Paul d'Ivoi, Albert Cim, Mmes Berthe Flammarion, Gevin-Cassal, Girardet, ont, je n'en doute pas, un jeune public fidèle ; mais ils ne doivent point espérer l'accroître : le contraire est plutôt à redouter.

« Il n'y a rien là, d'ailleurs, dont leur amour-propre se puisse alarmer. La vérité, c'est que tout conspire pour détacher l'enfant des lectures sur lesquelles s'excitait autrefois son imagination tendre et sensible. Il est de son temps ; entre le meilleur des livres et une bicyclette, un appareil de photographie ou une application de l'électricité à un jouet quelconque, il n'aura pas une minute d'hésitation. Il demanderait une automobile si le prix n'en était pas aussi élevé.

. . . .

« On prépare l'enfant à la lutte à outrance, que l'utilitarisme régnant lui promet ; soit. Mais le livre de la vie vaudrat-il la peine d'être ouvert et feuilleté, quand l'imagination ne sera plus formée de bonne heure à en illustrer les marges ? »

A l'Académie française

Ce qu'est l'Académie. — M. Frédéric Masson et M. Brunetière. — L'auteur de « Napoléon et les femmes ». — L'épopée française.

M. Frédéric Masson, élu par l'Académie française à la place vacante par la mort de M. Gaston Paris, y est venu prendre séance le 28 janvier 1903, et a prononcé un discours auquel M. Ferdinand Brunetière a répondu (1).

M. Masson a d'abord rappelé en termes éloquents ce qu'est l'Académie française :

« Dans notre pays où l'ardeur du changement et la passion des nouveautés passagères absorbent, depuis un siècle, l'activité des forces et réduisent à néant la générosité des efforts, elle seule a la durée ; elle seule possède une tradition et une histoire ; elle seule unit dans ses annales Richelieu qui l'a fondée et Napoléon qui la restaura. Elle est la gardienne de ce qui est le lien sacré des individualités françaises, de l'âme même de la Patrie, du Verbe, par qui, aux jours de splendeur, s'atteste le rayonnement de sa puissance, par qui, aux jours de désastre, la nation se cherche et se retrouve, affirme son unité et réclame son droit à vivre. »

L'Académie est de plus « l'asile de la tolérance », a dit M. Brunetière dans sa réponse :

« Les académiciens ont certainement des doctrines, et je pense même qu'ils en ont autant, ou presque autant, qu'ils sont d'académiciens : l'Académie française n'en a pas : elle s'honore de n'en pas avoir ; et si la tolérance, qui n'est que le respect des « doctrines » des autres, était bannie du reste de la terre, nous mettrions ici notre orgueil à en demeurer l'asile. »

M. Masson a indiqué lui-même son procédé d'historien :

« ...Vous vous êtes plu à accorder ses lettres de naturalité à une forme d'histoire qui, jusqu'ici, n'avait point obtenu votre suffrage : j'entends ce genre d'études qui, par tous les éléments d'information, les plus intimes et les plus secrets, s'emploie à reconstituer le physique et le moral d'un homme, à décrire le milieu où il a vécu et les décors qu'il a traversés, à rechercher la part qu'ont prise ses sensations et ses sentiments sur la formation de ses idées, à relever l'action que sa santé a exercée sur

(1) On trouvera ces deux discours au *Journal officiel* du 31 janvier, partie non officielle, pages 792 et suivantes.

ses décisions et ses actes, à distinguer ce qui est de la nature, de l'éducation, de l'amour, de la famille, à mener enfin, sur un de ces êtres majeurs qui furent des conducteurs de l'humanité, une enquête aussi précise et aussi approchée de la vérité qu'il est possible. »

Rien que sur Napoléon, M. Masson a écrit 16 volumes. Le plus connu du public est *Napoléon et les femmes*.

L'éminent historien nous y apprend, a dit M. Brunetière, « que Napoléon fut un homme, et qu'avant de s'immobiliser dans la rigidité du bronze ou la froideur du marbre, cet homme fut de chair. C'est ce qu'on ne nous conte point, généralement, dans les histoires ; et on a beau dire qu'on le sait bien, à quoi sert-il de le savoir, si l'on se fait une méthode et comme une loi de l'ignorer ?

« ...Pourquoi ne fait-on pas aux femmes, dans l'histoire, la place qu'elles ont tenue dans la réalité ? Un de nos confrères faisait dire, tout récemment, à l'un des personnages de son *Maître de la Mer* : « Sur cent hommes qui tiennent les grands rôles de la comédie humaine, il y en a quatre-vingt-quinze qui ne jouent le leur que pour une femme ».

M. Masson résume son opinion sur ce point de la façon suivante : « D'actes politiques qui n'aient que des causes politiques, il y en a, mais peu. »

Un des plus beaux passages du discours de M. Masson est celui qui a trait à l'épopée française :

« A travers huit siècles de notre vie nationale, si intimement agrégée à l'idéal français qu'elle en est demeurée la formule définitive et l'expression sans cesse renouvelée, ainsi l'épopée s'est transmise ; elle a pénétré d'autant plus intimement l'âme des descendants qu'elle était l'âme même des ancêtres, et que, sortie du sol, née de la race, œuvrée, non par un homme, mais par le peuple entier, elle a condensé ce qu'il porte en ces rêves de plus généreux et de plus noble ; ainsi s'offrant constamment à son esprit, l'a-t-elle élevé vers la glorification de la bravoure, de la droiture et du sacrifice ; ainsi lui a-t-elle ouvert la route des héroïques aventures par qui la Révolution, à son tour, a prétendu conquérir le monde à l'idéal français ; ainsi lui a-t-elle enseigné les vertus par qui nous vivons et nous sommes, la foi dans les destinées de la Patrie, le mépris de la mort et la passion de la justice. »

AU THÉÂTRE

Il nous est particulièrement agréable d'avoir à commencer la première chronique théâtrale de cette *Revue* en parlant d'une nouvelle création de Mme Sarah Bernhardt, l'artiste merveilleuse qui, pendant un nombre d'années que nous espérons voir s'accroître beaucoup encore, a vraiment incarné le génie de la France. Avec elle nous fûmes toujours dans le royaume du sortilège, — du bon sortilège, — et M. Victorien Sardou ne pouvait trouver une interprète plus digne de son admirable talent.

N'ayant pas à faire la critique ni l'analyse de *la Sorcière* qui possède, à mon avis, toutes les qualités dramatiques désirables, et que tout le monde connaît, je me borne à indiquer brièvement la leçon morale et sociale qui s'en dégage. C'est d'ailleurs là le but de cette *Revue*.

M. Sardou a voulu montrer les crimes auxquels conduisent le fanatisme et l'ignorance.

L'ignorance voulait jadis qu'une femme guérissant les malades avec des herbes et traitant le sommeil somnambulique par le sommeil hypnotique fût une sorcière. Le fanatisme voulait au xvie siècle, à Tolède, et même ailleurs, que cette femme fût brûlée vive ; si elle était graciée, le peuple exigeait sa mort ; si elle s'empoisonnait, le peuple portait son cadavre sur le bûcher.

Nous n'en sommes plus là heureusement ; mais nous devons encore travailler à détruire en nous l'ignorance qui nous fait condamner ce que nous ne comprenons pas, et ce reste de fanatisme qui se traduit en une intransigeance et une mésestime coupables à l'endroit de ceux qui ne partagent pas notre foi.

Limités par la place, nous ne pourrons parler que dans notre prochain numéro de certaines autres œuvres dramatiques.

Dans ces chroniques nous suivrons avec soin nos artistes parisiens dont le talent est inséparable de celui des maîtres qu'ils interprètent. Nous tenons dès aujourd'hui à dire bien haut notre sympathique admiration pour ces bons semeurs d'idéal qui jettent sous nos pas, avec un geste de beauté et de grâce, les grains dont quelques-uns, recueillis par nous, iront germer où leur main ne peut atteindre.

A. M.

Livres et Revues

L'Action morale de la femme sur le travail des jeunes gens, par M. Arnould. (*Le Correspondant* du 10 janvier). — La sociologie est à la mode. Mais tous ceux qu'en pareille matière les réalités vivantes attirent plus que l'idéologie goûteront avec un vif plaisir les pages pénétrantes que M. Arnould, professeur à l'Université de Poitiers, écrit sur « *L'action morale de la femme sur le travail des jeunes gens.* »

L'auteur commence par poser ces principes très simples, mais si souvent méconnus, que la plupart des bonnes choses humaines sont faites de détails quotidiens, — que l'action éducative en particulier est dans ce cas, — que la femme, « très portée vers le détail par sa nature et par les conditions mêmes de son existence au foyer, est maîtresse par là des avenues de l'éducation. »

Ce sont ces avenues que M. Arnould nous fait parcourir. Il nous montre la femme chargée de protéger le travail de l'enfant contre lui-même, montant la garde autour de sa salle d'étude, et lui inculquant à son insu l'habitude de l'exactitude.

À la mère aussi, à la sœur, à la grand'mère, revient également le rôle d'encourager ce travail. Les qualités mêmes de leurs cœurs si prêts à provoquer et à bien accueillir la confidence les y préparent. Elles doivent être là aux jours de peine, aux jours de doute. En toute circonstance leur tendresse doit être « initiante à la vie, virile ». M. Arnould recommande aussi à la femme l'intimité intellectuelle qui, sans prétention au bas-bleu, organise, avec un profit partagé, des travaux et des lectures en commun. Enfin, c'est encore la femme que M. Arnould charge de la tâche délicate de détendre le travail, de faire régner au foyer cette gaîté de bon aloi qui n'est pas un étourdissement momentané et tapageur, mais le rayonnement continu et bienfaisant d'une activité qui se sent aller à son but et qui laisse dans le cœur des enfants heureux de si profonds et si féconds souvenirs.

L'étudiant, dans la solitude de la grande ville, devrait aussi, suivant M. Arnould, avoir sa part de cette action morale. Il est regrettable, dit-il, que la solidarité des mères, si ingénieuses et si hardies quand il s'agit de leurs enfants, n'y ait point encore pourvu et n'ait pas couvert le pays d'un vaste réseau d'organisation mutuelle pour recevoir les fils les unes des autres.

Telles sont les grandes lignes du travail et ses conclusions essentielles. Nous sommes certains que nos jeunes lecteurs et nos lectrices les méditeront avec profit. Ce que cette brève analyse ne peut rendre, c'est la forte impression que produit, à la lecture de cet article, le mélange d'observation aiguë, de sincérité et d'idéalisme dont il est animé. Nous en remercions bien vivement l'auteur.

La Clef des carrières, par Albert Faure (Stock, éd.), renouvelle la critique de cette course au baccalauréat, erreur funeste de notre époque où les parents préfèrent voir leurs fils végéter, inutiles, dans des carrières libérales, que se créer une situation prospère dans le commerce ou l'industrie. Le diplôme ne procure même pas le morceau de pain nécessaire pour vivre. Veut-on que la *clef du baccalauréat* finisse un jour par n'ouvrir plus que la porte du tribunal correctionnel ?...

La Mutualité, par F. Lépine (Colin).

« Quoi qu'on fasse, dit l'auteur, on ne trouvera pas de mécanisme qui réalise le progrès social, l'amélioration du bien-être de tous, en dehors de cette condition essentielle : la moralisation croissante de l'individu, la modération de ses appétits et de ses désirs, l'apprentissage de la maîtrise de soi. »

La Coopération, par Hubert Valleroux (Lecoffre).

Le Peuple roi, par Th. Darel (Alcan et Georg).

Comment la route crée le type social, tome II, par Edmond Demolins (Didot).

Le Problème de la tragédie en Allemagne, par Walter Schinz (Alcan).

Y noter l'exposé de la théorie de l'individualité de l'art et de la tragédie, manifestation religieuse.

« L'art doit abroger la loi extérieure, la loi de l'Etat, pour éveiller en nous la loi intérieure, *la loi religieuse*. La religion, c'est l'amour, c'est la jeunesse de l'humanité ; l'Etat, c'est la contrainte, c'est un monde vieilli... et l'art doit parler sans cesse de jeunesse et d'amour. »

NOTRE ASSOCIATION

AVIS IMPORTANT

Il est fondé sous le même nom que la Revue : *L'Action Littéraire et Artistique,* une Association qui a pour but de « faire connaître et apprécier par des conférences et des publications, les œuvres littéraires et artistiques que recommande principalement leur valeur d'action au point de vue moral et social ».

Cette Revue répond donc exactement au but de l'Association.

La cotisation des membres actifs est de dix francs par an. Les membres actifs doivent adhérer aux statuts.

Nous espérons que tous nos lecteurs tiendront à nous envoyer leur cotisation le plus tôt possible. Elle sera reçue dans les bureaux de la Revue, ouverts tous les jours, dimanches et fêtes exceptés, de 2 heures à 5 heures du soir. Nos lecteurs de province pourront nous l'adresser dans nos bureaux, 5, rue Bonaparte, en un *bon de poste*.

Cette cotisation est indépendante de l'abonnement à la *Revue*.

Nous aurions pu, en vertu de la loi du 1er juillet 1901, former une association « sans déclaration préalable », sans faire connaître ses statuts ; mais nous avons tenu à agir au grand jour, nous avons voulu que notre Association fût *déclarée* à la Préfecture de police, et *rendue publique* par l'insertion au *Journal officiel*.

Le Gérant : Henri FRUCHARD.

Poitiers. — Société française d'Imprimerie et de Librairie.

L'Action Littéraire et Artistique

L'Art et la Sociologie

L'Union et l'Art. — L'Art est le Beau de tout le monde.

L'Art rapproche les hommes. En présence d'une œuvre d'art réellement belle, deux hommes échangeant leurs idées sympathisent, bien que d'opinions sociales différentes. L'Art c'est le beau commun, c'est le beau de tout le monde, c'est ce qui nous unit tous.

Il faut se contenter de sourire de ces artistes auxquels on entend dire, avec un orgueilleux dédain : « Cela est trop artistique pour être compris du peuple ; il lui faudrait une éducation artistique qu'il ne peut avoir. » Si votre talent, Messieurs, ne s'adresse qu'aux raffinés de l'éducation artistique, vous seriez plus utiles à vos semblables en tenant la pioche que le pinceau ou le ciseau.

Il faut sourire également de ces littérateurs à « l'écriture artiste » aussi « talentueuse » qu'incompréhensible, qui se moquent avec tant de mépris des pauvres écrivains ne recherchant que le style simple et clair des anciens auteurs, et voulant être compris de tout le monde.

Il est tout à fait inexact qu'il faille une longue éducation de l'esprit pour comprendre et goûter l'art ; une direction intelligente de quelques heures suffit, même pour un élève ordinaire.

Arrêtez l'attention d'un enfant de la campagne, âgé seulement de douze ans, sur la vallée qu'il traverse chaque jour*, indifférent, en se rendant à l'école. Dites-lui que l'eau du ruisseau qui vient, claire, de la source fait vivre l'homme, les animaux et les plantes, que chaque brin d'herbe de la prairie, chaque arbre du coteau, chaque sillon du champ, atteste le labeur humain, fécond et magnifique ; que cet ensemble de verdure et de vie acquiert une beauté particulière suivant qu'il est éclairé par la lumière prometteuse de l'aurore ou par les rayons languissants du soleil couchant. Cela suffira pour que cet enfant, prenant désormais l'habitude de remarquer ce qu'il voit et de lui chercher un sens, sache découvrir le beau partout, dans un paysage comme dans une œuvre d'art.

Le travail d'esprit est en effet le même dans tous les cas : il faut rechercher l'ensemble concordant des idées qui se dégage de ce qu'on voit, le beau n'étant que l'*harmonie des idées*. Sans doute, la forme a son influence, mais elle ne suffit pas pour atteindre le beau, et par suite l'art, qui est l'expression du beau. La reproduction très exacte d'un objet sur une toile peut être une bonne œuvre de métier, une œuvre comme un jour probablement les machines en reproduiront, elle n'est pas une œuvre d'art ; elle est *bien*, elle n'est pas *belle* ; il lui manque l'*idée*.

Vous voulez peindre une *Épicière de village*, je suppose, vous en représentez une très exactement, avec un tablier bleu, un corsage rouge, un fichu et un bonnet blancs, servant une cliente ; elle a devant elle une balance, à côté d'elle des légumes, « très ressemblants », une cruche, un panier plein d'œufs, puis sur des planches, des pots et des boîtes. Tout le monde, en voyant ce tableau scrupuleux d'exactitude, s'écriera : « c'est une épicerie ! » — Très bien, mais vous n'avez point fait une œuvre d'*art*, car l'*idée* en est absente.

Montrez-nous une épicière au front large et nu, aux yeux intelligents et sérieux, faisant la pesée avec délicatesse et gravité ; devant elle une jeune servante qui la fixe en souriant, avec un sourire qui admire et qui envie, voilà l'*Épicière de village*, de Gérard Dov, et c'est un chef-d'œuvre. Ce n'est pas l'épicière de 1647, c'est l'épicière de tous les temps, industrieuse, gagnant bien sa vie parce qu'elle connaît bien son métier, parce qu'elle sait compter. C'est à dessein elle seule qui tout d'abord attire l'attention sur la toile, et la jeune fille, au sourire admiratif, n'est là que pour faire ressortir davantage son habileté ; la vieille femme, assise, qui compte son argent, pour souligner le travail intelligent récompensé. La ressemblance des légumes et autres objets ne vient que bien après, elle est seulement nécessaire pour qu'aucun doute ne soit possible sur le caractère du commerce, l'épicerie. Ce petit tableau d'un pied de haut à peine, perdu dans une petite salle du Louvre, donne plus l'impression de l'*art* que maintes autres œuvres colossales, comme, notamment, le *Prophète Élie* de Rubens, recevant le breuvage et le pain des mains d'une sorte de. femme géante que ses ailes obligent à prendre pour un ange.

J'ai choisi volontairement comme exemple un sujet vulgaire, pour montrer que l'art, découlant de l'idée seule, n'a pas besoin d'un cadre grandiose et d'un sujet extravagant pour s'exprimer.

L'art, œuvre d'intelligence surtout, doit être compris de suite, sans éducation spéciale, par tout homme intelligent. C'est là le seul criterium permettant de distinguer l'art véritable de ce qui n'en est que la contrefaçon maniaque et maladive.

L'art étant ce que tout le monde admire, tout le monde y a droit, et il doit être à la portée de tous. Cela est d'autant plus nécessaire qu'il a, comme nous l'avons vu, un pouvoir réel d'union, d'union dans les sentiments élevés qu'il fait

naître. Il a aussi un pouvoir d'*action*, comme on le sait ;
admirer une œuvre d'art qui glorifie le courage, par exemple,
c'est commencer à être courageux si on ne l'est pas encore,
c'est apprendre à l'être davantage si on l'est déjà.

Par conséquent, il ne suffit pas que l'art puisse être admiré gratuitement dans des musées, il faut qu'il puisse
éclairer de son rayon bienfaisant la demeure de ceux pour
qui la vie est sombre et douloureuse.

Après avoir fait tous nos efforts pour que ceux-là aient le
pain nécessaire, travaillons à leur donner ce qui leur sera
plus utile qu'une friandise sur la table : l'art chez eux (1).

ANDRÉ DE MAUPERTUIS.

(1 L'art doit être inséparable de l'hygiène ; je traiterai prochainement
cette question.

L'ŒUVRE LA PLUS UTILE

Ils étaient cent centenaires en un banquet réunis.

Quand fut terminé le festin, joyeux comme une fête de jeunesse, celui qui les présidait proposa de rechercher lequel d'entre eux avait employé sa vie *de la façon la plus utile pour l'humanité.*

Le premier interrogé raconta que par de grandes entreprises il avait développé le commerce national ; mais on lui répondit qu'il y avait toujours autant de miséreux.

Le second proclama qu'il avait trouvé le moyen de guérir plusieurs maladies jusqu'alors reconnues incurables; mais chacun fut d'avis que la souffrance restait au corps de l'homme, égale sous d'autres formes.

Le troisième se vanta d'avoir enseigné le Droit à trois mille magistrats et autant d'avocats ; mais on s'écria qu'il y avait toujours des innocents condamnés et des délits commis.

Le quatrième, dont les découvertes scientifiques étaient connues du monde entier, n'en parla point, et dit simplement ceci : « J'ai écrit quelques vers ; c'est là que j'ai mis tout mon cœur, et ceux qui les liront y apprendront l'amour. » .

Et tout le monde avoua que l'amour seul effaçait la misère et la douleur, que seul, *généreux et pur*, il pouvait faire régner la vraie justice et supprimer le crime.

Les autres convives ne racontèrent plus leur vie, tous se levèrent et s'en allèrent, tristes.

Ils étaient cent centenaires en un banquet réunis.

A. D.

Les causes du mal

> « *Les sophismes de la presse, l'action infectieuse de*
> « *la vie urbaine, la licence dont le terme est la porno-*
> « *graphie, la publicité détaillée des crimes et des sui-*
> « *cides, l'alcoolisme, le discrédit de toute autorité,*
> « *l'ébranlement de la famille, le déclassement à ou-*
> « *trance des conditions, le trouble des idées, la misère*
> « *quand elle n'a ni défense ni espoir, une sorte de*
> « *matérialisation générale des âmes qui les laisse sans*
> « *frein comme sans ressort en face des énigmes de la*
> « *vie... »*
>
> Eugène Rostand.

Nous avons eu la satisfaction de voir confirmer par notre distingué confrère Eugène Rostand, dans le *Journal des Débats* du 16 février, les idées que nous émettions dans notre dernier numéro sur les causes de la décadence morale actuelle.

M. Rostand établit, par une étude rigoureuse, que la criminalité *juvénile* augmente (il faut, dit-il avec raison, parler de la criminalité *juvénile* et non de la criminalité *infantile*, ce mot n'ayant pas ici de sens) ; puis il recherche les causes de cet accroissement de la criminalité chez les jeunes gens.

Nous avions dit que les faits divers, jetés à foison aux lecteurs par les journaux quotidiens obligés de remplir leurs six ou huit pages, « contiennent d'utiles leçons à l'adresse des aspirants criminels ». M. Rostand commence précisément son article en parlant de ces faits divers. Il débute ainsi :

« Je prends sur ma table quelques numéros d'un quotidien très répandu, à 5 centimes, au hasard j'en ouvre un, et je lis ces titres :

Deux enfants assassinés. — Malfaiteur et désintéressé. — Double meurtre. — Vols dans les postes. — Incendie criminel. — Le forçat évadé. — Un vol de 71.000 fr. — Poignardée par son mari. — Cambriolage. — Mystérieux assassinat. — Un mari qui tue son rival. — Jeune fille tuée par un domestique. — L'empoisonneuse. — Scandale. — Crimes passionnels. — La vengeance d'un cantonnier. — Voleuse de 400.000 fr. — Attentat à la pudeur par un père. — Faux monnayeurs. — Abus de blanc-seing. — Déserteurs. — Cambrioleurs-dynamiteurs. — Voleurs. — Les bandits de Paris : fusillade aux Halles. — Les revolvers du mari.

« Exagération, ou arrangement ? Non. j'ai copié le *Journal* du 3 février. — Journée exceptionnelle ? Non. Je prends le lendemain 4 :

250.000 francs d'escroqueries. — Le roi des cambrioleurs. — L'assassinat de Nice. — Berger assassiné. — Brigands masqués. — Tuée par son fiancé. — Bijoutiers faussaires. — Fillette étranglée. — L'assassin d'une chanteuse. — Nouvel attentat. — Viol d'une jeune fille de seize ans. — Suicide d'un juge de paix. — Vol à la roulotte. — Les bourreaux d'enfants. — Vengeance d'alcoolique. — Assassiné pour 7 francs. — La mère des entôleuses. — Vol de 10.000 francs. — Arrestation d'un satyre. — Vol dans les coffres-forts. — Repris de justice. — La courtière en fuite : un complice. — Lardée de dix-sept coups de couteau par son mari.

« Et tout le long de l'an il en va de même : le tortionnaire sadique d'enfants, une veuve étranglée et sa bonne égorgée, la femme d'un officier tuée par son ordonnance... Il n'y a ni morte-saison, ni chômages.

« Et il ne s'agit pas de fictions, il s'agit de nouvelles. On leur pourrait donner moins de publicité. et c'est un autre aspect du sujet. Mais ce sont des faits, trop réels ».

Se posant ensuite la question bien connue : l'école a-t-elle une part de responsabilité dans l'augmentation de la criminalité de la jeunesse, M. Rostand y fait cette réponse très sage et très impartiale :

« L'obligation et la gratuité de l'instruction primaire ne doivent pas être incriminées, puisqu'en Angleterre le crime a décru, et d'autre part ne peuvent revendiquer cette diminution, puisque elle est antérieure à la loi Forster ; mais la diffusion d'une culture élémentaire a eu lieu dans des atmosphères différentes, chez nous elle est restée étrangère à l'idéal supérieur dont les principes sanctionnés de l'éthique chrétienne sont les plus simples et les plus sûres leçons pour l'enfance. Et de fait, comment nier qu'un chrétien qui suivrait sincèrement les préceptes de sa religion serait un type de bon citoyen ? Quant à refuser toute action à l'école, ce serait trop absurde ; repoussons la subtile distinction des âges où se réfugie M. H. Denis, affirmant qu'après seize ans il n'y a plus influence de l'école : le contraire est le vrai, et c'est dans l'adolescence que se développe la mentalité ébauchée par la première éducation.

« Il faut aller plus loin. N'attendait-on de l'instruction généralisée que l'innocuité morale ? Non, on en attendait le progrès immense que résume le mot célèbre : ouvrir une école, c'est fermer une prison. L'expérience a démenti cet espoir. « Si l'école n'a pas créé la criminalité croissante de l'enfance », a écrit M. Fouillée, « elle ne l'a pas empêchée ». Des statistiques mêmes il résulte que le nombre des accusés ignorants, en 1896-1900, a été de 492 contre 2.908 instruits, et depuis 1881 a décru de moitié, tandis que celui des instruits croissait d'autant. »

Enfin, voici l'énumération presque complète des causes du mal, énumération qui méritait d'être mise en épigraphe :

« Il y a au surplus bien d'autres coefficients que l'école agnostique, sinon amorale, dans la crise de la moralité : les sophismes de la presse, l'action infectieuse de la vie urbaine, la licence dont le terme est la pornographie, *la publicité détaillée des crimes et des suicides*, l'alcoolisme, le discrédit de toute autorité, l'ébranlement de la famille, le déclassement à outrance des conditions, le trouble des idées, la misère quand elle n'a ni défense ni espoir, les facilitations matérielles du crime (par exemple la tolérance universalisée d'armes inutiles), *une sorte de matérialisation générale des âmes qui les laisse sans frein comme sans ressort en face des énigmes de la vie...*

« Peut-être, au lieu de nous persuader que la moralité publique s'épure, ferions-nous mieux de travailler à guérir un à un ces maux-là. »

Cette énumération est, disions-nous, *presque complète*. Il y manque, en effet, la littérature morbide dont nous avons parlé ; il y manque aussi cette entreprise de certains « quotidiens très répandus » qui devrait relever du Code pénal, et qui a pour titre : « *petites annonces, petite correspondance* ».

Puisque cette publicité de tolérance ne tombe pas sous le coup de la loi, il faudra qu'elle tombe sous l'indignation de tous ceux, encore nombreux, qui ont conservé quelque honnêteté.

Nous espérons d'ailleurs que le jour est prochain où le moyen le plus sûr de gagner sa vie ne sera pas de faciliter les vices.

La Dépopulation

A propos de « Maternité » de M. Brieux. — Les réformes principales qui s'imposent et qu'on oublie.

Il faut presque, aujourd'hui, demander pardon à ses lecteurs lorsqu'on aborde cette question de la *dépopulation*, au sujet de laquelle la verve plus ou moins spirituelle des journalistes s'est si copieusement exercée. Il est vrai que la radicale impuissance sur ce point de certains législateurs puissants qui s'écrient chaque jour : « Il faut faire quelque chose ! » et n'aboutissent à rien, prête légèrement à rire. « La Chambre, par l'organe d'un orateur complaisant, écrivait M. Pierre Louÿs, accusera l'imprévoyance et l'égoïsme de chaque citoyen en particulier, alors qu'elle est, bien entendu, la première, la grande coupable. »

Puisque l'action législative ne commence pas, il faut donc que l'action privée prenne sa place, et, cette action privée, il appartient comme toujours aux littérateurs de la diriger. C'est ce qu'a tenté M. Brieux, d'une façon assez heureuse, mais au sujet de laquelle nous aurons cependant certaines réserves à faire.

Plusieurs littérateurs, qui prétendent au monopole de l'originalité, se font un plaisir de railler le peu de mérite qu'aurait M. Brieux à mettre à la scène des faits-divers de journaux. Je ne serais pas étonné que, plus tard, les pièces de M. Brieux restassent comme des documents sérieux de notre époque, alors que les œuvres sans doute géniales des littérateurs qui le critiquent, seront depuis longtemps oubliées. Ses drames, dont on blâme si facilement la banalité, sont l'histoire de nos mœurs écrite *par un témoin*, et, cette histoire aura toujours, par suite, une valeur indiscutable.

Croyez-vous que le juge d'instruction tortionnaire de la *Robe rouge* n'est pas plus vrai que le cardinal Ximénès de M. Sardou, dans sa *Sorcière?* Quand, après quatre cents ans, on compose un drame comme celui de M. Sardou, on peut, de très bonne foi, s'écarter de la réalité historique. Les drames de M. Brieux sont un procès-verbal de notre état social au commencement du xxe siècle.

Cette constatation légitime faite, je reprocherai à l'auteur de *Maternité* de ne pas nous indiquer assez nettement la solution qu'il veut nous faire approuver; je lui reprocherai même de *paraître* indiquer une préférence pour la plus mauvaise de toutes les solutions.

Car, enfin, le problème est le suivant : Comment parvenir à ce qu'une jeune fille qui s'est laissé séduire parce qu'on lui promettait le mariage, et que son séducteur n'a pas épousée ensuite parce qu'elle n'avait point de fortune, ne soit pas exposée à se livrer à une avorteuse, afin d'éviter la réprobation générale, et peut-être à en mourir, comme Annette?

Or M. Brieux termine sa pièce par cette déclaration creuse de « l'avocat » : « De toutes les forces de mon cœur transi de pitié, de toutes les forces de ma raison indignée, j'appelle l'heure libératrice où, grâce à la découverte de quelque savant, chacun pourra, sans hypocrite contrainte, comme sans profanation de l'amour, n'avoir que les enfants qu'il aura désirés. Oui, ce sera une conquête sur la Nature, sur la Nature féroce qui répand avec une profusion coupable la vie qu'elle voit disparaître avec indifférence. »

Qu'est cet appel inattendu à une découverte scientifique vague? Y a-t-il là une solution? Le croire serait un peu ridicule. La solution que M. Brieux veut nous indiquer n'est donc pas à la fin de sa pièce, et c'est dans le cours des trois actes qu'il la faut chercher.

Mais, auparavant, arrêtons-nous un instant à cette idée de la limitation scientifique du nombre des enfants, pour

dire que M. Brieux semble bien l'avoir condamnée lui-même
en montrant que la volonté raisonnée doit seule intervenir
quand il s'agit de n'avoir point d'enfants. Il fait dire en effet
à son sous-intendant, célibataire *pauvre et malingre,*
ceci : « Je n'ai pas voulu faire naître dans la misère des
« enfants à qui j'aurais légué pour tous biens mes tares phy-
« siques... Je crois fermement qu'on est coupable de mettre
« un enfant au monde si l'on n'est pas certain de lui donner
« la santé et de l'élever convenablement. Sur cent conscrits
« que nous avons vus ce matin, mon Colonel, nous en avons
« pris soixante. N'eût-il pas été préférable qu'on ne nous
« en eût montré que quatre-vingts, et que nous ayons pu
« les reconnaître tous bons pour le service ?... » (Répon-
dant d'autre part à l'objection de l'importance du *nombre*
pour les armées, le sous-intendant dit : « Jamais dans l'his-
« toire on n'a vu la suprématie, même militaire, appartenir
au peuple le plus nombreux. » La phrase est de M. de
Varigny. Le général Von der Goltz partage l'opinion qu'elle
« exprime et notre général Lewal a écrit : « Toutes les
« grandes opérations militaires ont été accomplies par
« de petites armées. ») Le nombre des enfants limité à
ceux qu'on désire, et auxquels on peut donner la santé ainsi
que l'éducation convenable, doit donc être une œuvre de
volonté, non de découverte scientifique.

La maternité désirée et difficile mérite seule d'attirer
notre sympathie, seule elle vaut que nous cherchions les
moyens de la rendre moins chargée de continuelles entraves.
Il s'agit : 1° de faciliter la naissance et la vie des enfants en
détruisant cette idée qui fait considérer dans certains cas la
maternité comme infamante et qui pousse les mères à l'avortement, au suicide, ou à l'infanticide ; 2° de faciliter les mariages, et les moyens d'élever les enfants qui en naissent.

M. Brieux aborde ces deux questions et en indique par
suite la solution, tout au moins en partie.

Le sous-préfet Brignac, qui déploie beaucoup d'activité

pour arriver à ce que, dans son arrondissement, de nombreuses ligues en faveur de la repopulation soient fondées, qui accorde qu'on n'a pas raison de tenir rigueur à une « jeune fille séduite et abandonnée, victime de l'immoralité « d'autrui », exige cependant que sa belle-sœur, habitant chez lui, et ayant été séduite et abandonnée dans ces conditions, « file » au plus vite, selon son expression.

Mme Brignac lui répond : « Et c'est ça votre justice !... La « vérité, c'est que vous défendez tous l'hypocrisie sociale. « Oui ! Et la preuve, c'est que si Annette reste dans la ville « pour y élever son enfant, on la méprisera ; mais si elle va « faire à Paris des couches clandestines et si elle se débar- « rasse de son petit, elle évitera tout reproche. Maîtresse « stérile, on l'absoudrait encore. Alors, soyons francs, et « ayons le courage de dire les mots : *ce ne sont pas les mau- « vaises mœurs que l'on condamne, c'est la fécondité.* Vous « réclamez un plus grand nombre de naissances, et en même « temps vous dites à la femme : « Pas de maternité sans « mariage, et pas de mariage sans dot. » Tant que vous « n'aurez pas changé cela, toutes vos circulaires et vos ex- « hortations ne feront que provoquer un éclat de rire fait « de haine et de pitié. »

Voilà donc une première réforme à faire, et celle-là ne dépend pas du législateur, mais de nous-mêmes : détruire l'opinion qui condamne la maternité des jeunes filles séduites et abandonnées, victimes de l'immoralité d'autrui.

En ce qui concerne la facilité plus grande qu'on doit accorder aux mariages, les réformes à faire sont plus nombreuses. L'une d'elles a trait aux exigences des parents relativement à la fortune ; M. Brieux l'a exposée d'une façon éloquente et impressionnante dans le dialogue suivant entre Lucie Brignac, la sœur d'Annette, et Mme Bernin, la mère du jeune homme qui a séduit Annette :

Madame Bernin, *émue.* — Ah ! si c'était possible, avec quel bonheur j'accepterais Annette pour mon fils ! Celle qu'on va lui donner est une précieuse qui me déplaît, tandis que votre petite, je me retenais pour ne pas l'aimer.

Lucie. — Si vous dites vrai, n'êtes-vous pas assez riche pour permettre à votre fils d'épouser une fille pauvre ?

Madame Bernin. — Non. Nous n'avons pas, d'ailleurs, la fortune qu'on nous croit. Puis, il nous faut doter Gabrielle. Il ne restera donc rien ou presque rien pour Jacques.

Lucie. — Quand on n'a pas d'argent, on travaille.

Madame Bernin. — On ne l'a pas élevé pour cela.

Lucie. — On a eu tort.

Madame Bernin. — Les professions libérales sont encombrées. Voulez-vous qu'il se fasse employé et qu'il gagne deux cents francs par mois ? Le ménage ne pourrait pas seulement avoir une bonne.

Lucie. — Il n'y a pas que des employés à deux cents francs.

Madame Bernin. — Supposez qu'il en gagne cinq cents... Pourrait-il tenir son rang ? Pourrait-il garder ses relations ? Ce serait une déchéance, une déchéance qu'il devrait à sa femme et qu'il lui reprocherait bientôt. Et avez-vous pensé à leurs enfants ? Ils auraient juste assez pour envoyer leur fils à l'école primaire et faire de leur fille une employée des postes... Et encore leur aurait-il fallu se saigner aux quatre veines pour la nourrir jusqu'au diplôme.

Lucie. — C'est vrai.

Madame Bernin. — Vous voyez donc que j'ai raison. Je ne vous dis pas que je suis fière de vous parler ainsi et de faire partie d'une société qui m'impose, par ses préjugés, de pareilles décisions... Mais nous ne vivons pas avec des personnages de roman. Nous vivons avec des gens égoïstes, pratiques et vaniteux.

Lucie. — Vous les méprisez et vous sacrifiez tout à leur opinion.

Madame Bernin. — C'est que le bonheur de chacun dépend beaucoup de l'opinion de ces gens-là. C'est elle qui décrète l'honorabilité. Il faut être une exception pour vivre en dehors de ces conventions ou pour les mépriser. Jacques est comme tout le monde.

Lucie. — A votre place, je ne m'en vanterais pas. S'il n'était pas comme tout le monde, en effet, ou du moins comme tout ce monde-là, il trouverait dans son amour assez de force pour braver les railleries des oisifs.

Madame Bernin. — Dans son amour ? L'amour passe et la pauvreté reste : c'est un proverbe. La beauté s'éteint et la misère s'accroît.

Lucie. — Mais vous, vous, Madame, vous-même, n'êtes-vous pas, votre mari et vous, la preuve qu'on peut se marier sans dot et faire fortune ? Votre histoire est connue. Votre mari a débuté petit employé, il est devenu petit commerçant, et si la fortune fait le bonheur, vous êtes des gens heureux, vous et lui. Alors ?

Madame Bernin. — Eh bien, non, nous n'avons pas eu le bonheur, parce que nous nous sommes usés à sa poursuite. Nous voulions

« arriver » et nous sommes « arrivés ». — Mais à quel prix ! — Employés d'abord, nous avons traîné une vie de misère, de mesquines économies et de rageuse avarice. Commerçants, nous avons vécu dans la peur de l'échéance, dans la duperie, dans la férocité, dans le mensonge, et la flatterie aux clients. Je connais la route par où l'on va à la fortune. *On y pleure, on y ment, on y envie et l'on y méprise, on y souffre et l'on y fait souffrir.* J'y ai passé : nous avons résolu d'en épargner les tristesses à nos enfants. De ceux-ci nous avions limité le nombre ; nous n'en avons eu que deux, et nous avions décidé de n'en avoir qu'un. Il nous a fallu alors redoubler de labeur et de sévérité pour nous-mêmes. Nous avons été, au lieu de deux époux qui s'entr'aident, deux associés qui se surveillent comme deux ennemis, se reprochant l'un à l'autre leurs dépenses ou leurs inhabiletés, et, sur l'oreiller même, disputant encore de leurs intérêts. — La route enfin parcourue, on ne jouit pas de la richesse parce qu'on ne sait pas s'en servir, et l'on n'a pas de bonheur parce que la vieillesse qui vient est empoisonnée par les souvenirs et les rancunes des jours mauvais, parce qu'on a trop peiné et qu'on a trop haï. Non, je n'exposerai pas mes enfants à cette lutte, puisque je ne l'ai endurée que pour les en préserver. »

M. Pierre Louÿs a discuté lui aussi, dans un article dont nous citions plus haut un passage (1), cette question des entraves trop nombreuses apportées au mariage par la loi et par les mœurs.

« La loi, dit-il, opposant avec une insistance maniaque des
« obstacles toujours nouveaux à des maternités possibles, in-
« terdit pendant un laps de temps considérable *les mariages*
« *les plus jeunes, les plus sains, les plus féconds* si le consente-
« ment paternel fait défaut à l'un des fiancés... Personne n'a
« le droit de discuter les motifs de l'opposition. Le père invo-
« que des raisons d'argent : c'est fort bien. Il se croit d'une
« meilleure famille que celle du prétendant : il n'y a rien à
« dire. Il préfère garder sa fille malgré elle, sans autres rai-
« sons à l'appui : c'est encore parfait. La jeune fille, si elle est
« amoureuse, peut choisir ce qu'elle aime le mieux, ou de
« s'enfuir, ou de se suicider. Très souvent elle fait l'un ou
« l'autre. Et ici, comme tout à l'heure, je ne distingue pas
« très bien l'intérêt de l'Etat.
« *Mieux encore : le jeune homme n'est libre qu'à 25 ans.*
« *Nous touchons aux limites de l'absurde.* On estime qu'à

(1) Le *Journal* du 3 décembre 1900.

« 22 ans un homme est assez mûr pour porter les galons de
« lieutenant. On lui confie quatre-vingt-quinze hommes avec
« la permission de les envoyer — sans le consentement de son
« père — se faire massacrer. Et sans ce même consentement on
« ne lui confie pas une femme qui l'aime assez pour le suivre ?
« Il peut fonder une maison de commerce, une usine, une
« société, une colonie, mais non une famille ? Il peut être
« médecin, professeur, architecte, chef de mission ou diplo-
« mate ; mais on lui interdit d'être « mari », si tel est le caprice
« de ses ascendants ?... Nul, pas même l'Etat, pas même un
« père, n'a le droit de séparer deux êtres jeunes et sains lors-
« qu'ils ont exprimé la volonté de s'unir. »

Et le distingué romancier termine en proposant les cinq
mesures suivantes :

« 1° Combattre par l'enseignement moral l'opinion abomi-
nable qui représente la maternité comme pouvant être, dans
une circonstance quelconque, une faute contre l'honneur, un
état illégitime et infamant.

« 2° Garantir pendant le temps de la grossesse et trois mois
après l'accouchement les ouvrières et les servantes à gages
contre toute possibilité de renvoi, à moins de faits délictueux
ou criminels dûment constatés ;

« 3° Décréter que le certificat de bonnes vie et mœurs, dans
le sens où l'on entend généralement cette expression, ne pourra
être en aucun cas exigé à côté de l'extrait du casier judiciaire
qui est déclaré suffisant. » — (Cette mesure est assez inutile,
car le certificat de bonnes vie et mœurs, reconnu comme ne
signifiant rien, n'est presque jamais demandé.)

« 4° Créer, sur toute l'étendue du territoire, des nourriceries
d'enfants assistés où l'on accueillera jusqu'à la deuxième année
tout enfant nouveau-né qui par l'indigence de sa mère se trouverait en danger de mort.

« 5° Accorder les droits du mariage à tout couple qui expri-
mera librement la volonté de s'unir devant l'officier d'état civil
sans frais, sans délais, sans production de pièces, *et sans
aucune soumission au consentement d'un tiers.* »

A ces mesures, proposées par M. Pierre Louÿs, il faudrait en ajouter une autre importante qui découle du troisième acte de *Maternité* où M. Brieux nous montre, en Cour
d'assises, une institutrice n'ayant pas voulu avoir un troi-

sième enfant parce qu'elle ne pouvait l'élever, et un ménage d'ouvriers s'étant arrêté à sept enfants pour la même raison : *il faudrait diminuer les impôts des ménages au fur et à mesure que s'accroît le nombre des enfants.*

Puisqu'on reconnaît justement que le mariage est la base de toute société organisée, il serait bon de songer à ces réformes, qui moraliseraient la nation en permettant la création de foyers où régneraient l'affection et le bien-être modeste auquel ont droit ceux qui fondent une famille. Mais peut-être de semblables réformes législatives n'auront-elles pas de chance d'aboutir tant que la voix du père de famille de sept enfants sera annihilée, dans les élections, par celle du premier célibataire alcoolique venu.

En attendant une loi certainement lointaine, comme toutes les bonnes lois, les associations privées pourraient faire quelque chose dans le but de remédier aux maux dont nous venons de parler. Elles ne paraissent pas beaucoup y avoir songé. Notre association s'en occupera, et nous dirons bientôt comment.

LE FRANÇOIS.

AU THÉATRE

FALSTAFF, de M. Jacques Richepin (*Théâtre de la Porte-Saint-Martin*). — Nous n'avons pu, dans notre dernier numéro, faute de place, parler de *Falstaff*, pièce en vers en cinq actes et sept tableaux de M. Jacques Richepin. M. Jacques Richepin, bon poète par atavisme, nous a donné presque en même temps sa charmante comédie de *Cadet-Roussel*, au théâtre Victor-Hugo, et *Falstaff* à la Porte-Saint-Martin. Ce sont deux œuvres agréables, qui dénotent un talent incontestable, bien qu'on soit obligé d'y remarquer un certain manque d'exercice et une certaine négligence parfois. Mais pourquoi nous arrêter à de semblables remarques? Falstaff amuse, et c'est le principal, Falstaff est gai, et cela suffit. Vous vous souviendrez toujours de Falstaff dans le panier à linge sale, ou dans la forêt, et vous ne pourrez oublier sa délicieuse romance : « Quand j'étais page... »

Les pièces qui amusent ont souvent une *action* aussi bonne, et parfois meilleure, que les pièces qui passionnent pour des idées.

Quant aux vers de M. Jacques Richepin, il n'entre pas dans mon rôle de faire de la critique littéraire à leur sujet. Ils plaisent tous à l'audition. N'est-ce pas assez ? Ils plaisent *presque tous* à la lecture. Qu'importe ! Pour vous les faire goûter, je veux vous en donner six de Cadet-Roussel qui chantent dans ma mémoire :

> J'ai trois cœurs : un cœur de fils, doux, tendre, fidèle,
> Aimant sa mère trop, sans trop être aimé d'elle ;
> Un cœur de rêve, audacieux, extravagant,
> Qui pleure et rit, sans savoir où, comme ni quand ;
> Enfin un cœur d'oiseau qui vole avec des ailes :
> Ma mère, celui-là, c'est pour les demoiselles. »

BOHEMOS, fantaisie en un acte en vers de M. Miguel Zamacoïs. — Ce sont de jolis vers encore que nous avons entendus à une des matinées littéraires du jeudi de Madame Sarah-Bernhardt. Ce bohème grec, qui ne peut donner à sa Léonida que des sonnets, qui la voit préférer les drachmes d'un étranger, puis la reconquiert par son esprit, est bien français.

Voici quelques-uns de ses conseils pour réussir chez les Athéniens :

« Être un joli causeur causant pour ne rien dire ;
Trancher comme un augure et s'écouter sans rire ;
Être un de ces cerveaux que notre âge a produits,
Parlant du son des fleurs, de la couleur des bruits,
Dardant partout ses nerfs comme des tentacules,
Pesant des riens du tout sur d'infimes bascules,
Ayant pour son époque un souverain mépris,
Promenant un dédain de génie incompris. »

A une autre matinée du même théâtre a été joué un acte, en vers, de M. Louis Lavigerie : *Le Rosier blanc*. Deux sœurs se disputent leur beau cousin et l'aînée l'emporte. C'est tout.

LES PANTINS, pièce en trois actes, de M. Gustave Grillet (*Théâtre Victor-Hugo*). — Ceux qui aiment l'esprit et le rire ont été satisfaits en voyant les deux premiers actes des *Pantins :* un jeune comédien au Conservatoire, puis dans un théâtre de province. La pièce étant menée avec un réel talent, on écoute le troisième acte, bien qu'il fasse contraste avec les deux premiers : c'est la destinée féroce : le comédien, tombé dans la misère, devient fou et se suicide.

On donnait avec les *Pantins*, au même théâtre, *La Cruche cassée*, cette belle comédie classique, bien connue, du grand poète dramatique Henri de Kleist, traduite par MM. J. Gravier et H. Vernot.

LA SECONDE MADAME TANQUERAY, pièce en quatre actes, de M. Arthur Pinero, traduction de M. R. d'Humières (*Odéon*). — C'est la critique des remariages et des sots mariages. A quarante-trois ans, riche et veuf, M. Tanqueray épouse une demi-mondaine désireuse d'entrer dans le monde. Conséquences ordinaires : le monde la repousse, elle supporte avec ennui l'honnête vie bourgeoise ; elle trouble la maison en y invitant une ancienne amie qui a épousé un sir George Arreyed, ivrogne ; elle est jalouse de la fille de son mari et l'empêche d'épouser un jeune capitaine en déclarant qu'elle l'a connu au temps de sa vie déréglée. Elle a apporté le malheur dans la famille où elle est entrée ; elle doit être satisfaite. Non, elle se tue. Malgré ce dénouement tout à fait invraisemblable, car de telles femmes ne se tuent point, la pièce de M. Arthur Pinero se conduit bien et intéresse.

L'ASSASSINÉE, comédie en quatre actes, d'après la nouvelle de M. Gaston Bergeret, par M. Grenet-Dancourt ; PAPA

MULLOT comédie dramatique en trois actes de M. Robert Charvay (*Théâtre-Antoine*). — Avec l'*Assassinée* nous sommes dans les affaires judiciaires ; cela devient très à la mode. On connaît la nouvelle de M. Gaston Bergeret. Mme de Bernay a quitté son mari et celui-ci n'en a parlé à personne. Où est-elle ? M. de Bernay ne répond ni aux domestiques, ni aux voisins, ni au commissaire. Il est accusé d'avoir tué sa femme et poursuivi. Il se borne toujours à répondre froidement au juge d'instruction comme au procureur : « Prouvez-moi que j'ai tué ma femme, je n'ai point à prouver que je ne l'ai pas tuée. » Il arrive ainsi en Cour d'assises et est condamné aux travaux forcés à perpétuité. Mme de Bernay revient au moment même et déclare qu'elle était chez sa nourrice. « Montrez-moi l'article du Code condamnant aux travaux forcés à perpétuité tout mari dont la femme est chez sa nourrice ? » dit M. de Bernay. Le président laisse entrevoir la revision ; — mais toujours naturellement on dira : « Ah ! oui ! c'est ce Bernay, celui qui avait assassiné sa femme ? — Précisément ! » Cette comédie, spirituelle et facile, a eu un succès mérité.

— *Papa Mulot* est l'honnête caissier qui ne veut pas accepter le million et demi d'héritage que lui laisse sa fille naturelle enrichie dans le demi-monde. Sa femme, sa fille légitime, son futur gendre et patron, usent en vain de moyens habiles pour le décider. Ils profitent d'une attaque d'apoplexie pour lui faire signer l'acceptation. Les caractères sont bien dessinés et la pièce intéresse.

Je ne parle pas de *Décadence*, de M. Albert Guinon, car un article doit lui être consacré dans ce numéro ou dans le suivant.

A. M.

Livres et Revues

Un bon travailleur des lettres : **Léon Lavedan**. (*Le Correspondant* du 10 février 1904).

Le monde des lettres porte le deuil de Léon Lavedan. M. le marquis de Voguë a rendu à la mémoire de cet écrivain l'hommage ému qu'elle méritait. « Il avait, a-t-il dit, le goût de la lutte : toute sa vie il a combattu ; non dans un intérêt personnel, mais pour les nobles causes auxquelles il avait voué sa laborieuse activité.

« Sa seule arme fut sa plume, alerte, incisive, féconde, qu'aidait une mémoire prodigieuse, un sens vif de l'actualité, une rare aptitude à discerner le moment, le point d'attaque, le fait saillant, l'argument décisif, dans de brillantes improvisations qui avaient la portée d'études longuement méditées.

« On a dit de lui qu'il était journaliste accompli : j'accepte le mot, si on le prend dans son acception la plus haute et la plus honorable : dans les temps troublés où nous vivons, dans notre société divisée, inquiète, menacée, il n'est pas de profession plus noble, plus utile, si elle est inspirée par le dévouement, si elle met un caractère et un talent au service de la vérité, du droit, de la liberté, des grands intérêts moraux et matériels de la patrie. Ainsi pratiquée, elle devient une fonction sociale et commande le respect. »

La production dramatique. — Ce qu'elle est de nos jours. Ce qu'elle promet d'être (*Revue littéraire* du 8 février 1904). Sur cette intéressante question MM. Antoine, Hervieu et Faguet, — c'est-à-dire un acteur, un auteur et un critique, — ont fait dans la *Revue littéraire* les réflexions qui suivent.

Suivant Antoine, « on ne sera dans la bonne voie de l'évolution qu'en s'inspirant de Balzac, en mettant sur la scène des caractères réels, des sexes, mais en travaillant avec lenteur. Trop de gens font du théâtre depuis que le théâtre rapporte cent fois plus que le livre... » Il se montre particulièrement sévère pour quelques-uns des grands favoris du public : « Capus procède comme tout le monde. Hervieu suit le courant, il cherche encore sa voie. Quant à Rostand... sans doute j'eus peur après *Cyrano*. Mais j'ai vite compris que ce n'était là qu'un « accident » terrible, et non une nouvelle école. On pourrait tout au plus comparer son théâtre à un chancre qui se serait ouvert, après l'avarie qui s'est glissée dans notre théâtre par le fait du romantisme. Croyez-moi, le théâtre en vers est mort et bien mort. »

Paul Hervieu ne sait pas si l'influence d'Ibsen dominera la littérature dramatique en France au xxe siècle. En tous cas il se déclare un ibsénien très ignorant. Si les genres ne s'imposent pas par eux-mêmes, il incline à penser que les hommes peuvent imposer un genre. « Le théâtre en vers paraissait enseveli à jamais. Rostand est venu qui l'a vivifié. Il en irait de même pour la tragédie et la comédie pure. Il conclut en citant cet aphorisme d'un grand critique anglais : « La vie est une comédie pour l'homme qui pense ; la vie est une tragédie pour l'homme qui sent. »

Pour M. Faguet, la pièce politique succombera bientôt. Ce n'est pas en cherchant le scandale qu'on fait un chef-d'œuvre. La pièce à thèse se meurt. Le théâtre en vers vivra : il est de pure tradition française.

La religion de Ruskin (*Annales de philosophie chrétienne*, article de M. Jacques DE COUSSANGES). — Il y a en Angleterre, après des périodes de plat utilitarisme, des réactions en quelque sorte rythmiques en faveur de l'idéalisme. Ruskin marque l'une des plus profondes. « Il a soulevé l'enthousiasme, créé une école de peinture, changé le goût, détruit le respect dont on entourait le libéralisme économique, ouvert d'autres horizons, fait pénétrer dans ces âmes protestantes l'amour de l'Italie primitive et franciscaine, provoqué des œuvres de charité durables et fécondes. » C'est donc une des plus fortes influences qu'ait subies l'esprit anglais au xixe siècle.

Il est intéressant de connaître avec précision quelques-unes des idées qui lui tenaient le plus au cœur.

C'est une âme religieuse et grave.

Il doit à la Bible sa conception de l'utilité féconde de la guerre (conception si différente de nos idées modernes qui voient dans la guerre une occasion pour l'homme de faire renaître en lui la brute, et non de s'améliorer). « Les grandes nations, dit-il, se nourrissent dans la guerre et s'épuisent dans la paix. » — « Le mérite du jeu de la guerre, c'est qu'il montre vraiment quel est le meilleur homme, qu'il est une épreuve complète de l'homme...

L'habitude de vivre le cœur léger dans la présence quotidienne
de la mort, car le soldat meurt tous les jours, doit avoir pour
résultat de faire des hommes honnêtes. »

« Que l'homme soit honnête », tel est le principe de sa morale comme aussi le ressort de sa vie personnelle. Par honnêteté il entend le sentiment de la responsabilité et de la
sincérité.

L'artiste, pour créer une belle œuvre, doit être honnête et
avoir le sentiment de l'apostolat qu'il remplit. « Toute grande
composition, écrit Ruskin, toute œuvre grande, en peinture et
en littérature, sans aucune exception, depuis les origines de
l'humanité jusqu'à l'heure présente, est l'affirmation d'une loi
morale. » Dans une première période de son existence, Ruskin
établit donc une sorte de rapport d'identité entre les termes religion, morale, art.

Dans une seconde phase, il incline vers le positivisme. M. de
Coussanges distingue plusieurs points sur lesquels les idées de
Ruskin se rapprochent du système d'Auguste Comte : 1º la mise
en lumière de l'importance et de la grandeur du moyen âge ;
2º le rôle de souveraine du foyer assigné à la femme ; 3º l'invitation à ne pas tourner nos pensées vers l'étude de l'au-delà,
parce qu'il est inconnaissable ; 4º le plan de réorganisation sociale. « Sa classification des sciences, dit M. de Coussanges,
l'avait entraîné à comprendre autrement que les économistes les
lois qui gouvernent la richesse et la production, dont il fait un
des éléments de la sociologie, la plus complexe des sciences,...
la richesse aussi bien que le travail sont des fonctions sociales,...
l'ouvrier est un fonctionnaire dont le salaire est une indemnité,... il réclame le respect de la personne humaine et là-dessus
il pose le fondement de sa politique,... il soutient que le travailleur ne doit pas être traité comme une valeur marchande,
mais qu'il faut le regarder comme un être pensant, — il s'est
convaincu que les économistes n'avaient fondé qu'une science
incomplète parce qu'ils avaient négligé les facteurs moraux qui
en transforment les données ». — Pour bien faire comprendre la
portée et l'actualité de ces idées, M. de Coussanges rappelle très
heureusement que les arbitres choisis par le président Roosevelt
pour mettre fin à la grève de Pensylvanie ont commencé leur
rapport par ces mots : « Là où la production est uniquement
réglée par le capital, il peut y avoir apparence de prospérité,
mais les qualités qui rendent la vie digne et sacrée sont dé-
truites. »

Sur deux points importants Ruskin se sépare nettement du comtisme.

Alors que Comte est adversaire du déterminisme, Ruskin croit à la prédestination : « Chacun de nous est né avec son existence toute tracée. »

Pour Comte, comme pour ses disciples, la science est morale et scientifique dans sa base comme dans ses applications. Pour Ruskin la science est amorale et il en méprise les applications. « Il embrassait un ouvrier parce qu'il ne savait pas écrire, ne voulait pas monter en chemin de fer, et conseillait aux femmes de se remettre à filer. »

Le beau Voyage, de M. Henry BATAILLE. — Le bon poète Henry Bataille vient de publier sous ce titre un volume de vers où l'on retrouve avec plaisir, à côté de ses vers nouveaux, ceux de sa jeunesse.

Pour encourager nos lecteurs à lire l'œuvre entier de cet auteur, voici l'*Epilogue* de son *Beau Voyage* :

EPILOGUE

Moi qui m'en vais de trop sentir, de tout connaître,
Paix à mes yeux, paix à mes mains, paix à ma bouche,
Je sens monter en moi le silence mon maître,
Et l'arbre qui meurt droit n'attend plus qu'on le couche.
Seigneur, vous avez fait des choses merveilleuses,
Et vous avez paré toutes les solitudes
De toutes vos beautés mornes et gracieuses ;
Vous avez mis aussi l'amour dans mon cœur rude,
Vous avez mis la haine aussi dans mon cœur tendre,
Et je vous remercie, Seigneur, et je vous rends
Tous ces trésors, afin que pure soit ma cendre,
Que je parte sans rien de vous dans mes yeux grands.
L'orgueil clair que j'aimais, sa grâce, son baiser,
Je vous rends tout cela que vous m'avez donné.
Je m'en vais seulement, Seigneur, me reposer,
Et je veux revenir ainsi que je suis né.
Arbre, va-t'en de moi ! ô feuille, je te chasse !
Tu n'obséderas plus ma prunelle, ciel *bleu* !
Visage, forme, odeur, durée, amour, — efface !
Efface toute femme, efface tout ! Adieu.
Je ne veux même pas le poids des moindres roses,
Je me veux seul, entier, vide, moi seul, sans rien.
Reprenez maintenant, Seigneur, toutes vos choses ;
Qu'il vous suffise de savoir que c'était bien.
Je vous les rends. Voici une fleur détachée ;
Je vous rends le premier souvenir, le plus loin ;
Un grand lac que j'aimais, une prairie fauchée...
Voici une chanson, voici le vieux témoin
De la chambre ; deux mots et deux pages, — voici
Ce qui restait en moi de mes chères figures,
De pauvres vieux regrets qui valaient mieux, ceci,
Et puis ceci. Je rends à la grande nature
Les formes que j'avais dans mon cœur amassées,
Et les noms éternels qu'on donne à ce qui passe,

Tout ce que je t'ai pris, ô toi, pleine de grâce,
Nature sans amour, insensible splendeur !
Prenez ceci, prenez cela, reprenez tout !
Prenez jusqu'à ce bruit de veine intérieur,
Que j'aie au moins l'orgueil d'être moi, tout à coup !
Ah ! quand je serai près de la porte de plâtre,
Lorsque viendra mon tour, tranquille et de moi-même
Je me dévêtirai pour le sommeil suprême,
Et je déposerai comme un bâton dans l'âtre
Ce fardeau de beauté, de science et d'amour,
Dont vous aviez chargé mon épaule et mes yeux,
Et que, par un soin tendre et miséricordieux,
Vous me retirerez, Seigneur, avec le jour.
Je me dévêtirai de toutes vos parures ;
D'un seul geste et d'un coup, elles s'écrouleront,
A cet instant subit où, dans l'éclipse obscure,
Tout un vaste univers désertera mon front.
Que la chaleur du souffle harmonieux du monde
Pour la première fois, heurte à ma face close,
Sans que rien ne lui cède et rien ne lui réponde
En ce corps qui se donne à la métamorphose
Dans une souveraine allégresse de vierge !
Pour que rien ne subsiste en ces derniers miroirs,
Même jusqu'au dernier point lumineux des cierges,
On me revoilera mes yeux tentés de voir
Malgré le long labeur de leur fidélité,
Pour que rien, rien, pas même une tache ne souille
D'un souvenir humain, encombrant, détesté,
L'orgueilleuse candeur que revêt ma dépouille,
Et que, nu, simple et seul, je descende et repose
Comme en un flanc nouveau qui s'enfle et me recrée,
Que je descende enfin dans le destin des choses
Et dans ma pureté intangible et sacrée.

Les chants séculaires, de M. Joachim GASQUET (préface de M. Louis BERTRAND). — Sans rechercher dans cette œuvre, de forme poétique excellente, la « Renaissance classique », dont parle M. Louis Bertrand, on y trouve. — ce qui est plus important, — une pensée forte et saine. A cela rien d'étonnant puisque c'est une pensée *nationale* au premier chef.

Vers Ispahan. — Voici un court fragment de la description évocatrice de la mystérieuse ville d'Ispahan, que Pierre Loti vient d'écrire dans la *Revue des Deux-Mondes* du 15 février :

« Le long d'une rivière desséchée, au lit de galets blancs, que traverse un pont courbe à balustre de faïence, un panorama de féerie se déploie ; pêle-mêle, enchevêtrés, superposés, des portiques, des minarets, des dômes, ruisselants d'émail et d'or ; tout ce qui avoisine le sol est d'émail bleu ; tout ce qui s'élève est d'émail vert, à reflets métalliques comme la queue des paons ; la décoration se fait de plus en plus dorée à mesure qu'elle s'éloigne de la base, et tout finit vers le ciel en pointes d'or. En plus des vrais minarets, assez larges pour que les muezzins y montent chanter, il y a quantité de minces fuseaux, évidemment impossibles à gravir, qui s'élancent aussi et brillent comme des orfèvreries. Et c'est si neuf, si beau, si flambant, si imprévu, au milieu de cette ville de débris et de poussière !... Parmi ces magnificences, croissent des arbres tout rouges, des grenadiers follement fleuris ; on dirait qu'il a neigé dessus des perles de corail. Et derrière tout cela, les grandes cimes, deux fois hautes comme nos Alpes, se découpent toutes roses, dans leur gloire de la fin du jour, sur un fond couleur d'aigue-marine. »

Les femmes et le féminisme en Amérique (*Mercure de France* de février 1904).

On entend souvent plaider en France la cause du féminisme. On sait que ce mouvement est très accentué en Amérique. Or voici, rapportées par le *Mercure de France*, les opinions de quelques penseurs américains sur cette question :

« L'Américaine, écrit T. Bentzon, a su conquérir pour son sexe, mieux que l'égalité, la suprématie. Partout elle est prépondérante. Dans la vie privée, père, frère, mari, sont à ses pieds ; elle collabore à la vie sociale, s'il lui plaît. Elle accède aux fonctions administratives et publiques, impose ses droits aux professions libérales ; elle a le pouvoir de prendre la parole partout, même en qualité de ministre de la religion. »

Une telle prépondérance de la femme ne va pas sans un certain mépris pour l'homme. « La femme, en Europe, conserve encore le désir de paraître aimable et de se faire aimer. Les visées de l' « Eve nouvelle » sont autres : abusant du dévouement masculin, elle ne cherche qu'à exploiter le compagnon de sa vie, au profit de ses insatiables besoins de luxe et de jouissances. L'Américaine transforme l'homme en esclave de l'argent, puis, ceci fait, le tient naturellement en parfait mépris, parce qu'il est esclave. » L'homme n'a donc à compter sur « aucune aide, morale ou matérielle, de la part de la femme. Ce n'est pas que les Américaines manquent de moyens : elles sont, au contraire, fort bien douées. Mais une éducation absurde, des idées faussées depuis l'enfance, les ont détournées du rôle de compagne... Ce mari, qui travaille en forcené au bien-être de sa femme, n'a droit à aucune reconnaissance... Machine à produire l'argent, il ne fait que remplir sa fonction, et sa fonction, à elle, est de le dépenser. » Comme conséquence, l'oisiveté la plus complète. « Leurs soins, ajoute Madame Charlotte Chabrier-Rieder, se bornent à donner, de fois à autre, un vague coup d'œil à l'intérieur et des ordres aux domestiques. Elles ont simplifié la tenue du ménage... Jamais on ne raccommode... Les « dessous » que recouvre une robe de 10.000 francs se réduisent bien souvent à une « combinaison » de propreté douteuse ; et l'Américaine, qui réclame et revendique sans cesse, a du moins ceci de commun avec les gens heureux — qu'elle ne porte pas de chemise. »

« Certes, je n'ai garde d'oublier les enfants. Jadis le soin de les élever incombait aux mères... Mais le féminisme, la science moderne de l'éducation ont changé tout cela : biberons, nurses, gouvernantes, kindergarten, écoles et collèges, remplacent la mère auprès de l'enfant. Nul doute qu'on ne lui épargne bientôt la peine même de le mettre au monde. »

Cette situation a naturellement pour effet de rendre le mariage en Amérique de plus en plus difficile. « On comprend que l'Américain recule devant le labeur écrasant d'être mari. Les jeunes filles sont presque aussi perplexes. L'instinct féminin, qu'elles ne sont point parvenues à étouffer complètement, les porte encore vers l'amour vrai, l'amour désintéressé. D'autre part, leur paresse, leur vanité, et plus encore cette fatale persuasion qu'elles ne sont faites que pour un rôle d'apparat, les incitent à ne chercher en un mari que « le banquier » capable de leur fournir une existence brillante et de les « mettre en vue ». Adulées, désœuvrées, elles se lancent à la recherche de l'aventure, à la poursuite d'un idéal romanesque, chimérique. Le nombre considérable des procès en divorce est là pour le prouver. »

« Le mal n'est pas seulement au foyer ; il atteint la nation américaine tout entière, il cause un péril social dont on découvre la gravité. Les femmes de la haute classe, celles qui détiennent la fortune du pays, en nombre qui chaque année va croissant, désertent l'Amérique pour se marier en Europe, où les hommes conservent encore leur prestige d'homme et savent garder sur la femme une nécessaire supériorité, qui est le meilleur moyen de s'en faire aimer. »

Citons enfin, pour conclure, ces lignes d'un humoriste américain : « La femme, aux Etats-Unis, a remplacé l'idole de bois ou de paille à qui les ancêtres Peaux-Rouges offraient des chevelures scalpées et des victimes humaines. Elle inspire la même frayeur ; on ne sait que lui sacrifier pour se la rendre favorable.. elle absorbe les existences masculines. Pourtant ce sont les hommes qui l'ont fabriquée, et ils savent qu'il n'y a rien dedans. »

Les grandes coquettes au théâtre (*Revue littéraire* du 28 février). — Nous livrons aux méditations de nos lectrices ces réflexions de Mme Cécile Sorel, de la Comédie-Française, interrogée sur ce qu'elle pense de la coquette au théâtre :

« La coquette, c'est la femme qui se joue de tout, qui s'amuse de ses adorateurs, reste indifférente à leurs transports et ne s'émeut point de leurs angoisses. Jamais un sentiment violent n'effleure son âme. Son sourire conduit les amants à l'extase ou à la mort, peu lui importe. Elle veut bien aimer, mais il ne faut pas que cet amour prétende bouleverser sa vie. Qu'on se tue pour elle, elle n'en sera point surprise. L'existence fut créée pour qu'elle en jouisse et non pour qu'elle en souffre. *Et cette âme, est-ce seulement celle de la coquette ? N'est-ce pas celle de la femme en général, par le peu de profondeur des sentiments ...*

... « Célimène est le rôle que je préfère dans tout le répertoire. Il me semble qu'en le jouant je n'ai pas besoin de m'étudier. Je le vis, je ne le joue pas. Il peut se faire que je me trompe sur certains détails, mais en général je ne m'aperçois pas que je suis sur la scène : tel geste, tel sourire me sont inspirés naturellement, sans préparation. Voilà pourquoi je voudrais beaucoup de rôles comme celui qui nous fut donné par Molière. Mais à part la baronne d'Ange, dans le *Demi-Monde* de Dumas, je ne vois rien qui s'en rapproche. Et pourtant on la trouve partout, la grande coquette ; ce n'est point une exception, c'est un être humain, très humain, *puisque c'est presque toutes les femmes.* »

Idées sociales et faits sociaux. — Conférences de MM. G. Blondel, Aug. Souchon, Martin Saint-Léon, Ch. Combes, Dufourmantelle, Emm. Rivière, avec une introduction de M. Georges Goyau (Librairie Fontemoing, 4, rue Le Goff).

M. Goyau indique ainsi le but de ces conférences faites l'an dernier chez Mme la baronne Piérard : « Définir le devoir social et les exigences créées soit par les misères nouvelles, soit par une plus exacte connaissance des conditions économiques ; esquisser les thèses socialistes ; opposer à ces thèses non point seulement des critiques (ce qui est trop aisé), mais les linéaments d'une autre solution, positive, concrète, pratique. »

NOTRE BUT

*Le mieux-être par la foi
dans un idéal, le travail,
l'union et la paix.*

Les lettres et les arts ont sur la mentalité d'un peuple, et par suite sur ses destinées, une influence que les historiens ne manquent jamais de faire ressortir ; mais il arrive souvent que celles des œuvres littéraires et artistiques qui auraient l'influence la plus salutaire, qui mériteraient le plus d'être connues et appréciées, sont précisément celles qui restent ignorées. A l'heure actuelle la réclame tapageuse chèrement payée est aussi nécessaire pour faire prendre une œuvre d'art qu'un produit commercial. Le talent est devenu la chose la moins utile pour réussir. Deux sortes d'œuvres parviennent seules au succès : celles qui sont annoncées avec beaucoup de bruit, celles qui ont l'attrait de la lubricité. Ces dernières ne se trouvent pas seulement dans des publications spéciales dont le titre et l'aspect ne trompent pas, mais, ce qui est plus dangereux, dans certains grands journaux quotidiens à un sou, feuilles puissantes enrichies en se faisant entremetteuses pour adultères dans de « petites annonces » très rémunératrices. Et voici comment le « poison de la littérature » pénètre chaque jour pour un sou dans les foyers les plus pauvres.

Il ne faut peut-être pas chercher d'autres causes à la décadence morale actuelle. Il est déjà douteux que des esprits très cultivés puissent lire impunément les conceptions morbides des cerveaux de nos neurasthéniques ; il est en revanche certain que pareille lecture se trouve néfaste pour tous les autres esprits, c'est-à-dire pour la grande majorité des lecteurs. La littérature à un sou ! C'est à peu près la seule qu'on connaisse aujourd'hui. Pour un sou on a trois ou quatre feuilletons, plusieurs pages de faits divers troublants avec leur odeur de sang et de poudre, faits divers qui contiennent d'utiles leçons à l'adresse des aspirants criminels. Voilà une abondante lecture pouvant occuper plus que toutes les heures libres de la journée de l'ouvrier ou de l'ouvrière. Il leur en reste encore pour leur dimanche !... Et les romans d'amour sain et pur,

qui apprennent la vie et font penser, sont abandonnés de plus en plus...

Nous ferons connaître par cette Revue, par d'autres publications plus fréquentes destinées à pénétrer dans les foyers pauvres, par des conférences, les œuvres littéraires et artistiques de nature à donner le goût du beau, la notion de la vérité, l'amour de tout ce qui est noble et généreux. Ainsi nous parviendrons à réaliser notre but, à la vérité très prétentieux : refaire la mentalité de ce pays dévoyé par les souteneurs de la littérature pornographique comme par les sophismes des politiciens.

Nous voulons que l'action littéraire et artistique passe au premier plan, du dernier où elle se trouvait, peut-être.

L'œuvre d'art véritable ne trompe pas ; elle montre la vérité, elle dirige la raison et le cœur.

La vérité est dans le travail personnel qui permet les joies immédiates ; l'erreur est dans la confiance en les promesses d'autrui de travailler pour vous à votre bonheur, elle consiste à rester inactif, les yeux tournés vers les idoles qu'on croit toutes-puissantes. Mais, pour qu'une œuvre littéraire et artistique soit bonne, il ne lui suffit pas de montrer cette vérité et cette erreur, il lui faut indiquer en même temps l'idéal nécessaire ; l'amélioration matérielle qui résulte du travail personnel procure une joie incomplète si elle ne fournit pas aussi le moyen d'approcher l'idéal généreux qu'on s'est formé.

Nous sommes des travailleurs, nous voulons le travail dans l'union et la paix. Nous travaillerons à ce que les divisions et les haines actuelles cessent, parce que la haine ne crée rien de viable. Nous travaillerons à faire comprendre aux hommes que, toujours faibles et impuissants quand ils agissent isolément, ils sont seulement capables d'œuvres grandes et fécondes quand ils s'unissent. Leur union est possible, malgré les divergences d'opinions, car ces divergences sont plus superficielles que profondes ; parfois même elles sont toutes factices, et en se différenciant de son voisin, on n'a pas le but de faire mieux que lui, mais seulement de prendre sa place. Il serait en vérité bien surprenant que les idées d'êtres ayant la même nature et les mêmes besoins fussent si profondément inconciliables.

Par une éducation raisonnée on arrivera à comprendre que chacun peut vivre, satisfaire ses légitimes besoins, sans que ce soit au détriment de ses semblables ; c'est par cette éducation

de l'esprit et par une action *pacifique* qu'on arrivera à trouver l'organisation capable de réaliser l'harmonie sociale, car la colère et la violence sont les plus grands obstacles à tout progrès. L'association de tous les travailleurs intellectuels et manuels, leur union solidaire dans le but de défendre leurs intérêts matériels et moraux, contient la seule solution vraie de la question sociale. Cette solution n'est pas et ne peut pas être, en effet, dans les promesses des politiciens, qui ont intérêt au contraire à la retarder, car ils en vivent, et à fomenter la haine, destructrice des œuvres existantes, pour remplacer celles-ci par une organisation satisfaisant les passions égoïstes d'une tourbe violente (1).

C'est alors qu'apparaît l'utilité de notre œuvre. Si l'on veut que l'union sociale, si féconde, se forme, il est indispensable que les esprits se soient unis d'abord, comme nous le disions tout à l'heure, dans « le goût du beau, la notion de la vérité, l'amour de tout ce qui est noble et généreux ».

Cette union se fera par les lettres et les arts, aussi indispensables à la vie de l'esprit que l'air pur et la lumière à la vie du corps. S'unir dans leur harmonie **ce n'est point rêver, c'est agir**, c'est apprendre à trouver la vérité.

Nous espérons que nos lecteurs voudront bien encourager de tout leur pouvoir notre œuvre d'action (2), au succès de laquelle ils sont directement intéressés, car, il ne faut pas craindre de le dire : d'une part le manque actuel de tout idéal, qui produit l'anarchie des cerveaux et l'égoïsme croissant, d'autre part le chaos des sophismes dans des esprits orgueilleux d'une instruction incomplète, nous conduisent à la guerre civile et à la barbarie.

L'Action Littéraire et Artistique.

(1) D'aucuns vont plus loin et prétendent que ce n'est pas seulement des politiciens qu'on ne peut rien attendre d'utile au point de vue du progrès social, mais même des législateurs honnêtes et désintéressés, car, disent-ils, les législateurs ne font qu'enregistrer, poussés l'épée dans les reins, des réformes depuis longtemps réalisées dans la volonté de leurs mandants. Cette théorie osée n'est pas seulement celle du parti libertaire, puisque nous la trouvions récemment exprimée dans les termes suivants par un membre éminent de l'Académie française, M. E.-M. de Vogüé : « Les gens asservis aux vieilles superstitions vont trop souvent chercher le point de départ de nos transformations sociales dans le recueil des lois ; ils attribuent l'évolution des mœurs à ces vains fantômes, l'initiative parlementaire, l'action gouvernementale. C'est voir une cause là où il n'y a qu'un effet, qu'un enregistrement docile des mouvements imprimés à la civilisation par le savant, l'industriel, l'ouvrier inventif. (*Le Gaulois* du 2 janvier 1904.)

(2) Lire à la dernière page ce qui a trait à *Notre Association*.

NOTRE ASSOCIATION

AVIS IMPORTANT

Il est fondé sous le même nom que la Revue : *L'Action littéraire et artistique*, une Association qui a pour but de « faire connaître et apprécier, par des conférences et des publications, les œuvres littéraires et artistiques que recommande principalement leur valeur d'action au point de vue moral et social ».

Cette Revue répond donc exactement au but de l'Association.

La cotisation des membres actifs est de *dix francs* par an. Les membres actifs doivent adhérer aux statuts.

Nous espérons que tous nos lecteurs tiendront à nous envoyer leur cotisation le plus tôt possible. Elle sera reçue dans les bureaux de la Revue, ouverts tous les jours, dimanches et fêtes exceptés, de 2 heures à 5 heures du soir. Nos lecteurs de province pourront nous l'adresser dans les mêmes bureaux, 5, rue Bonaparte, en un *bon de poste*.

Cette cotisation est indépendante de l'abonnement à la Revue.

Nous aurions pu, en vertu de la loi du 1er juillet 1901, former une Association « sans déclaration préalable », sans faire connaître ses statuts ; mais nous avons tenu à agir au grand jour, nous avons voulu que notre Association fût *déclarée* à la Préfecture de police, et *rendue publique* par l'insertion au *Journal officiel*.

La déclaration a été faite le 1er février 1904 et l'insertion au *Journal officiel* le 28 février.

Le Gérant : Henri FRUCHARD.

Poitiers. — Société française d'Imprimerie et de Librairie.

L'Action Littéraire et Artistique

L'Art à tous et partout

L'art dans la rue et à la maison. — L'art à bon marché. — M. Jean Lahor et la « Société internationale d'art populaire et d'hygiène ».

L'Art ayant un pouvoir d'*union* et d'*action*, nous ne devrions pas seulement le rencontrer dans des spectacles, des musées et des expositions, mais dans la rue et chez nous.

Dans la rue, la chose serait facile si nos villes possédaient une majorité d'édiles intelligents et préoccupés de l'intérêt commun, mais ceux-ci sont attirés par bien d'autres préoccupations que des questions d'art. Sur ces questions, du reste, ils ne pourraient se livrer à des discussions violentes, et ils devraient satisfaire leurs ennemis en même temps que leurs amis ; cela manquerait d'agrément. (Quand donc le peuple comprendra-t-il que, dans une assemblée, la longueur et la vivacité d'une discussion sont en raison inverse de l'intérêt général qui s'attache à son objet ?...)

Si tout au moins les municipalités savaient choisir un architecte de goût, chargé de veiller aux embellissements de la ville. Mais si les architectes dits de talent, qu'on loue et qu'on décore, sont très nombreux, par contre, les architectes *de goût* sont bien rares.

Voyez ce qui représente sans doute la plus haute expression de notre art architectural français au début du xxᵉ siècle : les deux palais de l'Exposition de 1900 qui écraseront à jamais l'avenue Alexandre III. C'est colossal, mais ce n'est ni beau ni original, les styles s'y trouvant juxtaposés d'une façon tout à fait inharmonique. Que nous importent, à nous, public, les calculs immenses nécessaires pour les édifier (il fallait des artistes, ce sont des calculateurs qu'on choisit !); que nous importent les tours de force qu'il a pu falloir réaliser pour former une toiture en feuilles de verre courbées de 3 mètres 40 de long sur 1 mètre de large et 1 centimètre d'épaisseur ? Le résultat seul nous intéresse : le dôme de verre ressemble à un hall de bazar, et on n'est pas parvenu à en cacher la laideur avec des balustrades à l'italienne et des groupes d'ailleurs disparates.

Ce sont d'encombrants exemples de l'architecture matérialiste qui caractérise notre époque, et dont tout se ressent, palais civils comme églises. (Voyez l'église du Sacré-Cœur de Montmartre !...) Cette architecture lourde ne donne même pas une impression de force, comme le style roman par exemple ; elle écrase brutalement, elle est sans vie et stupide. Combien nous sommes loin du « rayonnement » de l'architecture du xivᵉ siècle !

Un effort est tenté, depuis quelques années, pour donner à nos rues, avec le style moderne, un aspect plus artistique. Un concours de façades, pour les maisons d'habitation, est organisé à Paris chaque année. Malgré une certaine originalité, le style moderne, tourmenté, futile et vain, n'a pas une valeur d'art réelle, parce qu'il s'écarte de la simplicité.

Ce concours de façades, dont je ne voudrais cependant pas trop médire, me semble correspondre bien exactement à la mentalité de notre société actuelle, qui s'attache presque exclusivement à l'extérieur des choses. Sans doute nous insistons sur l'utilité pour le public de l'aspect extérieur artistique d'une maison, mais nous pensons que l'intérieur, qui intéresse des *habitants*, et non plus des *passants*, est plus important encore ; que tout au moins les deux buts doivent être poursuivis en même temps. Or, on s'occupe bien de la *façade*, mais on ne s'occupe pas si derrière cette façade des familles s'étiolent, et parfois même meurent, faute d'air et de lumière. Je crois que le spectacle le plus *artistique*, et par suite celui qu'on doit offrir le premier à tout le monde, est la vue du ciel et du soleil. A quoi bon des œuvres d'art dans une chambre si la lumière du jour n'y pénètre jamais ? C'est pourquoi, parlant le mois dernier de la demeure de ceux pour qui la vie est sombre, et de la nécessité de *l'art chez eux*, je disais dans une note annonçant ces réflexions : l'art *y* doit être inséparable de l'hygiène.

M. Jean Lahor vient d'aborder la question de la « décoration intérieure » dans un très intéressant article de la *Revue universelle* du 1er mars, et il est en train de fonder une « *Société internationale d'art populaire et d'hygiène* » ayant pour but : « L'art à tous, partout et en tout, et une amélioration générale, hygiénique d'abord, esthétique aussi, de la vie des classes populaires. »

Nous sommes on ne peut plus heureux de voir se propager ainsi une des idées qui ont présidé à la fondation de notre association et de notre Revue.

Nous nous réjouissons également de voir à la tête de cette généreuse entreprise l'auteur de la « *Gloire du néant* », dont nous apprécions beaucoup le talent. Sans adhérer à sa *religion du pessimisme*, nous sommes d'accord avec lui, parce que « il voit le fond d'impuretés et de bestialités qui demeure en nous ; il sait jusqu'où peuvent descendre la brutalité, la bassesse, la platitude humaines ; et c'est pour cela qu'il *veut autre chose*, qu'il rêve et qu'il exige une *humanité neuve.* » C'est lui-même qui s'exprime ainsi en parlant du pessimiste.

M. Jean Lahor explique comment la formule nouvelle d'art

devra concilier « étroitement nos besoins d'hygiène avec nos besoins esthétiques », et s'appliquer aussi bien à la maison du pauvre qu'à celle du riche.

« J'avais compté autrefois, dit-il, sur la révolution récente de l'Art nouveau pour que par lui l'art, un peu d'art, fût rendu au peuple, à ce peuple qui devrait, il semble, déclarer, affirmer aussi, — mais il n'y songe guère et ses chefs n'y songent pas davantage, — son droit à la beauté, son droit au charme, aux élégances de la vie. » Mais l'art nouveau n'a pas été du tout chez nous, comme il l'a été un peu en Angleterre et dans quelques pays du Nord, « *l'art à tous, partout et en tout* », l'art nouveau « menace de sombrer dans la démence ».

.   .   .   .

« Ce que le peuple voudra, ce qu'aujourd'hui il veut déjà, dit M. Jean Lahor, c'est ce qu'a le « bourgeois » dont la fausse élégance, le faux luxe, la camelote aussi, mais brillante, l'émerveillent et le tentent. Et alors il nous fallait chercher une formule d'art qui fût la même pour nous et pour lui, et il fallait que la révolution artistique, s'il s'en faisait une, fût faite également pour tous. Oui, si je dis à un ouvrier : voici un art populaire que je crée pour vous ; voici un meuble simple, parfait, construit à votre intention, et d'après un vieux modèle populaire, l'ouvrier n'en voudra pas ; mais si j'ai commencé par acheter ce meuble, comme ayant toutes les qualités dont je parle, et s'il le voit chez moi, alors il l'enviera, le voudra, et certainement il l'achètera pour peu que le prix du meuble le permette. Il n'acceptera plus la distinction d'un art populaire et d'un autre, je le veux bien ; et je vois donc qu'il ne peut plus être question d'un art populaire à recréer pour lui. Aussi, à mes yeux, cet *art populaire ou pour le peuple* dont j'ai parlé déjà, et que je proposais ou semblais proposer de reconstituer, ne voulait dire que *l'art à bon marché, l'art accessible à tous*. Cependant il faut bien que nous nous occupions de sa maison et du décor et du mobilier de sa maison, puisqu'il est incapable de s'en occuper lui-même, de les créer ou recréer, idée que je traduisais ainsi : créons *l'art pour le peuple*, à défaut de l'art *par le peuple*.

« Mais cet art dès lors ne différera pas du nôtre, pas plus que son costume, désormais, ne se distingue du nôtre... »

Suivent quelques exemples de décoration intérieure pour la muraille, la fenêtre, etc. :

« Dans la maison à bon marché vous ajouterez, si bon vous semble, sur la teinte unie des parois, pour leur décoration encore, des gravures, des photographies, des affiches artistiques, des estampes coloriées, des tablettes pour porter des bibelots, toutes choses qui coûtent si peu aujourd'hui. N'avez-vous pas pour cinquante centimes, à la maison Braun ou à la maison Hachette, une reproduction parfaite d'un des chefs-d'œuvre admirables des musées d'Europe? Ainsi voilà une formule décorative applicable à toutes les maisons, riches ou modestes.

. . . .

« Je réclame donc la décoration de l'école, de la petite mairie de campagne, puisqu'on décore celles des villes, et de la bibliothèque et de l'institut ou de l'université populaires, et celle de la petite gare de chemin de fer, puisqu'on décore les grandes, et celle du wagon de troisième classe, puisqu'on décore celui de première ; et la décoration de l'usine — l'*usine home*, l'*usine club*, comme en Amérique — et la décoration de la caserne, et celle de l'hôpital, et celle de l'auberge que prépare en ce moment le remarquable président du Touring-Club, M. Ballif ; et tout cela avec sobriété, avec simplicité, avec goût ; et je réclame bien des choses encore, mais je n'ai pas la place pour les rappeler ici.

« Pour préparer la révolution artistique et sociale que je rêve ainsi, il conviendrait, il semble, de fonder d'abord une Société internationale d'art et d'hygiène (elle se fonde en ce moment), et dont l'une des premières manifestations serait l'ouverture d'une grande exposition internationale d'art populaire, ayant pour centre, d'où tout rayonnerait, l'habitation à bon marché.

« En somme, les problèmes de l'habitation, du vêtement et de l'alimentation à bon marché sont résolus ou près de l'être ; celui de l'art, celui du beau, de la décoration et du mobilier à bon marché, le sera bientôt ; n'est-ce pas résoudre ainsi, et pacifiquement une partie de la question sociale ? »

L'union dans le beau et dans l'art est, disions-nous en janvier dans notre profession de foi, le prélude nécessaire de l'union pour tous les intérêts matériels et moraux. On a donc le droit d'affimer que la question sociale ne pourra pas être résolue tant que l'art n'aura pas pénétré partout pour élever l'esprit des hommes dans les régions sereines où l'on aperçoit la pure vérité, faite non de lutte fratricide et de haine, mais de paix et de bonté.

Puisque nous avons la bonne fortune de nous trouver ici en communion d'idées avec M. Jean Lahor, puisque j'ai dû le citer longuement, je veux m'effacer devant lui et terminer en le citant encore :

« Oh ! ne devrions-nous pas, nous sachant irrévocablement mortels, vivre comme des condamnés, qui dans l'horreur de l'exécution prochaine, repoussés, meurtris par les bourreaux, et tout affamés de tendresses, se rapprocheraient, se serreraient cœur contre cœur, par un mouvement de désespoir et de pitié mutuelle ? Ne devrions-nous pas, communiant à la même coupe d'amour, de douleur et d'effroi, passionnément, frénétiquement, à certaines heures, nous chérir les uns les autres, goûtant la sombre extase que donnait aux martyrs chrétiens ou aux victimes de la Terreur cette entrée dans la mort d'une foule exaltée tout entière par l'épouvante et la commisération réciproque d'aussi terrifiantes angoisses ? » — (*Sous le ciel du Nord*, page 9.)

Qu'on parte du pessimisme, comme l'auteur de la *Gloire du Néant*, ou de l'optimisme relatif, comme nous, on s'accorde pour dire, avec le poète latin : *Homo sum atque nil humani alienum puto* : Je suis homme, et rien de ce qui est humain ne me laisse indifférent. Je suis homme, et je dois travailler à ce que *tous* mes semblables voient l'étoile directrice qui indique le bon chemin de la vie : l'Art.

André DE MAUPERTUIS.

LE THÉATRE POUR TOUS

Il ne doit pas y avoir de « théâtre populaire ». — Les galas populaires de « l'Œuvre française des Trente ans de théâtre ». — Quelques pièces et causeries. — M. Silvain et « l'Art de dire ».

Depuis longtemps, de différents côtés, des esprits bien intentionnés s'occupent de fonder un *théâtre du peuple* ou *théâtre populaire*. Elever et moraliser le peuple par le théâtre, voilà certes un noble but, mais on oublie que *le premier devoir serait d'élever et de moraliser le théâtre* pour le peuple ; — par conséquent, pour nous tous. Créer un *théâtre du peuple* part d'une conception erronée et de vues étroites.

Si nous voulons rapprocher le peuple de nous, afin qu'une estime mutuelle naisse, il faut lui rendre accessibles nos spectacles et non pas le parquer dans ses spectacles à lui : « Tiens, voilà ton théâtre, les autres sont trop bien pour toi. » Plus nous séparerons nos spectacles de ceux du peuple, plus il négligera les siens et aura le désir de connaître les nôtres.

Le même théâtre doit s'adresser à tous (par conséquent, il ne faut pas de ces pièces... audacieuses, qu'on prétend à tort pouvoir être écoutées sans danger par ceux qui ne sont pas du peuple), et il doit être accessible à tous. Accessible à tous ! Voilà ce que notre maladie égalitaire nous fait considérer comme impossible dans l'état actuel des choses. Nos plus grands théâtres ont des places où les moins fortunés peuvent accéder, mais ce n'est pas là, dit-on, le théâtre accessible à tous. Tout le monde sur des fauteuils de velours, pas de places de différents prix, voilà l'égalité désirée ! En cette matière, comme en toutes les autres, l'égalité absolue part de l'absurde et aboutit à l'injuste. Si une personne faible ou âgée préfère aller deux fois moins souvent au théâtre et payer sa place deux fois plus cher pour s'y moins fatiguer, est-il juste de l'en empêcher ?

Il n'y a donc pas à construire de « théâtre du peuple » avec toutes les places identiques, et jouant un répertoire spécial ; il n'y a qu'à rendre nos théâtres actuels plus facilement accessibles au peuple, et à songer qu'on joue pour lui en même temps que pour le public des places plus chères.

Diminuer encore le prix des places à bon marché et augmenter le nombre de ces places, faire en sorte qu'elles ne se trouvent pas seulement aux dernières galeries, et rapprocher les spectateurs désirant (pour une cause ou pour une autre) des sièges différents, en plaçant à chaque étage des bancs et des fauteuils, voilà les réformes les plus utiles à accomplir. Elles sont préférables aux matinées populaires à prix réduits, innovation excellente cependant, et surtout aux représentations gratuites, qui ont le caractère d'une aumône méprisante.

Il a été tenté pourtant une sorte de représentations populaires qui mérite d'attirer notre attention : ce sont les représentations organisées par « l'Œuvre française des Trente ans de théâtre ».

Cette œuvre a pour but, on le sait, de distribuer des secours aux personnes comptant trente ans de carrière soit au théâtre, soit dans une profession se rattachant directement au théâtre, et de venir en aide à ceux que la mort de ces personnes laisserait dans le besoin. On a remarqué, en effet, que presque tous ceux qui touchent au théâtre sont par nature imprévoyants ; mais comme leur imprévoyance tient souvent à de la générosité et de l'idéalisme, il est juste qu'on évite de les en faire trop souffrir.

Pareille œuvre est excellente, et le sera davantage si elle peut s'étendre aux malheureux comptant moins de trente ans de carrière, et si elle ne secourt que les personnes ayant fait preuve de mérite social en versant, ne fût-ce qu'une fois dans leur vie, leur cotisation à une de ces sociétés de prévoyance et de mutualité qui contiennent la solution de tous les problèmes de misère et de haine. L'Œuvre des Trente ans de théâtre a été fondée il y a un peu plus de deux ans (le 30 décembre 1901) par M. Adrien Bernheim, et naturellement, placée sous le haut et éclairé patronage du commissaire du gouvernement près les théâtres subventionnés, elle a très vite réussi.

Ses ressources se composent, en dehors des cotisations, dons et subventions, du produit des représentations données à son profit. C'est au sujet de ces représentations que le fondateur eut une idée heureuse, résumée ainsi par un rapporteur du budget des beaux-arts : « Exercer le peuple à la philanthropie et lui demander hardiment son obole pour des frères misérables ; lui offrir en échange dans le théâtre de son quartier, à deux pas de la boutique et de l'atelier, sans nulle augmentation du prix accoutumé des places, la représentation inespérée pour lui (?) des chefs-d'œuvre de notre art dramatique et musical interprétés par les artistes les plus autorisés... Donner au petit Paris la joie des spectacles auxquels avaient applaudi les parterres d'autrefois, lorsque les distances étaient courtes des enceintes de la capitale aux théâtres du Marais, du Palais Cardinal, de l'Hôtel de Bourgogne, et de la rue Guénégaud ; lui restituer en quelque manière son patrimoine intellectuel dont il avait été dépossédé depuis que, sous l'effort d'un développement gigantesque, la ville avait fait craquer la ceinture de ses antiques murailles ; renouer l'intimité de la foule et de ce génie national surgi d'elle et de ses éternelles émotions... »

La première représentation eut lieu au Concert européen le 1er mai 1902, avec un acte des *Femmes savantes*, *le Dépit amoureux*, *A quoi rêvent les jeunes filles*, de Musset, diverses poésies, chansons, chansonnettes et danses ; mais bientôt on joua les cinq actes des *Femmes savantes* au théâtre des Ternes, les cinq actes du *Misanthrope* au théâtre de Belleville et aux Bouffes du Nord, *Andromaque* à Ba-Ta-Clan, *Horace* à la Salle Wagram, *Tartuffe*, *Phèdre*, etc. En 1903, Molière fut joué 9 fois, Racine 6 fois, Corneille 3 fois, Regnard 2 fois, Marivaux et Beaumarchais 1 fois. Cette année le *Cid* a été repris 3 fois, et on le jouait encore il y a quelques jours (le 25 mars) au théâtre des Batignolles.

A l'Assemblée générale du 22 février dernier, M. Georges Bureau, secrétaire général, disait : « Nous continuerons à tâcher d'arracher les petits Parisiens au café-concert en leur apportant chez eux, dans leurs quartiers, dans leurs théâtres, à leurs portes, les chefs-d'œuvre de notre art dramatique. »

Chaque représentation est précédée d'une courte causerie qui roule en général sur la pièce jouée. Je dis : en général, car les conférenciers ne se fient plus beaucoup à disserter sur les pièces depuis l'aventure arrivée à Larroumet. Comme aux Bouffes du Nord, il expliquait un peu longuement *le Misanthrope*, un spectateur lui cria : « Ce n'est pas la peine, nous allons l'entendre. » La leçon a porté, et l'Œuvre a été on ne peut mieux inspirée en priant récemment M. Silvain de faire avant une représentation du *Cid*, une conférence, non pas sur *le Cid*, mais sur *l'Art de dire*. Pourtant, quant à moi, j'aurais assez aimé entendre un comédien parler au public de la pièce qu'il allait jouer. Un comédien a certainement des choses plus intéressantes à nous dire qu'un critique dramatique. Mais, M. Silvain est Don Diègue, et il ne convient pas à un père de parler de

son fils. — Vous pouvez entendre cette phrase dans ce sens
que M. Silvain recrée *le Cid*. Il domine toute la pièce, qui
devient *sa pièce* à lui, et cela chaque fois qu'il joue, le rôle
qu'il remplit ne fût-il pas le plus en vue.

> *Si tu fais « la forêt qui chante »,*
> *Moi je fais chanter la forêt,*

a-t-il dit dans un heureux sonnet, écrit en badinant.

De tous les sociétaires de la Comédie-Française il est, à mon
avis, celui qui, par la puissance de ses facultés, donne au personnage qu'il interprète son intensité de vie la plus extrême. Il
joue jusqu'au bout des ongles.

Après avoir rendu à son talent ce légitime hommage, il faut
que je lui joue un vilain tour, et c'est pour en arriver là, mali-
cieusement, que je viens de bavarder ainsi sur un sujet que
le temps dont je dispose ne me permettait guère de traiter
convenablement.

M. Silvain m'a reçu et entretenu fort aimablement, durant
quelques instants, après sa conférence sur *l'Art de dire*, au
théâtre des Batignolles, mais je ne lui ai point donné verbale-
ment mon opinion sur sa causerie, car je venais de me décider
à le surprendre davantage en lui adressant une critique par
écrit.

Voici la critique, et pour la mieux faire ressortir je déclare
d'avance que je l'exagère un peu dans les termes : « Cette conférence sur *l'Art de dire* fut mal dite. » Je m'explique vite : elle
est très bien écrite, et montre que son auteur est homme
de lettres en même temps que comédien ; pourquoi donc M. Silvain glissait-il avec un ton de négligence sur sa prose ? Il la pro-
nonçait si rapidement qu'on avait peine à ne pas perdre certaines phrases. Manifestement son ton disait : « Ceci n'est que
de moi, j'ai bien meilleur à vous faire entendre. » Il avait hâte
de nous donner des exemples de l'art de dire ; il avait hâte de
cesser d'être lui-même pour devenir le grand empereur Bar-
berousse et nous faire entendre, avec sa maîtrise accoutumée,
la magnifique ampleur des vers des *Burgraves*. Mais cet excès
de modestie est un défaut pour un conférencier.

Après m'être écarté de mon point de départ pour le malin
plaisir de faire cette critique, il serait bon que j'y revienne, afin
de résumer mon opinion. Mais, c'est si loin que je n'en ai pas
le courage. Aussi, par honte, je ne signe pas.

La Jeunesse nouvelle

La « jeunesse qui vient » est-elle gâtée ? — Encore un
empoisonné de la littérature.

Les événements confirment chaque jour, malheureusement, ce
que nous avons écrit au sujet du « poison de la littérature »,
de l'influence néfaste des romans écrits par certains littérateurs
malades.

La Cour d'assises de la Seine vient de condamner à la réclu-
sion un nommé Grœling, accusé d'avoir assassiné une jeune
fille roumaine, et qui, au cours de son interrogatoire, a fait les
déclarations suivantes, reproduites par les journaux :

« M. Jean Lorrain a eu sur ma destinée une grande influence : je me revêtais de robes de chambre bleues et roses
pour lire ses livres, et il a éveillé en moi des désirs irréalisa-
bles... J'ai voulu le connaître, mais j'ai été fort déçu quand j'ai
vu cet homme aux yeux de vipère, aux doigts *orfévris* de
bagues, un excentrique de la plus belle eau... » (*Le Matin*, du 29
mars.)

Le même journal continue :

« Et il y a une autre dame russe dans la vie de ce Suisse, une
« petite dame », celle-là, qu'il connut à Venise, une « petite
dame très poétique », avec laquelle il filait en gondole le parfait amour platonique. C'est encore Jean Lorrain qui présida
sans le savoir à ce mariage d'âmes. Le nom de l'écrivain étant
tombé dans la conversation et Grœling ayant protesté de son
admiration pour le père de *Monsieur de Phocas*, la « petite dame »
se récria : « Comment ! vous ne dites pas de mal de lui ? Enfin
je connais quelqu'un qui ne dit pas de mal de Jean Lorrain ! »

L'accusé, féru de littérature, a déclaré qu'il était « une feuille
tombée dans le jardin du vice », qu'on ne devait pas le considérer comme un aventurier escroc, mais comme un « emprunteur errant ».

Ces poétiques phrases n'ont point ému les jurés.

Nous avions déjà vu l'an dernier, par l'affaire retentissante de certain jeune baron poète, où mène le goût d'une certaine littérature.

A ce sujet M. Hugues le Roux écrivait, le 16 juillet 1903, sous ce titre : *La jeunesse qui vient :* « Une petite bande d'attardés continue l'orgie, sans s'apercevoir que le jour est relevé, et que, à la lueur défaillante des bougies, leurs mines apparaissent singulièrement falotes et vidées.

« De cette lassitude, les gens que je dis n'ont pas honte : ils sont bien plutôt disposés à s'en parer comme d'une supériorité de race. Selon qu'ils exprimaient leur veulerie par des artifices de costume ou des niaiseries d' « écriture soi-disant artiste », ils se sont appelés des « petits crevés » ou des « décadents ». Et il y avait, certes, un *Journal des Abrutis,* pour satisfaire ceux qui ne pouvaient s'élever jusqu'à la crevaison ou à la décadence.

« Le *Journal des Abrutis* a depuis longtemps cessé de paraître. Il a été remplacé par d'autres organes plus pernicieux : *ces innombrables petites revues aux prétentions esthétiques, qui, depuis quinze ans, meurent et renaissent de leurs cendres, soutenues par quelques jeunes gens riches, vaniteux et dégénérés...*

« Comme il faut avoir vécu, aimé et souffert pour penser, et comme il faut penser pour écrire, ces jeunes gens n'écrivaient pas. Ils s'amusaient entre eux à déformer la langue. Dans ce jeu en apparence inoffensif, ils récoltaient l'encouragement des snobs cosmopolites, et, généralement, de toutes les personnes qui ne comprennent pas le français. Ils coupaient des sensations en quatre, s'efforçaient d'en inventer de neuves, se grisaient d'absinthe comme Verlaine. Et si, au fond du verre, ils ne trouvaient pas le génie, sûrement ils y touchaient le vice...

« L'aventure du jeune baron aura eu cette utilité publique : elle a déchiré le voile sur une hypocrisie dont nous commencions à être écœurés. La poésie et l'art ont assez servi de paravent à une petite bande de dégénérés, qui relèvent, les uns de l'aliéniste, les autres du juge d'instruction. »

Mais toute la jeunesse française n'est pas « gâtée » comme l'a dit M. Maxime Nordau. « En bien des points de la terre, j'ai fréquenté les jeunesses des autres races. Je sais leurs qualités et leurs vices, comme je connais les qualités et les tares des nôtres. Tous comptes faits, j'ai ce sentiment net : non seulement la jeunesse française ne s'use pas, mais elle est en train de se refondre. Prochainement, on la verra circuler à travers l'univers avec une nouvelle effigie. »

Et **M. Hugues le Roux** distingue deux types de jeunes gens. Les uns « sont irrités contre ce qui prétend opposer un obstacle à leur goût de discussion, et, tout d'abord, contre les rigueurs de la discipline militaire. Ils repoussent délibérément l'héritage de nos défaites ; ils veulent chercher ailleurs le terrain des revanches.

« Le dogme religieux qui met des limites à cet esprit de libre examen, qui continue à soutenir contre les droits de l'individu le droit de la famille et celui de la société, est, secrètement, leur ennemi. Lors même qu'épris de la tradition et sentant les forces qu'elle représente, ils veulent la défendre contre ceux qui la sapent sans choix et sans mesure, ils donnent l'exemple d'initiatives individuelles qui, dans ce pays, sont une nouveauté.

« Ils vont au peuple, mais dans un sentiment très différent de l'élan fraternel qui nous y conduisait autrefois. On les sent très conscients de son ignorance et de leur propre supériorité. Ils vont à lui pour le servir, mais surtout pour le guider. Ils sont tout prêts à devenir des réactionnaires, s'ils s'aperçoivent que le peuple n'a que des appétits et qu'il n'est pas gouverné par des principes. Le jour où ils seront tout à fait édifiés là-dessus, ils rompront avec lui. Ils seront aussi ennemis de la tyrannie démocratique qu'ils le sont, aujourd'hui, de la discipline militaire ou du dogme religieux.

« Tandis que l'intellectuel cultive à peu près exclusivement sa raison, l'amoureux des sports se consacre, sans plus, au développement de son énergie. On aurait bien surpris les jeunes gens de ma génération en leur disant que leurs fils n'ouvriraient plus de livres, ne liraient pas de romans, mais passeraient leurs vies sur les grandes routes...

« Il est bon que ces jeunes gens s'appliquent à se refaire du muscle et de la volonté. Ils pénètrent dans un domaine que l'on avait trop laissé en friche. Tout pousse à miracle dans les terres qui se sont reposées. Nous préparons une belle moisson d'hommes intelligents, de gars robustes, avec lesquels la multitude ignorante au dedans, nos concurrents de l'univers au dehors, auront à compter.

« Mais s'il est utile d'aller, aujourd'hui, aux spécialités, afin de pousser à la perfection un effort particulier, la minute est proche où ces jeunes gens, engagés dans des routes presque opposées, sentiront le besoin de faire des emprunts à la spécialité de leurs voisins. Les gens de sport se rappelleront que la Grèce qui créa l'homme type, l'athlète, voulut éduquer parallèlement son intelligence et ses muscles. Les intellectuels comprendront que l'idée est en péril quand, pour sa défense, elle est obligée d'emprunter des secours extérieurs. Les uns et les autres reviendront à cette chère sensibilité, qui, dans le cœur, a des raisons que la raison ne comprend pas, — sans laquelle, pas plus dans le domaine de la pensée que dans le domaine de l'action, il n'y a d'homme complet. »

Ces lignes ont précisément paru dans *le Journal*, qui a répandu, pour un sou, le *Manuscrit de M. de Phocas*, de M. Jean Lorrain. Est-ce une amende honorable ?

Les Enfants prodiges
et les Enfants médiocres

Beaucoup de parents se désolent de voir que leurs enfants ne tiennent pas la tête de leur classe, et tous désireraient qu'ils fussent de petits prodiges comme tel et tel de leurs condisciples.

Que donnent les *enfants prodiges* plus tard ? Voilà une question qu'il était intéressant d'élucider.

La *Revue* des 1er et 15 mars a publié sur ce sujet des « confidences d'hommes arrivés ».

Ces confidences, recueillies par le Dr Duché pour un livre où il voudrait établir cette thèse que l'enfant précoce tient ordinairement ses promesses, sont faites pour consoler les parents des enfants qui ne sont point prodiges, car il en résulte que les enfants prodiges ne donnent presque jamais dans l'âge mûr ce qu'ils avaient promis, et que, sauf pour le génie musical et artistique, les autres facultés se développent tard.

Que les parents laissent donc, jusqu'à 15 ans, leurs enfants préférer le jeu à la science, ceux-ci n'en réussiront que mieux plus tard. Et puis, il faut dire encore aux parents que pour gagner bien sa vie (ce qui, en somme, est le principal) il n'est point besoin d'être d'un savoir et d'une intelligence exceptionnels.

Voici quelques extraits des confidences :

M. Berthelot : « En ce qui touche les enfants *prodiges*, particulièrement par leur aptitude à des calculs exceptionnels, il en a été présenté quelques-uns à diverses reprises à l'Académie des sciences : aucun n'a tenu, arrivé à l'adolescence et à l'âge mûr, les promesses de son premier âge. La plupart ont conservé uniquement cette aptitude spéciale, et quelques-uns sont devenus de simples démonstrateurs de foire...

« Cependant il en est autrement des enfants très intelligents (ce qui n'est pas la même chose) ; ceux-là, à ma connaissance, se partagent en deux catégories. Les uns, doués surtout de mémoire, sont les premiers de leur classe, jusque vers 14 ou 15 ans, puis ils rentrent de plus en plus dans le rang, et ne se distinguent plus de leurs camarades en arrivant à l'âge adulte. Ce sont les élèves dits forts en thème seulement.

« D'autres, développés à la fois comme mémoire et comme facultés rationnelles, conservent leur supériorité relative en la manifestant seulement à partir de l'âge de la puberté. C'est à ce groupe qu'appartiennent le plus grand nombre des hommes distingués dans les sociétés modernes.

« Quant à ce qui me touche personnellement, c'est à ce groupe que j'appartiens... »

M. H. Bouquet de la Grye : « L'aptitude mathématique ne m'est venue que vers 14 ou 15 ans... En somme, j'ai été bien loin, très loin d'être un enfant prodige, et mes facultés se sont (en dehors de la musique) développées très tard... Est-ce à ce retard que je dois d'avoir à 75 ans la main aussi ferme qu'à 20 ans et d'écrire et lire sans lunettes, cela est possible ; je ne me sens pas vieux, et je puis faire des chiffres toute la journée... »

M. W.-E.-H. Lecky : « Je n'ai guère pris part aux concours pour les prix universitaires, et j'ai, d'ailleurs, passé mes examens avec une honnête médiocrité. Pourtant j'avais l'amour du style et la passion du livre. Les circonstances de ma vie me permirent de consacrer mon énergie aux travaux littéraires et je ne tardai pas à y obtenir des succès dans une mesure importante. »

M. Ribot : « Un enfant prodige, — qui est prodige *en tout*, — si j'en étais le père, m'inspirerait, je l'avoue, un peu d'inquiétude. J'aurais tendance à croire que je joue gros jeu et que « les fruits ne tiendront pas la promesse des fleurs ».

Dr Delbet : « Au point de vue de la précocité intellectuelle, il faut distinguer les arts des sciences, et dans les arts il en est un qu'il faut mettre tout à fait à part, c'est la musique. Et puis, qu'entend-on par un enfant précoce ? C'est souvent un fort en thème ; or, parmi les qualités nécessaires pour faire un bon thème, il n'en est peut-être pas une qui puisse être d'une utilité quelconque dans la vie. C'est quelquefois aussi un cerveau qui s'assimile facilement les procédés de calcul scientifiques, qui applique aisément les formules sans bien saisir les méthodes. Ceux-là sont particulièrement brillants dans les concours, mais stériles pour l'avenir. Au contraire, ceux dont l'esprit philosophique se développe de bonne heure deviennent généralement des hommes intéressants... Pour ce qui est de moi personnellement, je puis vous dire que je n'ai pas été véritablement précoce.

Dr PAUL GARNIER : « Je n'ai guère confiance, d'une façon générale, en l'avenir de ces petits êtres curieux que l'on est convenu d'appeler des « petits prodiges ». Ceux-ci, en effet, sont généralement *très partiels* ou désharmoniques. A côté de facultés très exceptionnellement développées et qui font l'admiration de l'entourage, on constate des lacunes profondes. La précocité *d'ensemble* m'effraie beaucoup moins, et je crois que l'observation ratifie votre opinion sur la réalité des promesses qui s'y trouvent contenues. »

M. D'ESTOURNELLES DE CONSTANT raconte qu'il fit de mauvaises études au lycée Louis-le-Grand, non par paresse ou mauvais vouloir, mais faute de direction ; il ajoute que certains maîtres lui avaient néanmoins prédit une destinée « exceptionnelle ». Ce sont les voyages, entrepris très jeune, pour fuir cette « abrutissante et démoralisante prison » qu'est l'internat, qui l'ont fait ce qu'il est.

La lettre de M. d'Estournelles contient en *post-scriptum* cette anecdote tout à fait charmante :

« Je ne devais pas avoir 5 ans ; j'étais dans ma ville natale, à la Flèche, quand un après-midi on me trouva installé dans la roue d'un rémouleur à la place d'un gros chien qui la faisait tourner et que je plaignais de toute mon âme. M'étant apitoyé sur son sort plus que de coutume, le rémouleur m'avait offert la place du chien, et j'avais naturellement accepté son offre avec enthousiasme.

« Cette histoire m'a été racontée cent fois par de vieux amis de ma famille, et quand je récapitule les principaux actes de ma vie, je trouve qu'il m'est arrivé bien souvent depuis lors d'entrer dans la roue : et il me semble même que j'y suis bien aujourd'hui plus que jamais, seulement la roue s'est agrandie, et au lieu du pauvre chien, ce sont mes semblables que je voudrais délivrer de leurs servitudes et de leur routine. »

M. JULES LEMAITRE : « Je ne crois pas avoir été un enfant exceptionnellement précoce.... Je remarque que c'est surtout en musique et dans les mathématiques qu'on rencontre des enfants prodiges, dans la littérature beaucoup moins. »

M. CLOVIS HUGUES : « Tout ce que je me rappelle bien, c'est que je mis un temps relativement long à manifester quelque intelligence.

Ma bonne grand'mère ne parvenait pas même à m'apprendre mes prières. »

M. MAURICE ROLLINAT : « Je n'ai guère été précoce... Laissez-moi vous dire que j'ai connu beaucoup de petits prodiges, des poètes ou des mélodistes de 7 à 8 ans, qui non seulement n'ont pas tenu les promesses de leur fleurissement prématuré, mais qui, devenus peu à peu, par on ne sait quelle évolution de nature, des matériels ou des paresseux, n'étaient déjà plus, vers la vingtième année, que des stériles définitifs et des vidés incurables ».

Comme nous l'avons dit plus haut, c'est dans le génie musical que la précocité est la plus grande ; et ce génie ne semble pas être atavique, puisqu'un grand nombre de compositeurs déclarent n'avoir jamais eu de musiciens parmi leurs ancêtres.

M. RAYNALDO HAHN raconte : « Quelque invraisemblable que cela puisse paraître, j'avais dès l'âge de un an montré pour la musique un goût prononcé, et scandais en balbutiant quelques notes d'un air de *Rigoletto* que j'entendais chanter sans cesse autour de moi... A trois ans je m'enfuis du salon, un jour qu'un ami de mes parents chantait une romance à la mode, parce que je trouvais qu'il chantait faux, et je me souviens parfaitement de cette circonstance... Pourtant je n'ai pas été ce qu'on appelle un *enfant prodige* ; je n'ai jamais pendant l'enfance *excellé* comme certains grands musiciens dans la composition (Mozart), ou dans la virtuosité (Saint-Saëns).

VINCENT D'INDY : « J'ai été à même de rencontrer dans ma carrière un certain nombre d'enfants prodiges, au Conservatoire (où on adore ces sortes de monstres) et ailleurs ; de tous ceux que j'ai connus, aucun n'est arrivé à faire un artiste ; à 18 ans ils étaient tous devenus des musiciens plus qu'ordinaires... ou ils étaient morts... Les petits prodiges musiciens sont pour la plupart des machines, de simples machines très bien montées, et c'est tout ; il ne leur manque que le sentiment artistique... c'est-à-dire *tout* ou à peu près... J'ai pianoté comme tout le monde durant toute mon enfance... Ce n'est que vers la dix-septième année que j'ai cru (sans discerner grand'chose, du reste) voir que l'art était autre chose que des notes. A vingt ans j'ai *compris* Beethoven ; à partir de ce moment la musique m'est apparue. »

SAINT-SAENS : « J'ai commencé la musique *à trente mois*, sachant lire parfaitement, et en *un mois*, j'avais avalé la méthode de piano de Le Carpentier. A cinq ans j'ai composé des valses, des romances, et autres vétilles sans valeur, mais presque toujours correctement écrites. Ayant expérimenté la précocité sur moi-même, je suis convaincu que si les enfants précoces avortent si souvent, c'est que leur précocité est presque toujours exploitée par des parents avides et inintelligents.... Je me souviens d'une grande bouilloire que l'on mettait chaque jour devant le feu du salon ; j'allais immédiatement chercher un tabouret et je m'asseyais près du feu pour écouter la symphonie de la bouilloire... Dès qu'on m'a placé devant un piano, au lieu de taper et aller à tort et à travers, comme tous les enfants, je touchais doucement les notes une à une. A dix ans j'ai donné un concert avec orchestre où j'ai joué par cœur un concerto de Mozart et un de Beethoven... »

J.-F. RAFFAELLI : « La grosse question, en art, c'est d'éprouver violemment ; et d'avoir une grande imagination ; et d'être audacieux et naïf. — Il n'y a plus ensuite qu'à s'exprimer. Et c'est facile. — On peut toujours arriver à exprimer ce qu'on ressent passionnément !...

« Aujourd'hui que j'ai pu m'affirmer tour à tour peintre, illustrateur, chanteur, compositeur de musique, littérateur, graveur, conférencier, sculpteur, acteur, inventeur, je peux dire que j'ai eu peu de mérite à faire tout cela...

« Voici comment je devins un peintre : — En 1869, j'avais 19 ans. Je cherchais une position et ne savais où m'orienter. La misère était arrivée tout d'un coup dans ma famille et il me fallait vivre et aider les miens. Je résolus d'être peintre... Je questionnai un jeune ami qui était chez un décorateur de théâtre pour savoir ce qui était nécessaire pour faire un tableau. Il me dit : une toile, des couleurs, une palette, des pinceaux. — J'achetais le tout, fis un tableau d'idée, *sans avoir jamais fait une seule étude de ma vie.* J'envoyai le tableau au Salon où il fut reçu ! ! !

Depuis j'ai été refusé pendant plusieurs années à ce même Salon !

« Depuis, aussi, j'ai par ma découverte des couleurs à l'huile solides, qui va bouleverser notre art, supprimé la palette, les pinceaux..... »

A. RODIN : « Je n'ai jamais été un enfant prodige... dans ma jeunesse j'avais beaucoup de facilité, mais j'ai toujours beaucoup travaillé, et avec l'amour profond de mon art et de la nature. »

Les savants, les écrivains, et poètes, les musiciens, peintres et sculpteurs, les hommes politiques, sont les seuls à avoir fait des « confidences » ; il serait très intéressant de connaître celles d'autres « hommes arrivés », par exemple d'hommes arrivés dans le commerce et l'industrie.

Il est à noter que chaque fois qu'on interroge quelqu'un sur la situation de ses anciens camarades de collège, médiocres dans leurs études, on reçoit cette réponse : « Oh ! il s'est bien tiré d'affaires, il gagne de l'argent. » Bienheureux donc les médiocres, la royauté sur terre leur appartient.

AU THÉATRE

La critique sérieuse. — Impressions et réflexions.

Lorsque, comme nous, on s'occupe uniquement des *idées*, et de leur *action* par les œuvres littéraires, il n'est pas possible d'étudier sérieusement à ce point de vue une pièce sans avoir en mains la brochure. On ne peut que donner ainsi des *impressions* de théâtre, or ce sont des *réflexions* de théâtre que nous voulons communiquer à nos lecteurs.

C'est pour cette raison que, contrairement à ce que j'avais annoncé, il n'est pas parlé de *Décadence* dans ce numéro, la comparaison qui s'impose avec *le Retour de Jérusalem* n'étant pas possible, car M. Donnay n'a pas encore publié sa pièce.

Nous n'avons point à entrer dans les raisons qui, fréquemment, font paraître très tard les brochures ; quand le motif en est dans une crainte que chaque lecteur soit un spectateur enlevé au théâtre, il me paraît bien mal fondé. Dans tous les cas il serait facile aux auteurs de faire reproduire, pour les critiques, un certain nombre des copies d'acteurs. Ces copies nous seraient prêtées ou même vendues, peu nous importe, mais ainsi nous pourrions remplir consciencieusement nos fonctions.

En attendant ces publications, je continuerai à donner ici brièvement quelques *impressions* sur les pièces, au fur et à mesure de leur apparition ; ensuite l'un de nos collaborateurs exposera des *réflexions*. Peut-être reviendrai-je quelquefois moi-même ainsi sur mes impressions, car il est bien rare qu'on juge une pièce à son exacte valeur quand on n'a fait que l'entendre.

Ce mois-ci j'aurais bien des impressions à communiquer sur *Oiseaux de passage* de MM. Donnay et Descaves, *le Mannequin d'osier* d'Anatole France, et *la Montansier*, de MM. de Caillavet, Robert de Flers et Jeoffrin, — mais on m'avise que je n'ai qu'une page à ma disposition ; or, quelque modestes que soient mes impressions, je ne puis les scinder. Je les donnerai donc en entier le mois prochain.

A. M.

Livres et Revues

Le rôle de la Philosophie dans le passé et dans l'avenir. (*Revue internationale de l'enseignement* du 15 février 1904.)

A l'assemblée générale de l'Université de Paris tenue le 23 janvier 1904, M. Boutroux a apprécié en ces termes le rôle de la philosophie :

« La philosophie, de tout temps, s'est proposé l'unification du savoir. Elle n'a pas précisément ramené tous les ordres de connaissances à une science unique comme rêvaient de le faire les premiers philosophes. Elle a compris de mieux en mieux que le concept général de science ne pouvait s'appliquer aux formes diverses de la réalité que par une série d'adaptations, de modifications appropriées. Mais, en ce sens, elle a établi entre les différentes sciences une analogie telle que non seulement chacune, à sa manière, se présente avec les traits essentiels du savoir scientifique, mais que toutes peuvent entrer en rapport les unes avec les autres, et s'entr'aider s'associer, se combiner, de façon à imiter avec une perfection toujours croissante la complexité et la richesse infinies de la nature. Le rôle de la philosophie dans le passé a donc été l'organisation du savoir.

« L'état présent de la société paraît réclamer tout particulièrement l'intervention et l'action de la philosophie. Le siècle dernier s'étant donné pour tâche de rétablir un ordre de choses cohérent et stable, comme terme de l'œuvre de critique et de révolution accomplie par le xviiie siècle, avait adopté une méthode qui consistait à définir exactement la nature et les droits de chacune des formes d'existence données, et à les séparer les unes des autres, conformément à ces définitions, par des barrières infranchissables. Démarcation entre le temporel et le spirituel, entre l'Etat et la société, entre la science et la vie, entre la philosophie et la religion, entre l'art et l'utile, entre l'éducation et l'instruction, etc. — Or, cette conception, bien que claire, ne nous suffit plus. En nos esprits s'est établie l'idée d'une spontanéité foncière, d'une pénétration et d'une collaboration intime de tous les êtres que méconnaissent et gênent ces concepts logiques et ces inflexibles limitations. — C'est l'office de la philosophie de maintenir rationnellement la valeur des différences, des formes définies, de la logique, des formules et des règles, tout en dégageant celle de l'union intérieure de la spontanéité vivante, de chercher à comprendre comment on peut distinguer sans séparer, rendre les êtres pénétrables les uns aux autres sans les dépouiller de leur existence propre. »

Le kantisme et la pensée contemporaine. — Sous ce titre M. G. Fonsegrive a écrit dans *la Quinzaine* du 1er mars un article que liront avec fruit tous ceux qu'intéressent le mouvement philosophique contemporain, sa direction et son avenir. En voici la conclusion :

« Après Descartes, après Leibnitz, après Hume, après Kant, après Maine de Biran, on ne reviendra pas à une simple philosophie des concepts abstraits, à une analyse purement conceptuelle de l'esprit. Grâce aux psychologues modernes, nous avons saisi, au moins en partie, la complexité, la richesse de la vie synthétique de l'esprit. Nous sommes loin des trois facultés célèbres et de leur engrènement mécanique. Et cela même a une importance pour la théorie de la connaissance. Nous ne pouvons plus dire que l'intelligence à elle seule, avec ses lois propres et nécessaires, constitue le jugement et l'affirmation. Nous savons que dans tout jugement il entre autre chose : des tendances, des émotions, des éléments de la volition. Il n'y a jamais eu de jugement formulé par l'intelligence pure et nue telle que la conçoivent dans l'abstrait les néoscolastiques, pas plus qu'il n'y a jamais eu d'acte de volonté sans idée et sans émotion. Ce ne sont pas les jugements tels qu'ils pourraient être, ou, si l'on veut, tels qu'ils devraient être qui entrent dans nos connaissances, mais les jugements tels qu'ils sont. Et les véritables subjectivistes ici sont ceux qui ne veulent pas soumettre leur conception au fait tel que la psychologie le révèle. Car quand on modèle le fait sur l'idée, on suit précisément, ainsi que nous l'avons vu, la méthode subjective, tandis que l'objective consiste à modeler l'idée sur le fait.

On ne reviendra pas davantage à une philosophie des concepts fournis par le sens commun ; mais, sur des données plus exactes, on peut élaborer de nouveaux concepts et les coordonner en systèmes dont les lignes architecturales seront, si l'on veut, toutes semblables à celles des systèmes d'autrefois. Force, matière, acte, puissance, causes diverses, quantité, qualité, substance, accident, les cadres restent les mêmes, et ce qui fait la merveille de l'aristotélisme, c'est que ces cadres peuvent aisément se prêter à toutes sortes de contenus. Mais, pour parler son langage, si la forme en est excellente et commode, l'antique matière doit en être profondément remaniée. On peut soutenir que l'aristotélisme demeure le vrai, et pour ma part je le croirais volontiers, car je l'ai trouvé toujours souple et commode pour contenir tous les faits nouveaux, toutes les acquisitions de la pensée, toutes les directions de l'action, mais c'est à la condition que la plus grande partie des définitions soient changées. Et cela, j'espère, ne scandalisera personne de ceux qui se souviennent que saint Thomas, tout en gardant les méthodes d'Aristote, a considérablement amendé ses solutions.

En conclusion, le kantisme est mort, l'esprit de relativité critique demeure vivant et l'aristotélisme reste possible. »

Le Sentiment religieux dans l'antiquité — Le Christianisme avant le Christ, par A. Dufieux. (Librairie catholique Emmanuel Vitte, Lyon, 3, place Bellecour ; Paris, 14, rue de l'Abbaye. (1904.)

Cette œuvre, d'un homme de conscience et de savoir, mérite d'attirer l'attention de tous ceux qui recherchent de bonne foi la vérité historique, croyants ou mécréants.

M. Dufieux essaie de dégager ce qu'était en dernière analyse le « sentiment religieux » dans les différentes conceptions religieuses de l'antiquité, et il en donne la définition suivante : « Une confiance *innée* et *consolante* en un pouvoir surnaturel. »

On ne peut analyser cet ouvrage très vaste ; il faut le lire. Sa lecture affermit davantage dans cette idée que le *sentiment religieux* est éternel, qu'il répond à un besoin profond de l'être humain pensant, et que, en conséquence, les tentatives faites pour le détruire ne pourront jamais avoir qu'un succès très éphémère.

Le sentiment religieux, qui est immuable, et que M. Dufieux distingue très nettement du *culte*, variable, est du reste bon dans son essence, c'est une pierre précieuse qui fut longtemps recouverte de boues (la boue du paganisme, et d'autres) ; à l'usure elle s'est nettoyée et a fini par paraître ce qu'elle était réellement, un diamant. — P.

Verlaine poète religieux. — Ce titre d'un recueil nouveau paraît être une ironie, car on connaît surtout de Verlaine des vers qui ont un caractère bien éloigné du caractère religieux.

Cependant l'auteur de *Sagesse* a écrit de très belles poésies religieuses, parmi lesquelles on a cité avec raison *A Complies* où l'on trouve les vers suivants, qui sont ceux d'un grand poète :

> Et l'adoration à l'infini s'étire
> En des réciattifs lentement en allés.
>
> . . . .
>
> Cela parle de paix de l'âme, des effrois
> De la nuit dissipés par l'acte et la prière.
> L'espérance s'enroule autour des piliers froids.

M. Huysmans, qui fut un des amis de Verlaine, écrit à son sujet dans la préface de la publication nouvelle ces lignes très justes :

« Verlaine est, de tous les poètes, celui qui est allé jusqu'aux « extrêmes confins de la poésie, là où elle s'évapore et où l'art « de la musique commence.

« Victor Hugo, Théophile Gautier, Leconte de Lisle, Banville, pour en citer quatre, se sont avancés, eux, jusqu'aux « limites de la littérature et ont atteint la frontière de la peinture... Verlaine, par une autre route, a rejoint les douaires de « l'art musical qui, plus éloquent par la force de son expression, « pour traduire les cris de la douleur et de la joie, de l'admiration et de la crainte, est aussi, à cause même de ses contours « indécis et flottants, plus apte que la poésie à exprimer les sensations confuses de l'âme, ses vagues appétences, ses fugaces « aises, ses subtils tourments. »

La famille et l'amour dans le roman scandinave. — Mme R. RÉMUSAT a publié sous ce titre, dans la *Revue* du 1er mars, un intéressant article dont nous allons extraire quelques passages.

Les idées de M. Jonas Lie, romancier norvégien, sur l'éducation, ont, dit Mme Rémusat, « une part très grande à la transformation des mœurs familiales qui s'est opérée dans les pays septentrionaux. En Suède, un autre romancier très en vogue, M. Gustave de Geijerstam, s'est attaqué dans *le Pasteur Hallin* à l'antique loi d'obéissance aux parents. Un jeune homme a été voué dès l'enfance à la carrière de prêtre par son père, professeur de petit village aux maigres appointements, qui se saigne pour payer l'instruction de son fils, et par sa mère, dévote mystique. Or, Ernest Hallin poursuit avec répugnance les études théologiques ;... il garde le silence par soumission filiale. Le père se doute de cet état d'esprit, mais ne veut pas interroger Ernest. « Il agit conformément à l'égoïsme des parents qui ne « veulent ni souffrir avec leurs enfants, ni souffrir pour eux « à cause d'eux. » La veille de son ordination Ernest laisse échapper une plainte : « Oh ! pourquoi ne suis-je pas devenu « cultivateur ? Je serais aujourd'hui un individu bien portant, « un homme ! J'ai vécu enfermé dans des salles d'étude mal « aérées, et ma poitrine s'est aplatie, mes épaules se sont rétré- « cies, ma figure a pâli. Je hais les livres. Ils ont rempli ma tête « de choses inutiles. Par eux les morts gouvernent les vivants ; « les revenants sortent des tombes pour nous terroriser. »

Le Norvégien Alexandre Kjelland s'est fait dans son roman *le Capitaine Worse* le défenseur de la théorie féministe de l'indépendance complète de la jeune fille dans le choix de l'homme à qui elle unira sa vie.

« Quiconque a pu voir de près l'organisation actuelle de la famille dans les pays scandinaves et la liberté accordée aux enfants tiendra pour outrés ces réquisitoires contre l'autorité absolue des parents.

... « Le poète Valdemar Rœrdam, en qui Georges Brandès salue le plus grand lyrique danois actuel, proclame dans *Gudrun Dyre* que « chacun doit écouter la loi que sa nature choisit d'instinct... On est homme avant tout ; il faut sacrifier à la vie avant d'obéir aux conventions sociales. »

Dans le *Journal de Julie* de Peder Nansen, comme dans *Une visite*, pièce en un acte de M. Edouard Brandès, la théorie de l'égalité des sexes est affirmée ; le mari pardonne à sa femme une faute antérieure au mariage, moins grave qu'une faute postérieure, et celle-ci, revenue de ses illusions juvéniles, est résolue à bien remplir ses devoirs d'épouse. « Au contraire, dans le drame *Hors la loi* du même auteur et dans le roman les *OEuvres du cœur*, de M. Sven Lange, l'inégalité apparaît. »

Mme Rémusat termine son article en parlant de l'idolâtrie de l'amour. M. Bjœrnson est un ardent adversaire de l'idolâtrie de l'amour, dit-elle. Il combat celle-ci dans ses deux drames *Laboremus* et *Grande-Cour*. Défenseur du foyer, il glorifie l'épouse et la mère de famille. Par ce côté de son œuvre de moraliste, M. Bjœrnson est un classique. M. Jonas Lie lui-même s'est alarmé des fruits portés par la littérature d'émancipation. Il n'a d'ailleurs jamais recommandé aux femmes l'amour libre, mais le célibat est une vie de travail à défaut d'un mariage de sentiment...

« Il est à souhaiter que le grand mouvement romantique, qui bouleverse les mœurs familiales au nom du droit à l'amour, s'arrête dans la voie des exagérations funestes, et que la littérature, dont c'est la haute mission de conduire les idées dans leur marche, veuille bien enseigner aux femmes, selon l'expression de Frédérika Brémer, « une saine appréciation de leur indépendance morale et de l'usage qu'il faut en faire. »

« La femme d'aujourd'hui » et **« Ce que doivent lire les jeunes filles »**. — Une revue nouvelle intitulée, *la Femme d'aujourd'hui* » a paru le 25 février. Elle s'adresse, dit-elle, à la femme droite et fine à la fois, dont le type est l'Henriette des *Femmes savantes*. « Son idéal de vie pratique, c'est « un mari, des enfants, un ménage » ; mais elle a des « clartés de tout », elle est avisée de ce qui se passe dans le monde, elle a l'esprit vif, le jugement sain, la langue prompte, la repartie alerte, et son clair bon sens a vite raison des paillettes factices où se complaisent les Célimène, les Philaminte et les Armande. »

M. Marcel Prévost écrit dans cette revue un très intéressant article sur *les lectures des jeunes filles*, où il prétend que *les jeunes filles valent à peu près ce que valent leurs lectures*, — et il développe ainsi cette opinion :

« Disons-le hardiment : aucune doctrine raisonnable n'est adoptée dans les familles touchant les lectures des jeunes filles. Je me trompe. Il y en a une : les jeunes filles ne doivent pas *dire* qu'elles ont lu certains livres. Quand elles tourmentent par trop leur mère, quand elles lui représentent « que telle ou telle de leurs amies a lu un roman en vogue, la mère finit par se laisser fléchir, et pour recouvrer la paix s'écrie: « Eh bien ! lis-le si tu veux, mais surtout ne va pas t'en vanter ! » La jeune fille promet le secret... Faut-il insister pour établir que ce système est détestable, démoralisant à l'excès ?

« Le danger des lectures apparaît donc à la jeune fille comme purement conventionnel. Elle est la première à s'en moquer.

« Donc, dans la pratique française, les jeunes filles lisent à peu près n'importe quoi, au petit bonheur des rencontres. De temps en temps, le père ou la mère s'écrie : « Comment ! tu as lu ça !... » Et ils ajoutent : « Les jeunes filles d'aujourd'hui ne doutent plus de rien. » Après quoi leur surveillance se rendort.

. . . .

« Ce qu'on peut, je crois, poser comme un principe général pour les jeunes filles qui n'ont pas achevé leurs études, c'est que les romans doivent leur être non plus interdits, mais choisis dans la mesure où ils demeurent pour elles un enseignement *littéraire*.

« Le temps est court dans l'existence d'une jeune fille qui se marie de bonne heure, pour se renseigner d'une façon générale sur la littérature. Eh bien !

la première exclusion à faire est celle de toutes les œuvres d'imagination qui ne sont pas littéraires. On permettra, par exemple, les romans de George Eliot : mais on interdira rigoureusement la plupart des niaiseries romanesques contemporaines dont les lectrices d'outre-Manche font leurs délices. On encouragera la lecture intégrale d'un auteur ou tout au moins la lecture successive de plusieurs œuvres du même écrivain, de façon que la jeune lectrice se fasse une idée de la manière, du talent de l'auteur. Bien entendu on invitera la jeune lectrice à situer dans le temps, dans l'histoire de l'esprit, l'auteur lui-même : il faut qu'elle sache quel personnage joua, dans la réalité, l'écrivain dont elle recueille la pensée .. Ne croyez pas que les lectures de romans, ainsi comprises, fatigueront la jeune fille et lui feront prendre en dégoût un plaisir devenu quelque peu méthodique et laborieux. Au contraire, toute méthode sagement pratiquée devient vite chère à qui la pratique.

« Choisissant des romans vraiment littéraires, on ne s'encombrera pas de scrupules absurdes pour écarter tel ou tel chef-d'œuvre. Renonçons, de grâce, au système caractérisé par le remplacement d'*amour* par *tambour* dans les lectures des jeunes filles. Avant d'interdire comme dangereuse, à sa fille, une belle œuvre littéraire, que la mère se demande sérieusement : « Y a-t-il vraiment là-dedans quelque chose que ma fille ignore ? Y a-t-il quelque chose de périlleux pour son repos dans ce qu'elle apprendra ? » Il est puéril d'interdire dans les livres ce qu'on laisse entendre tous les jours aux jeunes filles dans la conversation.

« Dans les lectures non spécialement romanesques, je crois d'abord indispensable de mettre la jeune fille en communications avec la vie courante, la vie de son temps, par un magazine bien choisi... Il est absurde de la séparer de son pays et de son temps par une cloison étanche qu'on abat soudain le lendemain du mariage... Mais j'avoue que le nombre des périodiques bien faits, où l'actualité ait sa part assez large, est jusqu'à présent très restreint en France.

« Je ferai peut-être hausser les épaules à de vénérables parents eu leur avouant d'ailleurs que je ne verrais aucun inconvénient à ce qu'une jeune fille lût quotidiennement *le Temps* ou *les Débats*.

« L'histoire, les voyages, les ouvrages traitant un point accessible de la science sont naturellement, par essence, des lectures de jeunes filles. Mais là encore, il convient de mettre les parents en garde contre de prétendus ouvrages de vulgarisation qui sont simplement vulgaires. Tâchez de ne donner à lire à vos filles, ô parents, que l'œuvre des maîtres. Quand leur esprit et leur goût seront ainsi formés, elles auront assez à faire de les défendre contre la médiocrité des lectures à la mode. Que leurs lectures historiques leur fournissent un modèle de la façon d'écrire l'histoire, et leurs lectures scientifiques un modèle de la façon d'exposer la science...

« Interrogez la plupart des jeunes filles sur leurs lectures : elles ont absorbé maint plat recueil d'histoire, de géographie, mainte indigeste compilation scientifique ; en revanche, il n'en est pas une sur dix qui ait lu *Les Origines de la France contemporaine*, de Taine, ou le voyage de Nansen. Il y a, dans les établissements scolaires de France, tout un vieux fonds de bibliothèque soi-disant instructive, qu'on devrait brûler le jour de la Saint-Jean en guise de feux de joie.

« En résumé, j'estime que les lectures des jeunes filles doivent être : premièrement *méthodiques*, secondement choisies exclusivement parmi *l'œuvre des maîtres*. La question de moralité, qui obstrue le discernement de la plu-

part des parents et des maîtres, n'est vraiment pas, dans la pratique, si mal-
aisée à résoudre. Si l'on admet qu'une jeune fille doit lire assez peu d'œuvres
romanesques, et rien que des œuvres de maîtres, on verra que le nombre
des mauvais livres à exclure rigoureusement n'est (heureusement !) pas si
grand que le prétendent les vieilles demoiselles, occupées de remplacer
amour par *tambour* dans les classiques. »

Les Mémoires de Mme Sarah Bernhardt. — Le premier
extrait des *Mémoires* de Mme Sarah Bernhardt vient d'être publié par un magazine anglais, le *Strand*.

L'illustre tragédienne y raconte son enfance qu'elle passa
presque toute en Bretagne, près de Quimperlé, chez de braves
paysans auxquels elle avait été confiée par sa mère « qui l'avait
eue à seize ans et qui voyageait presque toujours ». Elle raconte
comment, « douée d'une imagination très vive et d'une nature
« très sensible, la légende chrétienne impressionnait à la fois
« *mon* cœur et *mon* esprit. Le divin Martyr devint mon idéal
« et la Mère aux sept douleurs l'objet de mon culte. »

Après deux accidents où elle faillit être défigurée, après avoir
habité quelque temps rue de Provence, et avoir été en pension
à Auteuil, chez Mme Fressard, la future grande artiste fut en-
voyée à Versailles, au couvent de Grandchamp. C'est là que sa
vocation dramatique lui est révélée. A l'occasion d'une visite
pastorale de Mgr Sibour, une représentation est organisée. La
jeune Sarah avait été oubliée dans la distribution ; mais l'une
des artistes improvisées étant tombée malade, c'est Sarah qui la
remplace. Son succès est tel que Mgr Sibour se fait présenter
la jeune fille, la complimente et l'embrasse — « ce qui provo-
qua quelque jalousie ».

Mais elle ne devait plus revoir l'archevêque. Elle apprit
quelque temps après son assassinat : « Il me sembla, dit-elle,
que l'assassin Verger m'avait volé une partie de ma petite
gloire. » Elle pleura longtemps, et à l'issue de la messe célé-
brée à la mémoire de l'archevêque, « on l'emporta évanouie ».

A partir de ce moment, la ferveur mystique de la jeune fille
augmenta, et rien ne faisait prévoir alors que, malgré ses premiers lauriers artistiques, Sarah Bernhardt ne serait pas un
jour religieuse.

Prochainement ces *Mémoires* paraîtront en entier chez Fas-
quelle. Ils feront aimer davantage encore, s'il est possible,
l'artiste de grand talent, et de grand cœur, qui a donné un sens
plus complet à l'art et à la beauté.

VARIÉTÉS

Un ennemi inattendu de la peine de mort. — Beaucoup de littérateurs ont écrit d'éloquents réquisitoires contre la peine de mort. Il leur manquait un adhérent qui, le premier janvier 1904, leur a fait le précieux cadeau de sa commune opinion, c'est l'exécuteur des hautes œuvres, M. Deibler.

Un rédacteur de journal, qui est en même temps professeur de philosophie dans un lycée, avait écrit au sujet d'une exécution récente : « On ne s'étonne pas assez qu'il y ait encore, au xxᵉ siècle, trois brutes immondes qui consentent à faire ce métier d'égorgeurs. » M. Deibler a écrit au directeur du journal :

« Je ne prendrai pas la peine de rectifier M. Gustave Téry et d'enseigner à ce professeur de philosophie qu'il doit s'en prendre à l'institution, non à l'homme. S'il n'avait pas commencé à m'outrager, *j'aurais eu le plaisir de lui apprendre que je ne suis pas partisan de la peine de mort.* Mais il faut bien vivre, n'est-ce pas ?

« Malheureusement, M. Gustave Téry a oublié que j'ai droit au même respect que tous les fonctionnaires. Atteint dans mon honneur professionnel, je vous informe que je dépose contre votre collaborateur une plainte en diffamation. Civilités empressées. Signé : Deibler. »

Voilà un document qu'il faudra faire figurer dans tous les ouvrages traitant de la peine de mort, et aussi dans tous ceux traitant de la fameuse question : « Il faut bien vivre, n'est-ce pas ? »

Du *Figaro* :

Féminisme.

— Mais enfin, demande quelqu'un, à quoi cela vous avancera-t-il que la femme devienne l'égale de l'homme, ait les mêmes droits ?

Le monsieur, souriant :

— Je ne serais plus obligé moralement à lui céder ma place dans les omnibus.

Bibliographie

De l'Action morale de la Femme sur le travail des jeunes gens. I. Protection. — II. Encouragement. — III. Détente ; brochure dont nous avons parlé dans notre numéro de janvier, par Louis ARNOULD, professeur de littérature française à l'Université de Poitiers, lauréat de l'Académie française.

2ᵉ édition, revue, chez H. Oudin, éditeur, rue Soufflot, 9, à Paris, Vᵉ. et à Poitiers. rue du Chaudron-d'Or, 9. Prix : 0 fr. 50 ; 0 fr. 60 franco (par 10 exemplaires le 11ᵉ en sus).

Lectures morales, par Gustave CHATEL, professeur agrégé au Lycée de Rennes, (1 vol., Paulin, éditeur). Recueil d'anecdotes et de récits pour la jeunesse.

NOTRE BUT

*Le mieux-être par la foi
dans un idéal, le travail,
l'union et la paix.*

Les lettres et les arts ont sur la mentalité d'un peuple, et
par suite sur ses destinées, une influence que les historiens
ne manquent jamais de faire ressortir ; mais il arrive souvent
que celles des œuvres littéraires et artistiques qui auraient
l'influence la plus salutaire, qui mériteraient le plus d'être
connues et appréciées, sont précisément celles qui restent
ignorées. A l'heure actuelle la réclame tapageuse chèrement
payée est aussi nécessaire pour faire prendre une œuvre d'art
qu'un produit commercial. Le talent est devenu la chose la
moins utile pour réussir. Deux sortes d'œuvres parviennent
seules au succès : celles qui sont annoncées avec beaucoup de
bruit, celles qui ont l'attrait de la lubricité. Ces dernières ne se
trouvent pas seulement dans des publications spéciales dont le
titre et l'aspect ne trompent pas, mais, ce qui est plus dangereux, dans certains grands journaux quotidiens à un sou,
feuilles puissantes enrichies en se faisant entremetteuses pour
adultères dans de « petites annonces » très rémunératrices. Et
voici comment le « poison de la littérature » pénètre chaque
jour pour un sou dans les foyers les plus pauvres.

Il ne faut peut-être pas chercher d'autres causes à la décadence morale actuelle. Il est déjà douteux que des esprits
très cultivés puissent lire impunément les conceptions morbides des cerveaux de nos neurasthéniques ; il est en revanche
certain que pareille lecture se trouve néfaste pour tous les autres
esprits, c'est-à-dire pour la grande majorité des lecteurs. La
littérature à un sou ! C'est à peu près la seule qu'on connaisse
aujourd'hui. Pour un sou on a trois ou quatre feuilletons,
plusieurs pages de faits divers troublants avec leur odeur de
sang et de poudre, faits divers qui contiennent d'utiles leçons
à l'adresse des aspirants criminels. Voilà une abondante lecture pouvant occuper plus que toutes les heures libres de la
journée de l'ouvrier ou de l'ouvrière. Il leur en reste encore
pour leur dimanche !... Et les romans d'amour sain et pur,

qui apprennent la vie et font penser, sont abandonnés de plus en plus...

Nous ferons connaître par cette Revue, par d'autres publications plus fréquentes destinées à pénétrer dans les foyers pauvres, par des conférences, les œuvres littéraires et artistiques de nature à donner le goût du beau, la notion de la vérité, l'amour de tout ce qui est noble et généreux. Ainsi nous parviendrons à réaliser notre but, à la vérité très prétentieux : refaire la mentalité de ce pays dévoyé par les souteneurs de la littérature pornographique comme par les sophismes des politiciens.

Nous voulons que l'action littéraire et artistique passe au premier plan, du dernier où elle se trouvait, peut-être.

L'œuvre d'art véritable ne trompe pas ; elle montre la vérité, elle dirige la raison et le cœur.

La vérité est dans le travail personnel qui permet les joies immédiates ; l'erreur est dans la confiance en les promesses d'autrui de travailler pour vous à votre bonheur, elle consiste à rester inactif, les yeux tournés vers les idoles qu'on croit toutes-puissantes. Mais, pour qu'une œuvre littéraire et artistique soit bonne, il ne lui suffit pas de montrer cette vérité et cette erreur, il lui faut indiquer en même temps l'idéal nécessaire ; l'amélioration matérielle qui résulte du travail personnel procure une joie incomplète si elle ne fournit pas aussi le moyen d'approcher l'idéal généreux qu'on s'est formé.

Nous sommes des travailleurs, nous voulons le travail dans l'union et la paix. Nous travaillerons à ce que les divisions et les haines actuelles cessent, parce que la haine ne crée rien de viable. Nous travaillerons à faire comprendre aux hommes que, toujours faibles et impuissants quand ils agissent isolément, ils sont seulement capables d'œuvres grandes et fécondes quand ils s'unissent. Leur union est possible, malgré les divergences d'opinions, car ces divergences sont plus superficielles que profondes ; parfois même elles sont toutes factices, et en se différenciant de son voisin, on n'a pas le but de faire mieux que lui, mais seulement de prendre sa place. Il serait en vérité bien surprenant que les idées d'êtres ayant la même nature et les mêmes besoins fussent si profondément inconciliables.

Par une éducation raisonnée on arrivera à comprendre que chacun peut vivre, satisfaire ses légitimes besoins, sans que ce soit au détriment de ses semblables ; c'est par cette éducation

de l'esprit et par une action *pacifique* qu'on arrivera à trouver l'organisation capable de réaliser l'harmonie sociale, car la colère et la violence sont les plus grands obstacles à tout progrès. L'association de tous les travailleurs intellectuels et manuels, leur union solidaire dans le but de défendre leurs intérêts matériels et moraux, contient la seule solution vraie de la question sociale. Cette solution n'est pas et ne peut pas être, en effet, dans les promesses des politiciens, qui ont intérêt au contraire à la retarder, car ils en vivent, et à fomenter la haine, destructrice des œuvres existantes, pour remplacer celles-ci par une organisation satisfaisant les passions égoïstes d'une tourbe violente (1).

C'est alors qu'apparaît l'utilité de notre œuvre. Si l'on veut que l'union sociale, si féconde, se forme, il est indispensable que les esprits se soient unis d'abord, comme nous le disions tout à l'heure, dans « le goût du beau, la notion de la vérité, l'amour de tout ce qui est noble et généreux ».

Cette union se fera par les lettres et les arts, aussi indispensables à la vie de l'esprit que l'air pur et la lumière à la vie du corps. S'unir dans leur harmonie **ce n'est point rêver, c'est agir,** c'est apprendre à trouver la vérité.

Nous espérons que nos lecteurs voudront bien encourager de tout leur pouvoir notre œuvre d'action (2), au succès de laquelle ils sont directement intéressés, car, il ne faut pas craindre de le dire : d'une part le manque actuel de tout idéal, qui produit l'anarchie des cerveaux et l'égoïsme croissant, d'autre part le chaos des sophismes dans des esprits orgueilleux d'une instruction incomplète, nous conduisent à la guerre civile et à la barbarie.

L'Action Littéraire et Artistique.

(1) D'aucuns vont plus loin et prétendent que ce n'est pas seulement des politiciens qu'on ne peut rien attendre d'utile au point de vue du progrès social, mais même des législateurs honnêtes et désintéressés, car, disent-ils, les législateurs ne font qu'enregistrer, poussés l'épée dans les reins, des réformes depuis longtemps réalisées dans la volonté de leurs mandants. Cette théorie osée n'est pas seulement celle du parti libertaire, puisque nous la trouvions récemment exprimée dans les termes suivants par un membre éminent de l'Académie française, M. E.-M. de Vogüé : « Les gens asservis aux vieilles superstitions vont trop souvent chercher le point de départ de nos transformations sociales dans le recueil des lois ; ils attribuent l'évolution des mœurs à ces vains fantômes, l'initiative parlementaire, l'action gouvernementale. C'est voir une cause là où il n'y a qu'un effet, qu'un enregistrement docile des mouvements imprimés à la civilisation par le savant, l'industriel, l'ouvrier inventif. » (*Le Gaulois* du 2 janvier 1904.)

(2) Lire à la dernière page ce qui a trait à *Notre Association*.

NOTRE ASSOCIATION

AVIS IMPORTANT

Il est fondé sous le même nom que la Revue : *L'Action littéraire et artistique*, une Association qui a pour but de « faire connaître et apprécier, par des conférences et des publications, les œuvres littéraires et artistiques que recommande principalement leur valeur d'action au point de vue moral et social ».

Cette Revue répond donc exactement au but de l'Association.

La cotisation des membres actifs est de *dix francs* par an. Les membres actifs doivent adhérer aux statuts.

Nous espérons que tous nos lecteurs tiendront à nous envoyer leur cotisation le plus tôt possible. Elle sera reçue dans les bureaux de la Revue, ouverts tous les jours, dimanches et fêtes exceptés, de 2 heures à 5 heures du soir. Nos lecteurs de province pourront nous l'adresser dans les mêmes bureaux, 5, rue Bonaparte, en un *bon de poste*.

Cette cotisation est indépendante de l'abonnement à la Revue.

Nous aurions pu, en vertu de la loi du 1ᵉʳ juillet 1901, former une Association « sans déclaration préalable », sans faire connaître ses statuts ; mais nous avons tenu à agir au grand jour, nous avons voulu que notre Association fût *déclarée* à la Préfecture de police, et *rendue publique* par l'insertion au *Journal officiel*.

La déclaration a été faite le 1ᵉʳ février 1904 et l'insertion au *Journal officiel* le 28 février.

Le Gérant : Henri FRUCHARD.

Poitiers. — Société française d'Imprimerie et de Librairie.

L'Action Littéraire et Artistique

Voir aux 2e et 3e pages de la couverture ce qui a trait à **Notre but,**
Notre Association, *et à la* **Ligue « Par le foyer ».**

LA BONNE ROUTE

*Aux hommes de lettres
qui veulent agir.*

Un fait bien remarquable s'est produit il y a quelques
années, et les historiens du commencement du XXe siècle
devront le relater : plusieurs hommes de lettres français,
d'un talent universellement reconnu, sont entrés soudain
dans la bataille politique.

Ils restaient jusqu'à ces temps derniers dans leur cabinet
de travail, et à ceux qui venaient leur offrir une épée de
combat, ils répondaient : « J'aime mieux ma plume, ô gué !
J'aime mieux ma plume. » L'un d'eux, louant Sarcey de
« s'être enfermé dans le journalisme pratique et familier »,
avait écrit au sujet de la POLITIQUE (1) : « *On n'y voit pas assez*
« *clair ; les questions y sont complexes, presque insolubles. En*
« *somme, et malgré les grands airs d'assurance qu'on prend,*
« *on les tranche au gré de son intérêt, et, quand on est honnête,*
« *au petit bonheur. La politique est la mère des phrases vides,*
« *de la déclamation, des idées troubles, du mauvais style et des*
« *passions injustes... »*

(1) M. Jules Lemaître : *Les Contemporains.*

Comment se fait-il que, tout à coup, ces hommes de lettres n'aient pas craint de devenir les fils de cette mauvaise mère qu'ils répudiaient ? Il ne faut pas les en blâmer trop sévèrement, car leur détermination n'a pu naître que de sentiments élevés et généreux. A coup sûr ils se sont dit : « Notre pays souffre de la médiocrité de ses hommes politiques, surtout préoccupés de leurs intérêts particuliers, et qui sont seulement forts parce que les individualités de talent n'ont pas le courage de leur résister. Renonçons à l'égoïsme qui nous maintient dans la quiétude de notre cabinet de travail, et entrons dans la mêlée. Nous saurons imposer le respect par notre âge et par notre renommée littéraire. Nous faisons partie des corps les plus élevés de l'Etat, l'Académie française et l'Ordre de la Légion d'honneur. Parlons, nous serons écoutés. »

Hélas!... Ceux qui admiraient la veille l'écrivain, au rez-de-chaussée littéraire du journal, déclarèrent qu'il était tombé bien bas en montant au premier étage politique. Il n'avait plus le moindre talent ; — peut-être d'ailleurs n'en avait-il jamais eu. On le classait au rang des reporters de faits-divers, et s'il s'avisait de prendre la parole dans une réunion *publique et contradictoire*, on savait le conspuer et l'empêcher de parler, tout comme un simple candidat politique. Cet académicien décoré apprenait à ses dépens que dans les réunions publiques, conseils du peuple souverain, le client du mastroquet, qui connaît le dictionnaire de l'argot, est l'égal du lettré qui fait le dictionnaire de la langue française.

La tentative échoua donc, et c'était fatal. Eussiez-vous le génie de Corneille et d'Hugo, vous ne conserverez pas le respect du peuple quand vous viendrez lui demander sa voix, fût-ce de façon désintéressée pour un autre que vous. « Ah ! tu désires ma voix, se dit-il, eh bien, je vais te montrer qu'elle a de la valeur, ma voix, et qu'on ne l'a pas facilement. — Répondez à mes questions, citoyen... »

Et voilà le peuple souverain qui vous interroge, quasi comme un juge d'instruction, tout au moins comme un examinateur tout-puissant. — Citoyens !... Quand il a prononcé ce mot, quand on lui a donné ce *titre*, il s'imagine que toutes les réformes sociales sont du coup réalisées, et que son règne est arrivé. Vous pouvez lui exposer des raisonnements, c'est inutile. — Citoyens !... — Vous pouvez développer devant lui des questions économiques longuement étudiées par vous et qu'il ignore, c'est inutile. — « Citoyens !... Citoyens, je suis le seul maître, et je détiens seul la vérité ; ma vérité est un dogme indiscutable. » Voilà ce que le peuple souverain vous répond, en des termes moins nets mais équivalents, si vous perdez votre temps à raisonner politique avec lui.

Le peuple ne comprend et n'estime qu'une chose : sa force à lui, dont il ne sait pas se bien servir, ou la force des autres, devant laquelle il s'incline avec une réelle satisfaction *intérieure*, quand on sait bien s'en servir contre lui.

Nous mettrons peut-être longtemps à changer cela, mais il faut y travailler, et voici comment : Il faut répandre par la parole, par la plume, et par les arts, la pensée dans ses manifestations les plus incontestablement belles ; il faut vulgariser la beauté, sans crainte de condamner en même temps avec énergie les œuvres trompeuses qui cherchent à s'imposer par des procédés et un caractère tout à fait étrangers à l'art véritable. La propagande, par la parole, des grandes idées profondément vraies exprimées par nos littérateurs et nos philosophes (idées qu'on semble surtout oublier aujourd'hui) aura sans doute l'influence la plus importante ; mais la propagande par la plume et par les arts sera, elle aussi, très efficace. Une idée juste, que le peuple n'écouterait même pas si on venait la lui exposer en lui demandant sa voix, sera acceptée par lui d'enthousiasme, et demeurera gravée dans sa mémoire avec la volonté soutenue de la faire triompher, si on la place dans le cadre d'un enseignement élevé et désintéressé. Une vérité un peu dure à entendre sera admise sans protestation si on ne cherche pas à l'imposer immédiatement pour le triomphe d'une cause. De même une critique faite avec esprit au cours d'un article littéraire portera, et sera retenue, tandis que, présentée avec autant de talent et de style au cours d'un article politique, elle arrêtera moins l'attention, elle perdra de son importance comme entachée d'intérêt personnel.

Essayer de modifier la mentalité du peuple en se plaçant sur le terrain politique est donc faire *fausse route*, même si on lui envoie des messagers appartenant à l'élite intellectuelle de la nation. Obtînt-on à un moment donné un résultat, ce qui je crois bien n'a jamais eu lieu, ce résultat serait vain, parce que forcément éphémère. La conviction politique est superficielle de sa nature, elle est fondée sur la passion, non sur la raison, elle est fugace comme la passion, elle varie avec l'intérêt du jour ; aussi n'est-ce point proprement une conviction, mais un sentiment, il faudrait presque dire une sensation, car la personne physique est souvent seule intéressée en la matière.

Comment des esprits éminents n'ont-ils pas vu clair dans le jeu politique ?

Il y a deux âges de l'illusion : celui où, jeune arrivé dans le théâtre de la vie, on croit à la sincérité des acteurs et à la réalité des décors ; celui où, après avoir vu de haut et d'un regard peu curieux, pendant des années, les comédiens et leurs artifices, on se croit, lorsqu'on descend au milieu d'eux, dans la vie réelle. — Et, à cet âge-ci, on peut devenir, ô déchéance, un Pétrone qui écrirait une préface pour louer l'œuvre de Néron.

Les collaborateurs de *l'Action Littéraire et Artistique* sont entre ces deux âges de l'illusion. Quelques-uns ont rempli, jeunes, comme tant d'autres, un rôle secondaire dans la pièce politique ; écœurés par les scènes des coulisses, ils n'ont pas voulu suivre le chemin qui conduit aux premiers rôles. — Il est regrettable que les hommes de lettres engagés aujourd'hui dans la bataille des partis n'aient pas fait comme eux, en leur jeunesse, cette salutaire expérience politique.

N'aimant lutter que le visage nu, détestant la bassesse et la perfidie, ces désillusionnés sont entrés dans notre grande Association où un jour prochain se rencontreront *tous* les hommes généreux qui, dans les lettres et dans les arts, veulent conduire à la vérité par l'idée et par la beauté.

C'est avec une légitime fierté que nous recevons des encouragements, et que nous nous entendons dire, par ceux dont l'approbation doit être la plus précieuse : *Vous suivez la bonne route.*

André DELOZE.

« Par le Foyer »

Parlant, en février dernier, du drame de M. Brieux, *Maternité*, et des réformes qui s'imposent pour remédier au mal signalé par lui, j'annonçais que notre Association s'occupait de faire dans ce sens tout ce que l'initiative privée peut entreprendre, en attendant l'œuvre législative. C'est aujourd'hui chose accomplie par la fondation de la *Ligue « Par le foyer »*.

Il appartenait aux littérateurs et aux artistes, dont les meilleurs trouvent leur source d'inspiration la plus féconde et la plus pure dans la famille, de compléter leur œuvre, en essayant de la réaliser en partie, immédiatement, dans les faits.

Le mal signalé, et qui donne naissance à tous les autres maux dont nous souffrons, c'est l'absence de foyer, ayant pour causes des raisons de convenances ou des raisons pécuniaires étrangères aux intéressés.

Il n'y a pas autre chose au fond des plaintes de tous les romanciers et auteurs dramatiques.

La maternité, ajoutent-ils justement, n'est pas entourée d'assez de sollicitude, et l'on pousse les mères à l'avortement, au suicide ou à l'infanticide, soit en considérant dans certains cas la maternité comme infamante, soit en ne permettant pas à certains parents pauvres d'élever leurs enfants (1).

(1) Au moment où paraissait notre article sur *Maternité*, les journaux nous apprenaient un nouveau fait. — Chaque jour apporte le sien. — Le parquet de Tours venait de poursuivre pour homicide par imprudence deux cultivateurs de la commune de Monthodon, le mari et la femme, qui, voyant, le 22 février dernier, leur jeune bonne prise dans la nuit des premières douleurs de l'enfantement, la mirent de suite sur une charrette pour la transporter chez ses parents, afin que leur maison ne fût pas déconsidérée, jugeaient-ils, par cet événement. Cette jeune fille accoucha pendant le trajet, mais les cahots de la charrette l'avaient blessée, et elle succomba aussitôt arrivée chez ses parents.

L'instruction a établi, paraît-il, que le séducteur de la jeune bonne était le fils de ces cultivateurs inhumains.

On considère la maternité comme infamante en dehors du mariage, et c'est à coup sûr un tort gros de conséquences inhumaines ; mais il n'est point douteux que la maternité dans le mariage est préférable et pour les enfants, et pour les parents, et pour la société. Il faut donc faciliter les mariages, et ne pas leur donner cette base qu'après tant d'autres M. Brieux a condamnée, l'intérêt pécuniaire.

Un foyer ayant pour base une affection à deux, désireuse de s'étendre, réalise le bonheur moral, est le meilleur moyen d'obtenir le bien-être matériel, et par suite l'harmonie sociale.

Par le foyer, tout est là, et le champ d'action d'une ligue qui porte ce titre est illimité, comme tout le bien qu'il y a à faire.

Notre Association se fait à bon droit un titre de gloire d'avoir su unir ainsi l'action par les idées et l'action par les faits.

L. F.

P. S. — Voir à la 3e page de la couverture les renseignements sur l'organisation de la ligue.

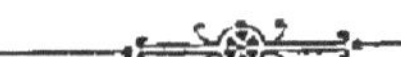

A L'ACADÉMIE FRANÇAISE

Réception de M. René BAZIN.

Séance du jeudi 28 avril 1904.

M. René Bazin est peut-être, de tous les romanciers actuels, celui dont les œuvres ont le plus cette valeur d'*action morale et sociale* en faveur de laquelle nous voulons créer un mouvement dans la littérature et dans les arts.

Nous aurons l'occasion de revenir sur ses romans ; pour aujourd'hui nous nous bornons à reproduire le passage de son discours qui fut le plus applaudi et où, avec une grande élévation de pensée, il a étudié son prédécesseur, M. Ernest Legouvé, dans son œuvre de *moraliste :*

. . . .

Mais son principal ouvrage de morale, celui qui fut, dans son temps, un livre d'avant-garde, et qui marque une date dans l'histoire des idées « féministes », c'est l'*Histoire morale des femmes*. Dans ce livre qui, avant d'être rédigé et imprimé, fut professé au Collège de France, en 1848, M. Legouvé traite ou effleure tant de questions, que vous ne serez pas surpris si je ne suis pas toujours d'accord avec lui. Je ne puis pas ne pas dire que l'érudition y rappelle un peu trop celle des dictionnaires de la conversation ; que le moyen âge y est jugé avec un parti pris romantique dont on ne souriait pas encore en 1848, et que certaines affirmations me semblent manifestement erronées. Quand M. Legouvé, par exemple, prétend — je me sers de ses propres expressions — que « dix siècles après Jésus-Christ, sous la féodalité, le monde ne concevait pas encore l'idée du mariage », je n'accepte pas cette condamnation en masse de dix siècles d'histoire, d'abord parce que l'idéal du mariage est indiqué et célébré dans des livres sacrés, dont la doctrine pénétrait et adoucissait l'âme des temps féodaux, et puis par une de ces raisons de sentiment qui me semblent souvent plus probantes que tout le reste. Il m'est impossible d'entendre rabaisser et rejeter dans la barbarie ces vieux paysans et artisans, qui furent nos pères, sans sentir en moi s'émouvoir et protester tous ces morts obscurs, premiers ouvriers de la race, auxquels la France est redevable d'avoir grandi, et qui n'avaient sans doute ni notre langage, ni notre condition, ni toutes nos aspirations, mais qui avaient les mêmes tendresses familiales, la même foi, la plupart des mêmes souffrances, c'est-à-dire presque tout ce qui fait les mêmes âmes. De même, après qu'il a écrit que le mariage à Rome périssait par le divorce, au temps où le christianisme parut, après qu'il a exalté l'indissolubilité du mariage, lorsque M. Legouvé, tout aussitôt, se prononce en faveur du divorce, je ne suis pas tenu d'admirer la logique d'un esprit d'habitude plus conséquent avec lui-même. Un peu plus loin, lorsqu'il met comme condition d'une législation sur le divorce, que celui-ci sera « enfermé dans des règles sévères », c'est-à-dire limité dans ses cas, je ne puis m'empêcher de trouver cette condition bien illusoire, puisque toute volonté qui s'emprisonne elle-même sera tentée de se délivrer, et le fera sans aucun doute, si elle se croit souveraine.

Voilà donc des idées — il y en a d'autres — que ma raison ne saurait approuver. Sur d'autres points, au contraire, je me retrouve avec lui. Je ne proteste pas, s'il s'agit de demander que la femme mariée soit moins lourdement protégée par la loi, qu'elle ait plus de droits sur sa fortune, qu'elle puisse conserver pour elle et pour ses enfants le salaire qu'elle a gagné ; je suis avec lui quand il réclame, pour la femme, l'accès à un certain nombre de carrières, qui s'ouvrent peu à peu, d'ailleurs, et lentement devant elle. Je reconnais l'auteur de *Bataille de dames* et de *Louise de Lignerolles*, dans ce respect mêlé d'enthousiasme qui inspire l'ouvrage. Et j'imagine que lorsque M. Legouvé, tout à la fin de sa carrière, accepta d'aller faire quelques visites et quelques causeries, chaque printemps, à l'école normale de Sèvres, ses toutes jeunes élèves furent surprises et touchées de ce qu'il y avait de singulièrement respectueux pour elles, et de courtoisie non frelatée, et d'honnêteté vraie, toute pleine d'hommage, dans l'enseignement de ce vieux maître, qui ne faisait que répéter pour elles et approprier à leur usage quelques-unes des idées émises dans l'*Histoire morale des femmes*. Enfin, presque à chaque page de ce livre écrit dans la jeunesse de l'auteur, je rencontre affirmé, commenté, le plus sincère libéralisme et je puis dire le plus ferme, puisque les derniers livres de l'écrivain témoignent de cette fidélité. Son libéralisme consistait à réclamer la liberté pour lui-même et pour les autres. Car il faut bien définir aujourd'hui les termes les plus clairs. Les subtils raisonneurs ne manquent pas qui prétendent enlever la liberté des autres pour la leur rendre plus tard, en meilleur état. M. Legouvé laissait à chacun la sienne. Et il faut ajouter, à son honneur, qu'il

*

n'a pas été seulement libéral en théorie. La vie lui a offert, plus
d'une fois, l'occasion de prouver que, s'il tenait a sa propre liberté,
il ne se passionnait pas moins pour celle des autres. Lui, républicain de vieille date, il protesta, en 1886, contre la décision qui ex-
pulsait de France un prince français, son confrère à l'Académie, et,
ses soixante-dix-neuf ans ayant gardé la bonne santé morale qu'il
faut pour s'indigner, il écrivit un billet où jugeant cette mesure de
proscription, il disait : « J'en gémis comme républicain, j'en rougis
comme citoyen, j'en souffre comme confrère... » Et, plus tard, nul
ne s'employa plus activement, plus persévéramment, plus utilement
que lui, pour faire rouvrir les portes de la patrie au prince, dont la
réponse est entre vos mains et s'appelle Chantilly. En 1895, il récla-
mait, par une lettre rendue publique, contre la suppression, dans les
programmes des lycées de jeunes filles, de l'enseignement de l'histoire sainte. Plus récemment, il envoyait son adhésion, longuement
motivée, à la ligue de la liberté d'enseignement. Après avoir rappelé que toutes les libertés se tiennent: « Quant à votre œuvre,
écrivait-il, c'est dans l'intérêt même de l'Université que j'en désire le
succès... L'Université voit se poser devant elle les questions les plus
difficiles... Pour les résoudre, elle n'aura pas trop de toutes les expériences qui se feront autour d'elle. Les institutions religieuses lui
seront plus utiles qu'aucune autre, en la forçant à rendre la place qui
est due à l'idée de Dieu dans l'éducation. » Dans le même temps il
se préoccupait du sort réservé aux religieuses d'une école de village
à laquelle il s'intéressait ; il gémissait de voir ces saintes femmes
menacées dans leur vocation, dans leur œuvre, dans l'idéal de leur
vie, il ne croyait pas qu'on pût en venir jusqu'à fermer l'école; cependant cette pensée le troublait, et lui qui avait vu tant de choses,
il allait répétant : « Je ne comprends plus ! Je ne comprends
plus ! ». . . . .

Dans notre prochain numéro nous reproduirons une partie du discours de M. Brunetière, discours qui comptera
parmi les plus beaux qu'il ait prononcés, et où il a indiqué
avec éloquence et netteté ce que doivent être le *naturalisme*
et le *roman social*.

LES DEUX SALONS

Société des Artistes français (cent vingt-deuxième exposition)
Société nationale des Beaux-Arts (quatorzième exposition)

IMPRESSION GÉNÉRALE

Le royaume d'Hadès aux Champs-Elysées.

Un signe des temps : l'affluence des portraits.

Quand on a passé quelques journées dans l'un et l'autre des Salons des Champs-Elysées, on a vraiment l'impression de sortir d'un lieu infernal où, pendant de longues heures, des milliers de regards stupides (ceux des portraits) ont souri devant votre supplice. Quand on a parcouru, une matinée et une après-midi entières, les interminables galeries, il semble que les 3,167 toiles et les 1.075 statues s'animent autour de vous, et l'on se croit poursuivi par les Erinnyes. « Marche ! Marche ! dit Alecto, qui ne laisse point de relâche. Marche ! Encore de nombreux stades à parcourir, tu quittes seulement l'entrée de ce séjour cher à Erèbe, fils du Chaos. »

Enfin, le lecteur vous apparaît bientôt, non point sous l'image de Cerbère qui empêche les méchants de fuir, mais sous les traits du bon juge Minos qui vous dit : « Va ! Ceux qui comme toi recherchent la Beauté pour la faire connaître à leurs semblables et la trouvent si rare, après une route si longue, méritent les Champs Elyséens. »

Je suis donc resté le moins de temps possible dans l'immense Grand Palais ; mais la hâte de voir, sous les arbres de l'Avenue, les tableaux charmants (qui valent trois mille toiles du Salon) formés par les enfants, ne m'a pas empêché de remarquer les œuvres de talent, à la *Société Nationale* comme à la *Société des Artistes français*. Ces œuvres sont peu nombreuses, et il semble que la jalousie mesquine des membres des deux jurys ait voulu les noyer dans le flot des médiocrités. L'intérêt est bien l'ennemi de l'Art ; mais aujourd'hui plus que jamais il le dirige et l'inspire. C'est lui qui nous vaut pareille affluence de *portraits*.

Le goût artistique des gens qui peuvent orner leur maison de tableaux se borne aujourd'hui à la contemplation de leur tête ! Et nos malheureux artistes ne peuvent vivre qu'en faisant des portraits ! On ne s'occupe point d'encourager chez eux l'initiative artistique en leur achetant des œuvres dont la composition dénote un talent original. Non. On s'occupe seulement de savoir si un peintre ou un sculpteur a des chances de faire admettre au Salon un portrait ou un buste, et on lui fait faire le sien.

Un portrait, s'il est toujours intéressant pour le modèle, et assez souvent pour sa famille, l'est bien rarement pour le public. Le public ne s'intéresse naturellement qu'à un portrait de personnage très connu, ou à un portrait d'inconnu qui, par le talent du peintre, éveille une *idée*, idée contenue dans la personne même, par son expression de physionomie, ou en dehors d'elle. Voilà ce qui, la question de métier restant entière, devrait décider un jury pour l'acceptation d'un portrait dans une exposition publique.

Et j'irai loin dans cette théorie ; j'avoue que je préfère à bien d'autres certain portrait de M. Boldini qu'on a appelé œuvre folle et malade. Ce portrait, dans l'esprit de tous ceux qui le verront, éveillera une idée; il ne représente pas une personne particulière, mais un type de femme, bien connu ; c'est quelque chose.

Quant aux portraits de gens célèbres, le public ne les aime que si le modèle a une valeur intellectuelle et morale. C'est pourquoi le portrait équestre de Léopold II, roi des Belges, par M. Abry, ne lui a pas plu. En revanche, tout le monde a justement admiré la très belle toile de M. Gabriel Ferrier, le portrait de Sa Sainteté le Pape Pie X, où la douce mélancolie et l'infinie bonté du regard évoquent l'image d'un père plus que d'un chef, d'un père chargé de demander à Dieu sa clémence pour les fautes des hommes.

Mais hâtons-nous de rechercher, aux deux Salons, ce qu'on trouve dans bien peu de portraits :

L'Art

Dès l'entrée du Salon de la *Nationale*, au centre du hall de la sculpture, l'orgueil d'un bronze qui veut être remarqué se dresse. C'est un homme nu, fortement musclé, un athlète à coup sûr. Triste, il mord son poing, et appuie son coude *droit* sur son genou *gauche*, pose particulièrement fatigante.

C'est un athlète battu qui s'en montre inconsolable. Ce peut être aussi Adam après sa faute... — Non, c'est *le Penseur* de Rodin. M. Rodin fait bien de nous donner ce renseignement, car nous n'avons jamais vu de penseur dans cette attitude. Ne suivant pas le mot d'ordre des snobs, nous ne nous extasions pas.

Derrière cet athlète nu, sur un socle moins élevé, et moins à la place d'honneur, se trouve un autre bronze, *le Mineur* de Constantin Meunier. Un genou à terre, son outil au repos à côté de lui, le menton dans sa main, ce mineur réfléchit, et le public sera d'avis que c'est lui *le Penseur*.

(*A suivre.*)

A. DE MAUPERTUIS.

———·✂·———

A propos de « l'Esbroufe »

Le journalisme et le chantage. — Le journal à un sou.

M. Abel Hermant a entrepris une tâche bien difficile et délicate dans l'*Esbroufe* ; il a voulu peindre, non pas l'esbroufeur qui fait étalage de grands airs, mais plutôt *le voleur à l'esbroufe mondain*, celui qui vous oblige à lui donner votre bourse, sans que presque vous vous en aperceviez, en vous bousculant par ses paroles ; et comme ce sont les journalistes qui ont le plus de faconde, d'audace et d'influence, c'est un *esbroufeur* journaliste que M. Hermant nous a présenté.

Etienne Belgrand (tel est son nom), se trouvant dans une petite ville d'Allemagne où doivent avoir lieu de grandes représentations théâtrales, à Brenz, — (ce pourrait être à Bayreuth), — s'y est endetté, comme partout où il passe, y a mené sa vie habituelle de fêtard, et attend pour pouvoir partir que le directeur de son journal, ayant besoin de son rédacteur le plus redouté, se soit décidé à envoyer les fonds nécessaires pour le «dégager» , selon son expression.

L'argent arrive, en effet, et le journaliste part pour **Paris** ; mais il ne part pas seul ; Mme **Richter**, la femme du directeur du théâtre, pour laquelle il est « l'homme nouveau avec qui elle veut renaître et grandir », l'accompagne. « Je vous aiderai, et je vous garantis que vous deviendrez quelque chose », dit-elle. — « Ma vie est faite !... Ma vie est faite !... » s'écrie Belgrand.

Cette femme ambitieuse et intrigante va être en effet pour lui une aide précieuse dans sa vie d'aventurier ; dès que nous la revoyons, à Paris, dans leur luxueux appartement de la Chaussée d'Antin, nous apprenons qu'elle revient de chez un ami à qui elle s'est adressée pour un prêt d'argent, — sans résultat du reste. Son mari lui-même, il est vrai, n'a pas été plus heureux auprès d'un vieil usurier qui trouve lui avoir déjà trop prêté, et ne lui a donné... que le conseil de se séparer de sa femme (Belgrand le raconte cyniquement à celle-ci) et d'en épouser une autre très riche. Mais un de ses confrères lui montrant quatre billets de mille qu'il vient de toucher, *l'esbroufeur* les lui chipe. « Ce n'est que pour quinze heures, dit-il, pas une de plus. » Inutile d'ajouter que les quinze heures passées, le remboursement n'a point lieu, et l'emprunteur déclare impudemment à son prêteur qu'il ne le paiera jamais.

Notre journaliste a un projet : il veut mettre à un sou le journal *Le Raffut* ; et le fondateur du journal, pourtant fils de coulissier (notez, chemin faisant, toutes les observations vraies), reconnaît que son rédacteur Belgrand trouvera plus facilement que lui les sept à huit cent mille francs nécessaires pour réaliser ce projet. Le journal à un sou, c'est une force considérable de plus ; le nombre des lecteurs augmentant, l'influence s'accroît, et le chantage est possible sur une bien plus grande échelle.

Depuis quelque temps Belgrand attaque tous les matins dans son journal le très riche Lambercier, mais « à la blague », parce que cela fait bien dans un journal d'attaquer les grosses fortunes, et aussi un peu parce que Lambercier a offert à l'ancienne maîtresse du publiciste la « position sérieuse » que celui-ci ne pouvait lui donner. Or voilà que le directeur du *Raffut* lui apporte les éléments d'une vraie campagne : Lambercier père était sur le point de céder à l'Etat, quand il a été surpris par la mort, un canal construit par lui, dont les bénéfices venaient d'être réduits à zéro par le chemin de fer, et « on recommence à parler dans les couloirs de la Chambre de l'éventualité d'un rachat ».

Voilà belle matière à des articles contre Lambercier fils. Mais précisément celui-ci supplie Belgrand de cesser les articles qu'il dirige chaque jour contre lui. Qu'à cela ne tienne, le journaliste soutiendra alors le rachat par l'Etat, affaire où il y a seize millions à gagner ; il obtiendra le vote des Chambres parce qu'il a auprès d'elles, grâce à ses nombreux *renseignements*, « le genre d'influence qui convient », et Lambercier ne sera plus attaqué parce qu'il aura un journal à lui : « Vous deviendrez sacré dès qu'on saura que vous avez un « journal à vous. — J'aurai un journal !... Quel journal ? — Le « mien, grosse bête ! — Il n'est pas à vous ! Il n'est pas à vendre ! « —Un journal n'est jamais à vendre. Mais nous avons décidé de « transformer *Le Raffut* : nous le mettons à un sou, avant six « mois nous aurons le plus fort tirage et la plus grosse influence « de Paris. Tout est prêt. Je me suis chargé de trouver les fonds « nécessaires pour l'augmentation du capital, j'ai des pro- « messes... — Refusez-les ; je ferai la somme à moi tout « seul. » (*Acte II, scène* xii.)

Tout devrait donc aller ainsi très bien ; mais Lambercier ayant appris que Belgrand venait de lui prendre sa maîtresse, dépose une plainte contre lui en escroquerie par promesse de corruption de députés. Voilà cette fois, pensez-vous, le journaliste pris dans ses propres filets. Que non pas ! Il a des lettres de Lambercier prouvant que celui-ci lui a remis de l'argent dans un but de corruption et est par conséquent son complice. Lambercier n'a donc qu'à retirer sa plainte, s'il ne veut pas être poursuivi lui aussi.

Naturellement il consent à ce retrait. Oui, mais ce n'est pas suffisant. « Vous comprenez, dit Belgrand ; ce qui vient de se passer ne doit plus être possible. Je ne veux plus, je ne veux plus être à la merci d'un hasard, dépendre d'un caprice de vous ou de Raffut. On ne peut pas travailler comme ça. Il me faut la sécurité. Il me faut le journal à moi. Il est à vous, je vous l'achète... Oui, mon petit, je vous achète vos quatorze cents actions... et même je vous les paie... je vous les paie avec vos lettres... C'est dit ? — Il faut bien ! »

Ainsi finit cette comédie, alerte et spirituelle, d'un dialogue facile et vivant. C'est une pièce *courageuse*, courageuse jusqu'en son dénouement immoral mais conforme à la réalité, le journaliste étant aujourd'hui devenu si puissant que son chantage échappe même à la répression de la justice.

A un moment Belgrand dit à Lambercier : « Vous disposez

de la seule force réelle : l'argent ; moi de la plus impondérable et la plus chimérique, la parole, l'écriture, un peu de papier, d'encre, et l'opinion. Et pourtant c'est la chimère qui tient en échec la réalité. Des deux c'est moi qui suis le maître et qui vous en ferai passer par où je veux. » Voilà le fond de la pièce et son résumé.

Il manquait à notre littérature, gardienne des types de chaque époque, le portrait du journaliste *esbroufeur* : M. Abel Hermant nous l'a donné, et il faut l'en remercier, tout en regrettant que sa comédie n'ait eu que peu de représentations et par suite, sans doute, assez peu d'influence. Les causes de ce demi-succès sont multiples. Le choix du théâtre du Vaudeville en est peut-être une, mais il en existe d'autres plus profondes : la pièce manque un peu d'action scénique, le mouvement est plus dans les consciences que sur la scène, surtout aux 2e et 3e actes qui sont toute *l'Esbroufe* ; il y manque aussi, et surtout, ce souffle constant d'une grande passion qui anime une pièce et la fait vivre.

Espérons que bientôt une nouvelle œuvre (car le sujet est inépuisable) flétrira avec plus de force ces journalistes tarés qui sont devenus les despotes du jour, et aux articles desquels le public, même instruit, accorde malheureusement du poids, bien que trop souvent ces articles soient dictés par l'unique intérêt personnel et par les sentiments les plus bas demeurés au fond de l'être humain.

LEREL.

Beware of... journalists

« Que vaut la presse quotidienne française ? »

A côté du *Beware of pickpockets* il serait bon, — M. Hermant nous le prouve par *l'Esbroufe*, — d'afficher sur nos murs *Beware of journalists*. Mais en laissant de côté les journalistes esbroufeurs, qui sont encore peu nombreux, heureusement, *que vaut la presse quotidienne française ?* La *Revue hebdomadaire* du 7 juin 1902 a publié sous ce titre une étude très intéressante et très documentée que nous recommandons à nos lecteurs en regrettant d'en pouvoir seulement citer quelques extraits.

« Il est évident, dit l'auteur, M. Henri de Noussanne, que le journalisme n'offre pas des garanties de la nature de celles qu'on trouve dans l'organisation de la plupart des autres professions libérales. Aucune autorité universitaire ne lui confère un brevet spécial ; aucune investiture ne lui vient d'élections, à quelque degré que ce soit. Il n'est pas non plus constitué en une compagnie pourvue d'un règlement professionnel, comme les avocats, par exemple. On n'exige de ses membres aucun serment.

« Pourtant le journaliste est investi, par la force des habitudes et des mœurs, d'un pouvoir qui agit sur les manifestations de la vie publique. Il requiert ou plaide dans toutes les causes : il prononce même des jugements. Il discute les lois, intervient dans les questions professionnelles, influe sur les affaires commerciales, aussi bien que sur les rapports du pays avec les autres nations. L'ordre public et la paix se trouvent sous la sauvegarde de sa modération, plutôt que sous la protection des forces de la police et de l'armée.

« Il semble, dès lors, que des garanties personnelles devraient être requises pour l'exercice de cette profession si haute — théoriquement — et qui dispose d'une puissance directe sur l'opinion publique, source génératrice des impulsions auxquelles sont tenus d'obéir les pouvoirs de l'Etat.

« On voudrait qu'à défaut de mesures de prévoyance sociale, impossibles à concevoir sans une atteinte grave à la liberté d'opinion, le journalisme, par lui-même, présentât le caractère corporatif bien défini qui lui fait évidemment défaut et devînt ainsi réellement responsable, vis-à-vis de la société, des admissions sans contrôle d'aptitude et des fautes professionnelles qu'un corps de cette importance pourrait, sinon prévenir, du moins réprimer par l'exclusion, s'il possédait une organisation effective.

« Nous sommes, en vérité, bien loin de cela.

« Nullement préparés à l'exercice de la profession qu'ils embrassent, le plus souvent d'une façon temporaire, pour se créer un tremplin duquel ils s'élanceront vers telle ou telle position sociale convoitée par eux, les journalistes, à l'exception de quelques personnalités connues et d'un certain nombre de consciencieux ouvriers des besognes secondaires, n'ont et ne peuvent avoir qu'un médiocre souci de la dignité professionnelle.

« On fait aujourd'hui du journalisme bien plus qu'on ne se fait journaliste.

« Dans les conditions d'irresponsabilité collective où elle se meut, la presse devient un instrument banal, dont chacun cherche à s'emparer pour « travailler » l'opinion publique et l'amener à des fins qui ne sont pas toujours d'un ordre de pensées élevé ni d'une utilité sociale certaine.

« Les groupes ou les personnalités politiques ne sont pas seuls à user de l'influence du journal quotidien sur le public.

« Nous y voyons triompher des financiers ou des brasseurs d'affaires, directement intéressés à maintenir certaines publications dans un esprit conforme à leurs intérêts particuliers. Ces « hommes de presse » sont uniquement préoccupés de tirer parti des circonstances pour faire argent de l'intervention du journal dans les questions d'ordre économique ou autres, et ne s'embarrassent pas du choix des moyens.

« Que devient, dans ces conditions, la mission d'éducation populaire qui constitue le plus beau titre d'une presse, réellement maîtresse de ses actes et consciente de ses devoirs, à l'estime des honnêtes gens ? »

L'auteur établit alors, pour les vingt principaux journaux quotidiens, une statistique minutieuse basée sur le nombre de lignes consacrées par chacun d'eux aux différentes matières. Il démontre ainsi que ce sont les informations intérieures, les faits divers et la littérature inutile, qui tiennent le plus de place dans les journaux. Le nombre de lignes consacré chaque jour à la littérature utile et aux *arts* (en comprenant dans les arts « les œuvres purement artistiques, même très libres, mais où il est évident que l'auteur s'est efforcé vers la Beauté »), est inférieur de plus de moitié au nombre de lignes consacré à la littérature inutile. Les *sciences* et la *politique extérieure* viennent APRÈS les *crimes*, les *spectacles*, les *accidents*.

Et l'excellence de la qualité des matières ne compense pas la médiocrité du dosage. La plupart des journaux « s'épuisent fâcheusement en exagérations de toute sorte : exagérations de papier, exagérations de mots. Ils veulent, coûte que coûte, étonner le lecteur par six ou huit pages vendues cinq centimes, c'est-à-dire trois centimes nets, et qui reviennent à plus du double, au moins tant que la publicité, trop chère ou trop rare, ne compense pas la fabrication coûteuse ; ou bien le magnétiser par quatre pages seulement, mais dont trois sont étourdissantes de violences irraisonnées. Dans l'un et l'autre cas, il y a bluff, et le public s'en doute : il est de plus en plus rétif à l'appât du papier, et de moins en moins emballé par le ton des diatribes. »

. . . .

« Tout cela dit, il faut conclure avec Balzac :

« ... *Le journal*, a-t-il écrit, — et ce n'est pas d'hier ! — *au lieu d'être un sacerdoce, est devenu un moyen pour les partis ; de moyen il s'est fait commerce et, comme tous les commerces, il est sans foi ni loi. Tout journal est une boutique où l'on vend au public des paroles de la couleur dont il les veut. S'il existait un journal de bossus, il prouverait soir et matin la beauté, la bonté, la nécessité des bossus. Un journal n'est plus fait pour éclairer, mais pour flatter les opinions. Aussi, tous les journaux seront dans un temps donné lâches, hypocrites, infâmes, menteurs, assassins. Ils tueront les idées, les systèmes, les hommes, et fleuriront par cela même. Ils auront le bénéfice de tous les êtres de raison : le mal sera fait sans que personne soit coupable. »*

« Cela est juste, sauf la fin : il y a un coupable, et c'est à lui qu'il convient de s'en prendre.

« La presse française est au-dessous de sa tâche et ne sert pas les véritables intérêts du pays, faute d'une organisation corporative dont le gouvernement qui lui a donné la liberté devait être le premier promoteur. La République a eu le tort de ne pas comprendre qu'en libérant la presse pour en faire un « quatrième pouvoir » dans l'Etat, le journalisme, qui était auparavant une industrie privée, administrée par un petit nombre de particuliers, surveillés et responsables, devenait une institution d'utilité publique dont le gouvernement endossait la responsabilité. Cette institution est même la plus importante de toutes. A l'exemple des autres institutions publiques, elle ne peut prospérer dans la nation et coopérer à sa grandeur qu'en étant organisée de telle façon que ses libertés et ses droits se concilient avec les nécessités sociales.

« Elle est, par excellence, l'enseignement du plus grand nombre. Ce qui concerne l'enseignement est soumis, même à l'excès, au contrôle ou, à tout le moins, à l'influence régulatrice du pouvoir gouvernemental. La presse seule y échappe ! Là est le mal.

« Sans toucher aucunement à son droit de tout penser et de tout dire, au risque, pour elle, s'il y a excès, d'en répondre devant les tribunaux, la presse devait être l'objet de la sollicitude gouvernementale, et son rôle dans l'Etat méritait des soins et des égards dont on chercherait trace en vain dans toutes les déclamations faites, depuis trente ans, au Parlement français, sur la mission des journaux et la liberté qu'elle nécessite pour que le peuple soit vraiment éclairé.

« Les gouvernements qui se sont succédé aux affaires se sont toujours ravalés vis-à-vis de la presse au rang de simples partis. Durant le temps qu'ils restaient au pouvoir, ils ont eu pour eux, selon leur nuance, un certain nombre de feuilles. Ils n'en ont pas demandé plus. Leur influence sur les journaux s'est bornée à obtenir de quelques-uns, à prix d'argent ou de faveurs, des articles propres à vanter une politique éphémère, à soutenir des hommes passagers et des opinions momentanées. Hors de cela, rien, ou presque. De la part du pouvoir, nul souci, ni moyen du reste, d'appuyer méthodiquement dans la presse, et d'une manière générale et continue, une grande idée ou une grande entreprise d'intérêt national ; aucune conscience de l'attitude à prendre et à garder au-dessus des journaux, amis ou ennemis, aucune idée d'ensemble sur les conditions d'existence du journalisme, la nécessité d'améliorer, de moraliser, d'élever, d'enrichir cette institution publique ; de l'employer suivant un plan supérieur, accepté librement par elle, à l'unification et à l'apaisement des partis, à l'accroissement de la force et de la fortune industrielle et commerciale de l'État, tant en France qu'aux colonies.

« Où est l'homme politique arrivé au pouvoir et qui, réunissant les journalistes, aussi bien ses adversaires que ses partisans, leur a dit un jour ceci :

« Vous êtes tout, et vous n'êtes rien. Vous êtes tout par le bruit, par le nombre, et rien par l'efficacité et l'utilité de la besogne. Vous êtes épars ici et là, syndiqués par petits groupes, d'une manière plus apparente que réelle, d'où rien ne sort d'efficace. Aucune association solide, d'autant plus forte que vous seriez plus nombreux, ne vous tient rassemblés et unis ainsi que vous devriez l'être. Vous avez vingt chapelles et pas une église, vingt cultes et pas une religion. Voilà pourquoi la presse est livrée aux aventures et ouverte aux aventuriers ; voilà pourquoi le mensonge, l'exagération, l'injure, l'ignorance, la sottise, s'étalent chaque jour dans ses colonnes. Vous êtes la voix de la France ; vous devriez penser avant de parler et employer d'abord la liberté qui vous est donnée à faire de votre métier le plus enviable des métiers, celui qui honore un homme et dont un homme s'honore. Il est au contraire discrédité, déconsidéré.

« Mettez au-dessus des rivalités de boutique l'intérêt de votre corporation, et sachez monter pour voir de haut et loin. Le gouvernement vous aidera de toutes ses forces, sans distinction de partis. Vous allez fondre vos divers groupements, sans action et sans portée, en une association unique, qui tiendra à la fois de l'Ordre des avocats, de la Société des gens de lettres et de l'Association des auteurs dramatiques. Vous ferez vous-mêmes votre police dans la corporation ; elle sera régie par des statuts et des règlements que vous aurez vous-mêmes élaborés, discutés et acceptés. L'État ajoutera aux fonds que vous possédez déjà ce qui sera nécessaire pour que vous soyez riches, en tant qu'association, très riches, le plus riches possible. C'est ainsi seulement que vous constituerez un groupement honnête, sage et soucieux de la chose publique. Nous n'appellerons « journalistes » que ceux qui se soumettront à vos statuts. Un comité de direction élu par vous sera, en droit, la juridiction de premier degré qui connaîtra de toutes les affaires de presse, commerciales et autres. C'est lui qui sera, en votre nom, en rapports constants avec le pouvoir, et qui en recevra des renseignements, des avis, des conseils, utiles parfois aux affaires extérieures et intérieures de la France. Votre comité vous les communiquera de la façon qu'il jugera la meilleure pour vous et pour le pays... Nous verrons alors si, dans son ensemble, la presse française reste inconsciente de ses devoirs et de sa mission, dépourvue d'esprit commercial et pratique, empoisonnée d'une littérature inférieure qui fausse l'âme nationale, la jette dans un sentimentalisme puéril ou dans une excitation érotique maladive, au grand dommage du bon sens... »

« ... Mais ce discours, aucun homme d'Etat ne l'a fait et aucun sans doute ne le fera jamais. »

La presse est en effet trop puissante pour qu'un homme d'Etat se risque à restreindre sa *licence*, qu'elle défend tapageusement en parlant bien haut de sa *liberté*.

Il faut donc que nous apprenions aux lecteurs comment discerner le vrai du faux dans les articles de polémique, il faut que nous les habituions à n'accepter comme vrai que ce qui est établi par des *documents* contrôlés, et à prendre par suite toujours, en lisant leur journal, les fortes lunettes du scepticisme.

La presse quotidienne et la diffusion des idées. (L'*Action française* du 15 avril). — Voici comment le Dr F. Boé apprécie dans *l'Action française* le rôle de la presse quotidienne à propos de l'un des graves problèmes qu'on agite sans cesse à l'heure actuelle, celui de la décentralisation :

«... La presse de province est infiniment plus positive que celle de Paris ; elle peut, avec le concours des médecins de campagne, servir à propager les idées de décentralisation.

« En fait elle ne les propage guère, à l'heure présente ; elle obéit encore à l'impulsion de celle de Paris.

« Il faut penser que la presse en général, aussi bien celle de province que celle de Paris, compte dans son sein beaucoup de littérateurs creux qui n'auraient rien à dire s'ils n'agitaient pas des questions métaphysiques insolubles ou ne s'occupaient pas de petites personnalités parlementaires.

« Il est incontestable que les journaux ont affaibli l'intelligence française. « Nous savons, disait Balzac, que les journaux détruiront nos intelligences à vendre tous les matins leur trois-six cérébral, mais nous y courons tous comme des gens qui exploitent une mine de vif-argent en sachant qu'ils en mourront. »

Roman et Comédie

LE MANNEQUIN D'OSIER

Un des plus curieux événements qui aura marqué le début de cette année dans le monde du théâtre, c'est le froid accueil qu'a reçu à la RENAISSANCE le *Mannequin d'osier*. Transporté du roman d'Anatole France sur la scène, M. Bergeret, le célèbre professeur, a perdu sa popularité. Pour qui veut réfléchir, cependant, cet échec n'a rien qui surprenne. Les admirateurs fervents d'Anatole France avaient suivi avec inquiétude l'émigration d'une de ses créatures les plus originales. Aujourd'hui, Dieu merci, l'exil est fini. M. Bergeret est redevenu lui-même. Il a repris sa place derrière le *Vergilius Nauticus*, le terne et inévitable ouvrage, dérivatif pour ses ennuis, prétexte pour ses rêveries. S'il pouvait de là nous conter les impressions que lui a laissées sa folle équipée sur la rampe, si peu faite pour son caractère !...

Peut-être, en docte universitaire, et par déférence courtoise pour les arguments traditionnels, nous rappellerait-il d'abord que chaque genre littéraire a son domaine propre et ses lois. Vouloir qu'une seule et même œuvre ait à la fois plusieurs patries, c'est folie. La jeunesse seule peut avoir l'illusion de croire que dans le principe de beauté souveraine les frontières s'effacent entre les catégories de l'art. La vérité c'est qu'elles sont vieilles comme le monde, que le rythme de la prose et celui des vers sont pour nous deux choses distinctes, que nous ne confondons pas le mouvement lyrique avec l'action dramatique, un roman avec une comédie.

Sans doute, avec le temps, les genres se pénètrent et s'influencent. M. Bergeret le sait. Il le savait avant qu'un de ses collègues, combattif et doctrinaire, eût écrit un ouvrage sur « l'évolution des genres » et oublié de lui en faire hommage. Mais il reste qu'entre deux genres différents, des différences essentielles persistent.

Le public l'entend ainsi. Et comme, en dernier ressort, la valeur d'une œuvre d'art ne se sépare pas du sentiment qu'il éprouve en face d'elle, c'est courir d'avance à un échec que de lui présenter un jour un roman pour lui dire le lendemain que ce peut être tout aussi bien une comédie.

Au fond, n'est-ce pas la vérité même ? Pour nous en tenir au cas qui nous occupe, le bon sens du public a mille fois raison. Rien, en effet, ou presque rien de ce qui fait vraiment la personnalité de Bergeret ne pouvait passer sur la scène. Rappelons-nous le personnage. Sans doute sa timidité, ou plutôt son indifférence pour l'action, lui inspirent quelques gestes gauches, sont cause pour lui de quelques bévues qui ont pu faire la matière de quelques scènes comiques intéressantes, mais en somme un peu banales. Ce qui, dans le roman, les rend beaucoup plus piquantes, c'est que, par mille menus détails, l'attention est attirée avec force sur ce fait singulier que ces maladresses et ces déboires arrivent à un homme qui précisément a l'œil et la réflexion sans cesse en éveil. Autour de lui rien ne lui échappe, ni la grimace moqueuse d'un gamin de la rue, ni le regard sérieux de son chien Riquet ; il en tire toute une philosophie : c'est ce qui rend si amusants son aveuglement sur le compte de son élève, M. Roux, et sa surprise devant la trahison finale.

Ce qui est comique dans son impuissance à coordonner deux actions utiles, après en avoir délibéré, c'est la hardiesse et la virtuosité dont il fait preuve, au contraire, quand il s'agit de dérouler ses déductions. Il se dérobe devant les obstacles qu'il rencontre sur sa route ; mais les objections théoriques l'enchantent, elles donnent des ailes à son imagination et, à son esprit. — Autant de matière très riche pour un romancier psychologue, pauvre pour un auteur comique.

De plus, ce qu'il y a de très particulier dans le cas de Bergeret, ce qui en fait un caractère original, devait fatalement échapper aux prises de la comédie. Cet écart qui existe entre son incapacité pratique et son activité intellectuelle est en somme assez répandu. Mais Bergeret, lui, en a une conscience des plus nettes. Après en avoir pris son parti, il en a conçu une sorte de sérénité socratique, celle de l'homme qui sait du moins une chose, c'est qu'il n'est bon à rien, et qu'autour de lui on ne vaut guère mieux. De là cette indulgence universelle, dont il ne s'excepte pas d'ailleurs ; de là cette aisance ironique à faire le tour des idées des autres et des siennes propres, avec, de temps en temps, une pointe de mélancolie à l'idée qu'il se livre à un jeu à la fois si brillant et si inutile. Indulgence, ironie, mélancolie fugitive, autant de nuances qui se fondent à tout instant dans l'âme de Bergeret et lui donnent son air original. Or, cela est intraduisible au théâtre. Il faut, en effet, que le théâtre simplifie les situations et les caractères pour les rendre nettement intelligibles, il faut qu'il accentue certains effets pour les mettre en relief, tandis que l'âme de Bergeret a précisément pour trait essentiel d'être complexe et nuancée à l'excès. On sait comment Anatole France s'en est tiré dans son roman. Que son personnage parle avec les autres ou avec lui-même, tout autour de lui n'est que prétexte à ses réflexions et à ses impressions. Les unes et les autres nous sont présentées sous le vêtement de cette prose unique dans notre langue, légère et souple comme l'idée, changeante comme l'émotion : c'est elle surtout qui par transparence nous fait pénétrer dans l'âme de M. Bergeret. Mais quand, pour des raisons de convention scénique, il faut couper dans cette complexité et sacrifier de ces nuances, l'essence même de cette âme s'évapore aussitôt comme par enchantement.

Jules HARMANT.

AU THÉÂTRE

Une pièce pour intellectuels. « *Le Mannequin d'osier* » **et la violence humaine invincible.**

Il y a beaucoup à dire sur la très courte comédie de M. Anatole France, comédie qui porte trop la marque de son talent original et fin pour réussir auprès du gros public et des snobs. Pour celui-là elle ne dit pas assez grossièrement les choses et demande trop à l'intelligence des spectateurs ; pour ceux-ci... elle est de M. Anatole France. Je regrette, sans doute, comme tant d'autres, que l'auteur de *Thaïs* augmente parfois son encre de l'eau qui coule dans les rues, mais ce regret ne me fait point oublier son talent exquis ; or, ce talent, je le retrouve dans le *Mannequin d'osier*, en dépit de ce que prétendent ses détracteurs.

M. Bergeret (1), professeur érudit d'une Faculté des lettres (comme on sait), eut le tort, à certaine époque de sa jeunesse, de se laisser séduire par une autre beauté que celle de ses chers auteurs, par la beauté physique d'une femme, et il épousa Mme Bergeret, qui, comme presque toutes les femmes belles, est sotte et vaine.

« Que voulez-vous, dit Mme Bergeret (au déjeuner du 1er acte), eh bien oui, je suis nerveuse, je n'ai jamais pu souffrir le bruit d'un casse-noisette. Je vous en prie, mon ami, cessez de casser vos noisettes, ou je vais me trouver mal (2). » M. Bergeret se lève alors doucement sans dire un seul mot, et va dans le jardin casser ses noisettes. Mme Bergeret n'est pas néanmoins satisfaite et dit à ses filles : « Voyez, mes enfants, quel détestable caractère a votre père. Moi je prétends que dans le mariage on doit se faire des concessions réciproques... » L'ironie de ces paroles se retourne spirituellement, et avec une cruauté méritée, contre la femme sotte qui les prononce.

Mme Bergeret, naturellement, trompe son mari, et avec un des élèves que celui-ci traite avec le plus d'amitié et de confiance. Tout le monde le sait (les inscriptions des kiosques de la promenade publique en font foi) ; mais M. Bergeret, absorbé par ses travaux, ne l'aurait jamais su, si un jour, entrant dans le salon pour y prendre un livre, il ne surprenait son élève aux pieds de sa femme. Il s'arrête un instant, surpris, devant cette scène, mais il n'oublie pas le livre qu'il vient chercher, et qui mérite plus d'intérêt que de méprisables personnages. Il le met sous son bras et sort, calme.

Mais, aussitôt arrivé dans son cabinet de travail, il songe à ses filles ; et alors sa douleur ne peut être contenue, il pleure. L'homme prend la place du professeur ; lui chez qui l'esprit dominait de si haut le corps, il se laisse aller à la violence ; apercevant le mannequin d'osier sur lequel sa femme corrige ses robes, et qui lui représente soudain cette créature matérielle et vide, il le brise de ses doigts où frémit un instant la brute humaine invincible, et le jette par la fenêtre. — Cette poussée subite de brutalité, impossible à refréner, est très justement observée, et

(1) Le rôle de M. Bergeret domine la pièce au point d'effacer tous les autres, et M. Guitry l'a créé avec un art qui suffirait à rendre le personnage immortel.

(2) N'ayant pas le texte de la pièce, je cite malheureusement de mémoire, c'est-à-dire très mal. Lorsqu'il s'agit de la prose de M. France, c'est plus que jamais regrettable.

méritait d'être mise en relief par le nom de la pièce. On ne l'a pas assez remarqué.

Mais le philosophe réapparaît bientôt, et sa femme enrage quand il lui dit : « Je ne vous en veux pas, *je vous ignore* ; faites ce que vous voudrez. »

Il y a là quelque chose de nouveau au théâtre, et quelque chose qui est d'un très bel effet dramatique. Mais le public ne cesse pas d'aimer les scènes où l'on se bat et s'injurie, où l'on crie le mot divorce, les flagrants délits où l'on tire des coups de revolver. Une scène où un homme pleure sans faire se succéder des mots de lamentations, une scène ne comprenant que ces paroles, qui la terminent : « Euphémie, vous dresserez ce soir un lit de fer ici, dans mon cabinet de travail », une telle scène contient trop de beauté vraie et pas assez de mouvement pour être goûtée des spectateurs.

Nous venons de voir ce qui fait le fond de la pièce ; on peut désormais en terminer rapidement l'analyse : une séparation calme et sans scandale se produit ; M. Bergeret, nommé professeur à la Sorbonne, emmène à Paris sa fille Pauline, sérieuse et aimant aider son père dans ses travaux ; Mme Bergeret gardera avec elle sa fille aînée Juliette, légère et orgueilleuse comme elle, et la mariera avec le jeune fêtard Laclaverie. « Euphémie, vous mettrez trois couverts, demain, nous aurons un invité. » Ce sont les paroles par lesquelles Mme Bergeret salue le départ de son mari, et ce sont les paroles sur lesquelles la pièce finit.

L'observation est jusqu'au bout d'une saisissante vérité ; malheureusement les représentations n'ont pu être nombreuses, et la dernière vient d'avoir lieu.

M. Anatole France, quand il fait œuvre littéraire, écrit pour un public d'intellectuels, c'est-à-dire, au bon sens du mot, de gens très civilisés, qui ne seraient point asservis par nos goûts grossiers et nos passions. Si alors il tenait compte, comme quand il fait œuvre de polémiste, de ces goûts grossiers et de ces passions, il réussirait au théâtre.

〜〜〜〜〜〜〜

Les épouses mystiques nihilistes (« *Oiseaux de passage* »
ou **Folles de passage ?**).

Oiseaux de passage a toujours un succès très grand au théâtre Antoine. Pourquoi ? — Pièce nihiliste, me dit-on. — Que non ! — Mais si, insiste mon interlocuteur. Aujourd'hui pour réussir, au théâtre, il faut dauber sur la société. C'est l'anarchiste Grigoriew qui fait le succès de la pièce de Donnay et Descaves. — Parce qu'il est bon enfant, de belle humeur, et que son geste le plus dangereux est « le geste auguste du tapeur ». — Non, parce qu'il attaque ce qu'il est de bon ton d'appeler aujourd'hui « nos stupides préjugés ». Vous vous rappelez la scène du troisième acte où Grigoriew raille « l'allocution peu écoutée et mal sentie d'un bonhomme en écharpe », et lui substitue son allocution à lui en y joignant un geste de bénisseur. Tout est là :

« Il m'eût été doux de mépriser l'opinion publique et les formes
« légales en associant votre destinée, ma chère fille, à la destinée
« d'un gendre non pas selon le monde, mais selon mon esprit ré-
« fractaire aux décrets.

« Et c'est par n'importe quel jour comme celui-ci que, sans
« apprêts, sans cérémonie, sans cortège, non pas dans le décor banal
« d'une salle de mariage, mais ici même... dans cette pauvre
« chambre, c'est par un jour comme celui-ci que j'aurais désiré
« vous unir. Alors vous vous seriez pris simplement la main (*Vera*
« *et Julien se prennent la main*), et je vous aurais dit : « Je ne vous
« demande pas les promesses contenues dans les formules apprises
« par cœur et que le cœur oublie. Aimez-vous au-dessus des lois.
« Vivez libres, justes et bons ; que votre tendresse l'un pour l'autre
« soit le foyer d'une affection qui se répande sur tous les êtres, car
« votre famille est partout où quelqu'un appelle au secours. Souve-
« nez-vous que la terre est couverte de blessés sur lesquels personne
« ne se penche, si ce n'est, le plus souvent, pour les dévaliser.
« Allez vers eux, relevez-les et donnez-leur à boire. Vous êtes, non
« pas parmi les privilégiés, mais parmi les heureux... Faites-vous-le
« pardonner en travaillant pour ceux qui ne le sont pas. Jurez-vous
« à vous-mêmes de consacrer votre existence à diminuer le poids des
« douleurs imméritées qui écrasent le monde. Pour accomplir cette
« tâche vous êtes plus forts que vous ne pensez. Séparément vous
« pourriez déjà faire beaucoup de bien, et vous êtes deux. Je vous unis
« au nom de l'amour, parce que nul n'est censé ignorer l'amour. »

Ce sermon déclamatoire et cette bénédiction nuptiale d'un pope d'un nouveau genre (bénédiction qui a elle aussi ses rites), ne sont pas, je crois, la principale cause du succès d'*Oiseaux de passage*. Cette cause est, à mon avis, plus profonde et plus dramatique : elle réside dans la lutte entre l'affinité physique et l'affinité intellectuelle.

Vera Levanoff, fille d'un conseiller d'Etat, gagnée aux idées nihilistes, a contracté un mariage fictif avec le prince Boylowsky, propagandiste révolutionnaire, pour lui permettre, avec ses 25.000 roubles de dot, de faire évader le célèbre agitateur Grigoriew, déporté en Sibérie. Après la cérémonie du mariage, la princesse partit pour une destination inconnue, et bientôt le prince, arrêté dans une imprimerie clandestine, fut enfermé dans une forteresse, où il mourut, dit-on.

Vera est aimée de Julien, un étudiant en médecine français rencontré en Suisse, puis revu à Paris, étudiant plus attaché aux joies matérielles qu'à celles qui naissent d'une lutte pour des doctrines ; mais il s'est déclaré enthousiaste pour les idées de la jeune Russe ; Vera consent donc à l'épouser.

Soudain on apprend que le prince Boylowsky est vivant, qu'il se trouve dans les déserts glacés de la Sibérie, et alors l'épouse fictive, l'épouse intellectuelle triomphe de la fiancée de cœur. « Le sentiment qui a existé entre nous est inoubliable, dit Vera, précisément parce qu'il est pur, bien supérieur à l'amour tel que vous le concevez, instinctif et conventionnel à la fois, bassement soupçonneux, aveuglément jaloux et férocement égoïste. » Elle part dans l'espoir d'illuminer au moins les derniers instants de celui qui, malade, entre dans le froid tombeau de Srédné-Kolymsk.

C'est là qu'est tout le drame, et il est magnifique.

« Avouez donc que vous l'aimez ». s'écrie Julien, jaloux, furieux ; et Vera lui fait cette réponse, dont on n'a pas assez remarqué l'admirable simplicité et la profondeur : « Je ne savais pas que je l'aimais. »

Elle ajoute plus loin : « Vous venez de me révéler quelle différence il y a entre vous et lui, quel abîme entre vous et moi. *Nous ne nous serions jamais compris.* »

Et voilà comment une fois de plus, au théâtre, une très belle pièce a été tirée du triomphe du devoir sur la passion, et de cette forte vérité que l'union des idées est plus solide que l'union des cœurs.

Mais cela n'empêche point que l'esprit de ces étudiantes russes nihilistes soit vraiment insupportable ; au Quartier latin, où on en a connu quelques-unes, il circule certaines histoires sur leur âpreté au gain ; les *oiseaux de passage* ne sont pas souvent aimables, et, à tout prendre, je crois que MM. Donnay et Descaves auraient fait preuve de plus d'exactitude dans le titre de la pièce en choisissant le suivant : « *Folles de passage.* »

A. M.

Livres et Revues

« **Lectures de la femme.** » — Voilà sans doute les femmes bien embarrassées. Nous annoncions dans notre dernier numéro l'apparition d'une revue nouvelle : *La femme d'aujourd'hui*, qui débutait par un article de M. Marcel Prévost sur *Les lectures des jeunes filles* ; or voici qu'avril nous apporte une autre revue naissante, à laquelle nous souhaitons longue vie : *Les lectures de la femme* ; et M. Marcel Prévost nous y entretient encore de : *Nos jeunes filles*. Que choisir ? Il faut prendre les deux, bien entendu.

Notons cette fin de l'article de M. Prévost, qui nous intéresse particulièrement :

« Un autre espoir, que je place sur les jeunes têtes de nos modernes fillettes françaises, c'est qu'elles approcheront la nation de cet état d'*unité morale* si désirable. Il y a aujourd'hui deux Frances : l'une âprement conservatrice, l'autre évolutionniste jusqu'à l'imprudence. A mesure que les femmes s'intéresseront davantage au mouvement des idées, l'on peut croire qu'elles interviendront utilement pour rapprocher les extrêmes. Les femmes jouent naturellement, dans les batailles, le rôle immortel des Sabines. En France, elles arrivent dépourvues de préjugés au champ de bataille des idées : hier encore elles ne s'en occupaient pas, elles n'avaient aucune part d'influence. Demain elles interviendront, et leur intervention ne saurait être que pacificatrice. C'est d'elles qu'il faut attendre le plus puissant effort vers l'unité morale de notre cher pays. »

Mais nous oubliions de dire que *Les lectures de la femme* sont présentées par notre nouveau et inépuisable Sarcey, M. Emile Faguet, qui doit écrire, chaque semaine, à peu près la valeur d'un volume, dans divers journaux et revues.

« Le magazine, dit-il, (pourquoi diable emploie-t-il, lui aussi, cet affreux mot anglais ?) doit être une bibliothèque incessamment renouvelée. Celui-ci publiera des romans sains, moraux et vrais, et des nouvelles saines, morales, piquantes et vraies. Il ne faut pas médire du roman : il en est d'exécrables, soit par leur mauvais esprit, soit par leur platitude ; mais le roman d'un observateur pénétrant et sans parti pris est un éducateur lui aussi, et un éducateur agréable, ce qui peut-être n'est pas défendu. Par ce qu'il remplace, et par ce dont il peut détourner, on peut mesurer son utilité et trouver qu'elle n'est pas médiocre. Il remplace le commérage, et en le remplaçant il peut en détourner. »

Victor Hugo jugé par Lamartine. — L'Originalité.
— La *Revue de Paris* du 15 avril publie des lettres inédites de Lamartine à Victor Hugo qui attestent la vive amitié des deux poètes et contiennent de très intéressantes appréciations sur l'œuvre de « l'enfant sublime ».

Dès 1823 (8 juin), Lamartine écrit : « Non, mon cher Hugo, je ne vous oubliais point. Vous n'êtes pas de ce vulgaire des esprits qui ne laissent pas plus de trace que la foule dans nos rues. Vous êtes de ceux dont on aime à se souvenir dans le monde et dans la solitude ; la meilleure partie de vous-même y est avec moi... » Parlant de *Han d'Islande*, Lamartine ajoute : « Je le trouve trop terrible ; adoucissez votre palette ; l'imagination comme la lyre doit caresser l'esprit ; vous frappez trop fort... Ecrivez, mais surtout chantez ! Quand on a été nourri de l'ambroisie des vers, le vil pain de la prose ne suffit plus à l'esprit. J'en suis là ; je voudrais des vers, et toujours des vers, entraînants, ravissants, sublimes... »

Lettre du 29 décembre 1826 : « Un conseil sévère encore que je veux en ami vous répéter : ne cherchez pas l'originalité ! Puisque vous êtes né original ! laissez cela aux imitateurs. C'est leur seule ressource. Visez au simple plus qu'au sublime, et vous serez plus sublime encore. Je vous dis ces deux mots au sujet des *Ballades.* »

Lettre du 1er juillet 1832 : « Mon cher Victor, je viens de lire *Notre-Dame de Paris* ; le livre me tombe des mains. C'est une œuvre colossale, une pierre antédiluvienne. Je n'aimais ni *Han (d'Islande)* ni *Bug-Jargal*, je le confesse ; mais je ne vois rien à comparer dans notre temps à *Notre-Dame*. C'est le Shakspeare du roman, c'est l'épopée du moyen âge, c'est je ne sais quoi ; mais grand, fort, profond, immense, ténébreux comme l'édifice dont vous en avez fait le symbole. Seulement c'est immoral par le manque de Providence assez sensible ; il y a de tout dans votre temple, excepté un peu de Religion ; la Religion, ce ciel bleu de toutes les scènes morales, comme l'autre ciel est le fond de toutes les scènes pittoresques. »

La solidarité des travailleurs (*Revue des Deux-Mondes* du 15 avril). — Le sentiment de la solidarité dans l'effort et de la joie qui s'en dégage a été admirablement traduit dans une poésie de **M. Charles Guérin**, publiée dans la *Revue des Deux-Mondes*. Nous en présentons un extrait à nos lecteurs :

Le forgeron, levé dès l'étoile du jour,
A l'heure où tout encore autour de moi sommeille,
Travaille dans sa forge ouverte sur ma cour,
Ombre noire au milieu d'une vapeur vermeille.

Moi-même, le sein nu, frissonnant de fraîcheur,
Joyeux de me sentir avec l'aube renaître,
Je m'assieds à la table où m'attend mon labeur,
La tête entre les deux vantaux de la fenêtre.

Ah ! l'outil, quel qu'il soit, honore l'ouvrier !
Tandis que le marteau voltige sur l'enclume,
J'écris, et, du feuillet au cœur de l'encrier,
Mes doigts font cheminer pensivement la plume.

Le forgeron robuste, affermi sur les reins,
Se cambre en contractant les muscles de son torse.
Il bat le fer avec des gestes souverains,
Et je goûte à le voir l'ivresse de la force.

« Compagnon, nos travaux, il est vrai, sont divers ;
Pourtant, quoique le tien où j'assiste m'ignore,
Il m'instruit à pétrir sans relâche mes vers,
Et les cadence au gré de son rythme sonore. »

Ainsi dis-je, et pendant que le son du métal,
Aux strophes que j'assemble enseigne leur mesure,
La lumière gravit le ciel oriental,
Et ma vitre riante à mes côtés s'azure.

Vierge folle et Vierge sage (*Revue des Deux-Mondes* du 1er avril). — Nous entendons trop souvent médire de notre pays par l'étranger ou par nos compatriotes eux-mêmes pour que nous ne ressentions pas un certain plaisir quand parfois justice nous est rendue. M. d'Avenel, dans une des savantes études qu'il a consacrées au mécanisme de la vie moderne, vient de le faire en ces termes excellents : « En ce pays où il se dit beaucoup de choses folles, il se fait beaucoup de choses sages. Les choses folles sont dites par la France qui se voit ; les choses sages sont faites par la France qui ne se voit pas. Car il y a deux Frances : la publique et la privée, celle du Parlement et des journaux, qui parle et fait parler d'elle, celle des laboratoires et des usines, qui semble muette et dont on parle peu. La première est agitée et stérile, la seconde est ordonnée et féconde. La première sème la discorde et fait battre les citoyens entre eux ; la seconde mène les hommes à l'assaut de la nature et crée du bonheur à mesure qu'elle invente et applique ses inventions. »

NÉCROLOGIE

Octave GRÉARD

Une grande figure vient de disparaître : celle de M. Octave Gréard, ancien vice-recteur de l'Université de Paris, membre de l'Académie française. C'est avec empressement que nous nous associons aux regrets qu'a fait naître la nouvelle de ce deuil rapide et cruel. Notre intention n'est pas de reprendre, après tant d'autres, l'éloge de l'écrivain. Ses ouvrages sont dans toutes les bibliothèques ; pour la plupart, d'ailleurs, ils intéressent plus spécialement ceux qui s'occupent de pédagogie. Parler de l'administrateur nous paraît aussi superflu. Chacun sait qu'il a laissé sa marque sur beaucoup de grandes réformes universitaires. Il n'est pas jusqu'aux murs de la nouvelle Sorbonne, à l'édification de laquelle il a tant contribué, qui longtemps encore parleront de lui. Tous, songeons plus particulièrement, en lui disant adieu, à ce que fut l'homme même. Tous, saluons en lui un des plus beaux exemples d'une idée qui nous est chère : à savoir l'influence bienfaisante que peut avoir le culte des lettres sur la formation d'un caractère, et la valeur sociale qu'il peut donner à un homme.

Octave Gréard avait, tout jeune, puisé dans une lecture approfondie de Plutarque d'austères et rigides notions morales. Il avait, en abordant la vie, trempé son âme dans une des sources les plus pures de la sagesse antique. Il n'en perdit jamais le souvenir. Seulement, avec le temps, sa gravité se tempéra de douceur. Les nécessités de sa profession et ses préférences personnelles le poussèrent vers nos moralistes et nos grands éducateurs nationaux. Il lut, médita et commenta leurs œuvres. Il étendit son champ d'études et, toujours guidé par l'intérêt de la science de l'éducation, à laquelle il avait consacré sa vie, il pénétra dans les mystères de l'imagination et du cœur de l'enfant et de la jeune fille C'est ainsi qu'il se fit de l'humanité et de la vie une image plus nuancée, plus complète et plus fidèle. C'est ainsi qu'on le vit, toujours sévère pour lui-même, accueillant et indulgent pour les autres. Sa haute culture intellectuelle avait eu ce double effet : les connaissances qu'il avait acquises, en lui faisant comprendre et expliquer la raison des défaillances, l'aidaient à discerner plus clairement et à suivre avec une activité toujours plus joyeuse son propre idéal. Elle explique à la fois le charme grave et doux qui de son âme se reflétait sur sa physionomie, et l'influence, profonde et persistante, qu'il a eue sur les hommes de sa génération.

La Rédaction.

Le Gérant : Henri FRUCHARD.

Poitiers. — Société française d'Imprimerie et de Librairie.

L'Action Littéraire et Artistique

Voir aux 2e et 3e pages de la couverture ce qui a trait à **Notre but,** **Notre Association,** *et à la* **Ligue « Par le foyer ».**

Les Inconvénients d'un Patronage

PATRONAGE : protection accordée par un homme riche ou puissant, dit le dictionnaire.

La définition est incomplète, ou du moins peu précise dans ses termes. Si les journaux ont besoin pour vivre de la protection d'hommes riches et puissants, il ne faut aux *Revues,* et c'est leur honneur, que la protection d'hommes éminents, ayant la seule puissance d'une valeur intellectuelle consacrée par la renommée.

Pourquoi donc notre *Revue* n'affiche-t-elle pas, comme les autres, les noms d'hommes célèbres, pourquoi ne possède-t-elle pas ce *Comité de patronage,* si utile pour la réussite ?

C'est que l'*Action littéraire et artistique* diffère de toutes les autres Revues. Elle n'a pas pour but de présenter au public les œuvres de certaines célébrités, mais de faire connaître « l'opinion du public honnête » sur ces œuvres, afin de les encourager si elles sont bonnes, ou d'en faire naître d'autres d'un caractère différent si elles sont mauvaises.

Le public, pris dans son ensemble, a les deux qualités que nous demandons aux œuvres littéraires et artistiques : il est *moral* et *social*. Cent individus qui, séparément, ont peu de souci du bien et du mal, n'admettront pas, réunis, qu'on viole devant eux certains principes de morale : cent égoïstes soutiendront en commun, et avec sincérité, que le but premier à poursuivre est l'intérêt de tous, l'intérêt social.

Nous nous efforçons d'être ici l'écho du public ; nous ne recherchons que son solide bon sens. Pour avoir le droit de publier son opinion et de juger, il faut ne pas posséder plus que le bon sens commun. Il serait à coup sûr bien plus distingué et bien plus original de chercher à créer un genre nouveau ; — se lancer à corps perdu dans la folie et dans l'absurde est le meilleur moyen d'obtenir un succès profitable.

Mais nous avons le malheur de n'avoir point découvert une beauté nouvelle : nous en sommes encore à aimer les lettres et les arts de la même façon et pour les mêmes raisons qu'on les aimait au temps de Périclès et au siècle d'Auguste. Nous ne rougissons pas néanmoins d'être aussi « arriérés », parce que nous constatons chaque jour que le public partage notre opinion. Le sentiment de la beauté demeure, immortel, au fond de tout être humain pensant : quand il s'égare ou sommeille, il suffit de faire appel au bon sens commun, qui lui aussi ne meurt jamais, pour le réveiller ou le remettre dans la voie droite. Ici nous nous adressons à l'élite, en nous appuyant sur un programme très vaste, et en marchant vers un but très déterminé. Sans perdre de vue le même but, mais suivant un programme plus simple, nous nous adresserons par d'autres publications aux milieux populaires.

Nous critiquons les œuvres littéraires et artistiques en nous plaçant au point de vue moral et social, et nous devons le faire avec une *indépendance courtoise mais énergique.*

Si donc nous avions un Comité de patronage, nous serions exposés à mécontenter un jour quelque ami des hommes composant ce comité, d'où des froissements regrettables, et de plus préjudiciables. Préjudice pour préjudice, nous préférons celui qui résulte de l'absence d'un comité de patronage.

Au reste, cette absence n'est qu'apparente ; nous avons parmi nos abonnés, et dans notre Association, des hommes de talent dont le nom pourrait nous donner un éclat précieux ; mais tous ont été les premiers à comprendre que leur aide devait être modeste et effacée, pour que nous puissions mener à bien notre œuvre indépendante et féconde.

Nous critiquerons peut-être leurs nouveaux ouvrages, demain ; ils le savent et le veulent ainsi ; ce sera leur gloire d'avoir acquis cet esprit noble, généreux, — et bien rare, qui permet de s'élever au-dessus de soi-même.

La Direction.

A L'ACADÉMIE FRANÇAISE

Réponse de M. BRUNETIÈRE à M. René BAZIN

LE NATURALISME ET LE ROMAN SOCIAL

Ce titre seul : l'*Action littéraire et artistique*, indique nettement que, selon nous, la littérature ne doit pas être « un divertissement de mandarins », que nous ne devons écrire « ni par passe-temps, et à défaut de quelque autre occupation plus sérieuse, ni pour exprimer notre personnalité, ni pour faire étalage de notre virtuosité ». Nous avons indiqué très énergiquement, dans l'exposé de *notre but*, que nous sommes des ennemis déterminés de la doctrine de « l'art pour l'art ». C'est pourquoi nous applaudissons au langage simplement *raisonnable* et *humain* tenu par M. Brunetière dans le très beau discours que nous allons reproduire.

Le naturalisme, montreur de tares, cache la vérité sociale ; né d'un orgueil aristocratique, il ignore l'émotion compatissante et humaine devant les souffrances du peuple.

... « En moins de trois ans, coup sur coup, *les Noëllet*, *A l'aventure* et *la Sarcelle bleue* apprenaient au public le nom de René Bazin.

Nous étions alors en pleine bataille littéraire, et, s'il vous en souvient, le naturalisme faisait rage. On n'a pas encore écrit l'histoire du naturalisme. Comme nous étions quelques-uns qui lui résistions, — et, au premier rang d'entre nous l'élégant et aristocratique romancier de *Thaïs* et du *Crime de Sylvestre Bonnard*, — le naturalisme feignait de croire, il croyait peut-être que nous l'attaquions ! mais au contraire, et en réalité, c'était nous qui le défendions, contre lui-même, contre ses excès, contre les courtisans de son propre succès. Nous n'avions garde, en effet, de lui reprocher, ni la juste préoccupation qu'il avait d'étudier de plus près la nature, plus attentivement et plus consciencieusement qu'on ne l'avait fait dans l'école des Scribe ou des Dumas ; ni le souci qu'il affectait de la vie obscurément douloureuse ou tristement monotone des humbles, Germinie Lacerteux ou Charles Bovary ; ni surtout son louable dédain de ces intrigues invraisemblables où se complaisait, du temps d'Ernest Legouvé, l'imagination perverse de cet Eugène Sue, que notre indulgent confrère a essayé de réhabiliter dans ses *Souvenirs*. Non, Monsieur, ce n'était rien de tout cela que nous reprochions aux plus bruyants de nos naturalistes ; et, en particulier, s'ils eussent voulu nous faire convenir qu'il n'y a rien, dans le roman, au-dessous du *Juif Errant* ou des *Mystères de Paris*, nous l'eussions dit !

Mais de quoi nous lui en voulions, c'était, avant tout, de la vulgarité des rencontres où il fourvoyait la bonne renommée d'une grande doctrine d'art, qui fut, avant d'être la sienne, celle des peintres hollandais et des grands romanciers anglais du xviiie siècle ; et, ce que nous lui reprochions encore plus vivement, c'était, dans ses récits, l'air de supériorité que les auteurs y prenaient sur leurs personnages.

Et de fait, Monsieur, pour ne parler que du chef, et du maître, et du guide, l'une des choses les plus pénibles qu'il y ait au monde, n'est-ce pas, à votre avis, d'être un personnage de Flaubert : le curé Bournisien, le percepteur Binet, le suffète Hannon, Bouvard ou Pécuchet ? Ah ! ce n'est pas eux qui ont connu la joie d'être les « enfants gâtés » de leur auteur ; et certes, jamais père, se faisant moins d'illusions, ne traita plus cruellement son impuissante progéniture. Comme il vous les arrange ! Comme il leur fait payer le tort qu'ils ont de n'être pas « artistes » ! et — sans songer que la faute en est peut-être un peu à lui — comme il les méprise de les avoir mis au monde ! C'aura été la grande erreur de notre école naturaliste ! Elle n'a pas aimé les créatures de son talent ! Elle n'a su voir en elles que des maniaques, des ridicules, des grotesques, des « bourgeois » ! Elle n'a pas essayé de saisir, pour le mettre en son jour, ce qu'il y a si souvent de bonté de cœur sous une enveloppe épaisse et commune ; de souffrance réelle dans la gaucherie d'un geste ; et de sincérité profonde ou de caressante affection dans une phrase mal tournée. Naturalistes ou réalistes français, peintres ou romanciers, dramaturges, poètes même, tous ou presque tous, ils ont été sans pitié pour le « petit monde » qu'ils nous représentaient. On dirait qu'ils ne l'ont étudié que pour s'en moquer, ou l'insulter. Leur doctrine d'art n'a été que l'expression de leur orgueil de privilégiés du style. Et qu'en est-il résulté ? Il en est résulté qu'ils n'ont, généralement, exprimé ou représenté que des apparences. La vérité, — qui, pour être trouvée, ne veut pas tant être cherchée qu'aimée, — s'est refusée à eux ; et tout en voyant bien le but qu'il s'agissait d'atteindre, loin, très loin devant eux, ils ne l'ont pas touché, pour n'avoir pas compris que, de toutes les conditions qui s'imposent à l'œuvre d'art, la première, sans laquelle même peut-être il n'y a pas de vraie beauté, c'est d'être toute pleine et, selon le mot du plus grand des poètes, comme gonflée du « lait de l'humaine tendresse ».

Cette veine de tendresse et d'humanité, Monsieur, c'est ce qu'on aimait déjà sentir dans vos premiers récits : *les Noëllet, la Sarcelle bleue* ; et déjà, par ce caractère, ils faisaient contraste avec des œuvres d'un art plus savant peut-être, mais plus dur et souvent si dur ! Que leur manquait-il cependant pour achever de prendre possession du public et de la renommée ? Vous me permettrez ici de m'en expliquer avec franchise : il y manquait, dans tous les sens, pour ainsi parler, un certain degré de profondeur et de force. On ne rencontrait pas assez de loups dans vos bergeries, ou, si l'on y en rencontrait, c'était de bons loups, des loups qui finissaient toujours, au dénouement, par se changer en espèce de moutons. Pareillement vos paysages, qui avaient la finesse, le charme et la légèreté de l'aquarelle, semblaient en avoir aussi l'inconsistance et la fragilité ; les teintes en étaient « plates », comme il convient à ce genre de peindre, et le tableau « ne se creusait pas ». Toute peinture hollandaise, a-t-on dit, est concave : votre peinture n'était pas concave(1). Enfin, Monsieur, s'il faut tout dire, l'intrigue de ces premiers récits était, non pas certes banale, ni décousue, mais cependant plus flottante, moins logique, plus arbitraire qu'on ne l'eût voulue ; et, naturellement, l'impression de conformité ou de ressemblance avec la vie que nous demandons au roman, en était un peu altérée. Personne, au surplus, ne le savait mieux que vous ; et c'est alors que, pour vous rendre tout à fait maître des moyens de votre art, vous entrepreniez vos voyages en Sicile, en Italie, en Espagne, en France aussi, à travers la province, et vous nous en rapportiez quatre ou cinq volumes : *Sicile, Terre d'Espagne, En Province, les Italiens d'aujourd'hui*, sur lesquels j'aimerais insister.

C'est en s'opposant qu'on se pose, disent les philosophes ; et nous ne prenons de nous une connaissance entière qu'en nous distinguant de nos semblables. « La campagne, nous dites-vous quelque part, je l'ai connue tout enfant, à l'âge où les petits qui seront toucheurs de bœufs commencent à prendre l'aiguillon, portent la soupe aux hommes qui fauchent, et reviennent si fiers le soir dans le silence des brumes tombantes, à califourchon sur la vieille jument blanche qui a l'air de les bercer... » Vous disiez vrai, Monsieur, et on voyait bien que vous n'aviez pas « appris » la campagne, en sortant du collège, à Clamart ou à Montmorency ; mais, touriste et voyageur, n'a-

(1) Eugène Fromentin.

vez-vous pas mieux connu le paysage de France quand vous en avez eu comparé la douceur apaisante avec la désolation majestueuse de la campagne romaine ou avec l'aride sévérité des hauts plateaux de la Castille et de l'Estramadure ?

Vous avez mieux senti, à parcourir la province française, non seulement la force du lien qui vous attachait à la terre natale, mais encore que, si d'autres aspects de la nature vous tentaient peut-être un jour davantage, un décret nominatif de la Providence vous avait cependant destiné pour être le peintre du Bocage ou du Marais vendéens. Vous observiez en même temps ce qui survit encore, ce qui survit toujours des mœurs provinciales, et, grâce à Dieu, ce que n'en ont tout à fait aboli ni les chemins de fer, ni la fureur de l'automobilisme.

« Celui qui se jette dans le peuple ou dans la province, écrivait La Bruyère, y fait bientôt, s'il a des yeux, d'étranges découvertes, y voit des choses qui lui sont nouvelles, dont il ne se doutait pas, dont il ne pouvait avoir le moindre soupçon : il avance, par des expériences continuelles, dans la connaissance de l'humanité (1). » Vous avez éprouvé la vérité du mot de La Bruyère. Vous vous êtes jeté dans la province et dans le peuple. « Études de plein air » : avez-vous dit vous-même de vos récits de province ! et en effet, je n'en connais guère dont l'éclairage diffère plus du jour factice de l'atelier. Et vous avez découvert des choses qui vous étaient nouvelles ; et en même temps que votre œil en était, non surpris, mais intéressé, votre main s'appliquait plus diligemment à les peindre : et votre connaissance de l'humanité s'élargissait ; et votre talent s'assouplissait ; et votre personnalité s'affermissait. Et quand vous reveniez au roman, vous nous donniez successivement : *De toute son âme*, 1897 ; *la Terre qui meurt*, 1899 ; *les Oberlé*, 1901 ; et *Donatienne* 1902. Je parlerai des *Oberlé* quand j'aurai loué, si je le puis, ce qu'il y a dans les trois autres, de vérité, de « naturalisme » hardi, et de nouveauté.

Comme l'on se trompe, de leur vivant même, sur le caractère des écrivains, et davantage encore sur le sens exact de ces mots de nouveauté, de hardiesse, et de vérité ! Parce qu'il y a donc dans ces beaux romans d'incomparables paysages, d'une solidité de construction et d'une justesse d'effet auxquelles je ne vois d'égale que l'intensité du frisson de vie qui les anime, et le charme qui s'en dégage ; parce que vous n'avez jamais confondu la force avec la violence ni surtout avec la grossièreté ; parce qu'en abordant quelques-unes des plus graves questions que puisse traiter aujourd'hui le moraliste, et même le sociologue, vous n'avez pas enflé la voix, ni jamais usé de mots plus simples que quand vous dénonciez des misères plus profondes, combien n'ai-je

---

(1) La Bruyère, *de l'Homme*.

pas entendu de gens, qui aimaient cependant vos romans, les prendre pour des idylles, et, de toutes les qualités qui les caractérisent, n'en retenir ainsi qu'une seule, et peut-être la moindre ! Idylles, soit ! si ce sont des idylles que tous les récits, — et au fond c'est peut-être cela qu'on veut dire, — dont la scène ne s'encadre pas dans le décor d'une grande ville, mais quelles idylles émouvantes, et tragiques, et navrantes, que *Donatienne* ou *la Terre qui meurt;* — et quelles idylles audacieuses !

De toute son âme, la Terre qui meurt, Donatienne, a-t-on fait attention, que, dans ces romans si « distingués », et qui méritent certainement ce nom, c'était à peine si l'on voyait passer, à l'arrière-plan, et à peine esquissés, quelques héros bourgeois ? mais les vrais, ceux que vous aimez, les préférés de votre cœur et de votre talent, Henriette Madiot, l'oncle Éloi, Étienne Loutrel, les Lumineau, les Michelonne, Donatienne et Jean Louarn, ils sont tous du « peuple », et du vrai peuple, celui qui travaille de ses mains, cultivateurs, ouvriers d'usine, hommes d'équipe, simples soldats, couturières ou modistes. C'est dans le cercle étroit de leur profession que vous avez enfermé le drame de leur existence. On ne voit pas même paraître, dans *la Terre qui meurt,* le propriétaire de la ferme que les Lumineau font valoir ; et ce n'est point un fils de famille qui séduit *Donatienne,* mais un de ses compagnons de domesticité. Le langage que vous leur prêtez est le leur, simple et court, parfois rude, mais toujours sans affectation de grossièreté. En vérité, Monsieur, si l'on ne regarde qu'à la qualité des personnages, à leur condition, à leurs mœurs, je ne sache guère, dans la littérature contemporaine, d'œuvre moins aristocratique et moins bourgeoise, plus populaire que la vôtre. Pas un seul des maîtres du théâtre ou du roman contemporain, ne s'est penché plus complaisamment vers les humbles, avec une curiosité plus inquiète ou plus passionnée de leurs maux ; et, dans ces récits d'une si belle tenue littéraire, d'une honnêteté si profonde, et d'une destination si rare, ce n'est pas votre moindre originalité que d'avoir substitué des images vraies du paysan ou de l'ouvrier de France, aux caricatures calomnieuses que l'école naturaliste nous en avait données.

Que dirai-je maintenant de la hardiesse de vos sujets ? *De toute son âme* ! le vrai sujet en est comment on devient religieuse, et non pas à seize ans, dans un ardent élan de piété mystique, ou par un puéril effroi des complications de la vie, mais dans l'éclat de sa jeunesse, et, si je l'ose dire, dans l'orgueil de sa beauté, pour avoir connu soi-même la misère ; pour avoir, durant toute une longue et laborieuse enfance, côtoyé le vice et la débauche ; pour avoir appris l'indulgence à l'école de la vie quotidienne et de l'existence ouvrière ; pour avoir sondé la profondeur des plaies qui seront toujours celles de l'humanité ; pour avoir senti, comme un appel et comme une prière, monter vers soi la plainte confuse de tous ceux qui

souffrent dans leur chair, dans leur esprit et dans leur cœur :
« O vous, dont les mains légères ont déjà pansé tant de blessures,
et le sourire consolé tant de souffrances ; vous, dont la seule apparition ranime dans les désespérés la volonté de vivre ; vous, qui partout où vous passez laissez derrière vous comme un sillage d'apaisement et de joie, enfant très chère et très aimée, ne quittez pas ceux
qui vous aiment, ou, si vous les quittez, que ce soit pour de plus
malheureux ! Gracieuse et charmante Henriette, que nous avons vue
toute petite partager nos chagrins, nos travaux et nos peines, ce
n'est pas pour vous, ni pour un seul, ce n'est pas pour « le grand
Etienne » que Dieu a mis en vous ce pouvoir de consolation, mais
pour tous ceux qui souffrent ; et le bien que vous pouvez leur faire,
c'est ce qui se nomme, parmi les hommes, du nom de vocation. Les
joies communes, les joies ordinaires de la vie ne sont pas faites pour
vous ; elles n'en sont pas moins dignes ; il vous en est réservé quelque part de plus pures ; et pour les goûter un jour, quand il faudrait
vous broyer le cœur, ayez, si nous vous fûmes chers, le courage de
vous y résigner... »

Me pardonnerez-vous ce bref et sec résumé de l'un des plus beaux
sujets qui aient tenté jamais le talent d'un psychologue ? Oh ! oui,
« de toute son âme », c'est de toute son âme qu'elle se donne, Henriette Madiot, la « première » de Mme Clémence, la nièce de l'oncle
Eloi, la sœur de son frère Auguste, l'ouvrier gouapeur et toujours
révolté... Vous avez dû, Monsieur, la connaître, et sans doute vous
pourriez nous dire son nom. Vous pourriez aussi nous dire quelle est,
au moment où je vous parle, dans quel exil et sous quels cieux lointains, la récompense de son dévouement !... Mais je ne veux pas
pousser l'indiscrétion plus avant, et, de cet admirable sujet, je ne
songeais aujourd'hui qu'à louer la hardiesse, pour l'instruction et
l'édification de tous ceux qui ne verraient encore qu'une innocente
idylle dans l'histoire de la jeunesse et de la vocation d'Henriette
Madiot.

Non moins hardi, dans un autre genre, — et je veux dire à la fois
non moins neuf ni moins fait pour donner à penser, — le sujet de *la
Terre qui meurt*. « Le Vendéen tient plus fortement qu'un autre au
sol qui l'a vu naître » : c'est à un document officiel que j'emprunte
cette courte phrase, à un rapport adressé par les députés des dépar-
tements de l'Ouest à la Convention nationale, et daté du 1er décembre
1794. Vous avez donc placé en Vendée, du côté de Sallertaine et de
Challans, dans ce « marais mouillé » qui est une des régions les plus
pittoresques de notre France, et qu'à plus d'une reprise vous avez si
bien décrit, l'action de *la Terre qui meurt*. La dépopulation de nos
campagnes et la désorganisation de la famille sous l'influence des
formes actuelles du progrès ; le lent abandon de la terre par ceux qui
jadis en tiraient avec notre subsistance, et leur force et leur dignité ;
la transformation du cultivateur libre en employé de chemin de fer,

en homme d'équipe, en graisseur de roues, et de la ménagère en fille
d'auberge ou en patronne d'estaminet, voilà, Monsieur, le sujet ou le
problème, économique et social, moral et tragique aussi, à sa manière,
que vous avez étudié dans *la Terre qui meurt*. Vous l'avez traité en
poète et en romancier. Qu'ils sont vrais, vos paysans, et combien ils
diffèrent des bergers idéalisés de *la Petite Fadette* ou des intrigants et
des chemineaux du roman fameux de Balzac ! Hommes et femmes, —
Toussaint Lumineau, Mathurin, François, André, femmes surtout,
Rousille, Eléonore, et la « fille de la Saulière », la belle Félicité Gauvrit
et le couple des Michelonne, Adélaïde et Marie-Rose, « avec leurs
yeux luisant d'une lumière bleue et enfantine, comme d'un rire per-
pétuel », si pures et pourtant si curieuses d'histoires d'amour, — de
quels traits toutes et tous vous les avez marqués, inoubliables de
précision, de justesse et d'originalité. Mais ce qu'ils étaient hier
encore, quand, sans le savoir, ils posaient devant leur peintre, ils ne
le seront plus demain. Un courant plus fort qu'eux les emporte ! Le
milieu change qui, pendant tant d'années, les avait, eux et leurs
ancêtres, façonnés à son image ! De nouvelles inquiétudes les
agitent par où s'exprime en eux, si je puis ainsi dire, la sourde
protestation de la terre qui ne voudrait pas mourir. Et nous nous
demandons, en fermant le livre, s'il faut donc vraiment qu'elle
meure, si nous briserons un jour, sans espoir de le renouer jamais,
le lien sacré qui nous unit à elle ; et si nous perdrons peut-être, avec
la pitié du sol natal, le souvenir, le respect, et la religion de ces
morts obscurs qui ont fait la patrie.

Ceux qui ne vous connaissent qu'à moitié veulent-ils cependant
mieux vous connaître encore ? Veulent-ils savoir de quelle audace
est parfois capable un romancier qui ne s'inspire, dans le choix de ses
sujets, que de sa seule conscience d'honnête homme, et du sentiment
du bien ou du mal qu'on peut faire en mettant du noir sur du blanc ?
Qu'ils lisent donc ou qu'ils relisent l'histoire de *Donatienne*. O la
douloureuse, et pourtant bien vulgaire aventure que celle de cette
petite Bretonne, que « des gens » qu'elle ne connaît pas « ont demandée
pour être nourrice » ; qui rougit le soir, à l'office, parmi la valetaille,
d'avoir « bêché la terre » et d'avoir ce qu'ils appellent un rustre pour
mari ; qui s'oublie, un jour, au bras d'un valet de pied joli homme, —
dans la promiscuité de ce sixième étage où, sans doute, une civilisation plus humaine verra, dans l'avenir, une des hontes de la nôtre ;
— qui devient ensuite tenancière d'une crémerie dans un faubourg,
et que tourmente confusément, derrière son comptoir, à l'heure indé-
cise où le client est plus rare, le souvenir de sa Bretagne lointaine, de
son mari et de ses enfants...

Mais l'aînée de ceux-ci, une fillette d'une quinzaine d'années, a
pu se procurer l'adresse de sa mère, et elle a formé le projet de lui
écrire. Elle le réalise, un jour que le père est tombé victime d'un
horrible accident, qui l'a couché pour longtemps sur un lit de dou-

leur, et dont l'un des premiers effets a été de mettre en fuite la maîtresse qu'il avait rencontrée naguère sur sa route, et qu'il avait, sans trop savoir comment, associée depuis des années à son existence vagabonde et désemparée. Et Donatienne revient à l'appel de sa fille, et elle s'installe au chevet du blessé, et quand le soir tombe :

« Noémi, dit-elle, il est l'heure de préparer la soupe ?

— Oui, maman.

— Donatienne s'arrêta un instant, comme si les mots qu'elle avait à ajouter étaient difficiles à dire.

Donne-moi les sabots de celle qui est partie.

— Oui, maman.

— J'irai tirer de l'eau, et je ferai la soupe pour vous tous quatre.

Et ayant mis les sabots de l'autre, elle commença de travailler ».

C'est la fin de *Donatienne*... Je ne crois pas, Monsieur, que la philosophie, instinctive, comme inconsciente, et cependant divine, du repentir et du pardon, se soit jamais mieux exprimée, en termes plus simples ni plus forts, dans aucun récit de Dickens ou de Guy de Maupassant ; et quelle vérité, quel souci des moindres détails, qui n'ont pour objet ni de faire éclater votre remarquable habileté d'artiste, ni de nous apitoyer par des moyens trop faciles, mais uniquement de situer chaque chose en sa place, et de lui donner ainsi toute sa valeur d'art, de représentation et de vie.

Car, c'est ce que je ne saurais omettre de signaler dans ces récits, je veux dire la simplicité, la probité, la loyauté des moyens. Et ceci encore, dans le vrai sens du mot, n'est-ce pas du « naturalisme », et du meilleur ? Il n'y a point d'intrigue, ou presque point, dans *Donatienne* ou dans *la Terre qui meurt*, point d'aventures ni de péripéties, mais des caractères qui se développent, sous l'influence des circonstances ; mais des actions et des réactions, qui vont des âmes aux choses et des choses aux âmes ; mais des incidents familiers qui sont à vos personnages une occasion de se produire, et à vous de voir clair dans leurs cœurs.

Certes, Monsieur, ce n'est pas moi qui médirai du « romanesque » en général, et j'avouerai même qu'en particulier, je l'aime assez dans le roman. Le romanesque a sa place dans l'art, puisqu'il l'a dans la vie. Je ne le confonds pas toutefois avec la vérité, ni surtout avec la poésie. De très grands poètes, et de très grands peintres de la vie, n'ont été nullement romanesques. Vous êtes de leur famille. Vous n'avez pas besoin d'embellir ou d'orner la réalité pour la représenter, et vous ne commencez point par la défigurer pour la peindre. Vous n'avez jamais travaillé qu'avec le modèle sous les yeux. Seulement vous avez choisi quelquefois vos modèles, et dans les modèles que vous avez choisis, que d'autres auraient pu choisir comme vous, ou avant vous, vous avez vu, Monsieur, ce que d'autres n'y avaient pas su voir. « C'est la même balle, disait Pascal, dont on joue l'un et l'autre, mais l'un la place mieux. » Et, ainsi vous avez rendu ce grand service au naturalisme, en votre temps, de lui avoir appris ce qu'il avait le plus ignoré : les ressources de son esthétique, la fécondité de sa doctrine ; et — je ne craindrai pas d'user de cette expression familière, — la manière de s'en servir.

Il vous restait à montrer que, si vous n'aviez pas abordé la peinture des grandes passions et de ce que les conflits en ont de tragique dans le roman, c'est que vous ne l'aviez pas jusqu'alors voulu ; et bien sûr d'avoir votre heure, jeune encore et désormais en pleine possession des moyens de votre art, vous attendiez, sans inutile impatience, que le drame de la vie vînt à vous. Il est venu et il s'est appelé *les Oberlé*.

J'ai toujours pensé, pour ma part, que la vraie matière de l'action tragique, c'était le « cas de conscience ». Non pas, assurément, qu'il n'y ait d'autres manières de nous émouvoir et, comme on dit, de « nous tirer des larmes ». On en connaît plusieurs, et je n'en veux aujourd'hui condamner aucune. Regrettons seulement qu'elles relèvent toutes du mélodrame ! Aristote faisait grand état de la « reconnaissance » : — le père qui « reconnaît » son fils au moment de l'assassiner, ou la sœur qui « reconnaît » son frère au moment de l'épouser. C'est une des erreurs d'Aristote ; et on remarquera qu'il n'y a pas une « reconnaissance » dans le théâtre entier de Racine. Mais le drame, le vrai drame, la tragédie ne commencent qu'avec l'opposition des passions ou le conflit des devoirs. La scène française, depuis *le Cid* jusqu'à... mettons jusqu'à *Hernani*... n'est remplie, et, si je puis ainsi dire, agitée, que de « cas de conscience » : pareillement, chez nous encore, le roman de Balzac, ou en Angleterre, celui de George Eliot. Ils sont d'ailleurs tantôt plus simples et tantôt plus complexes ; il y en a de plus particuliers et de plus généraux ; il y en a de moins douloureux, il y en a de plus angoissants. Mais, quand ils surgissent à la fois dans plusieurs consciences ; quand, là même où la nature avait voulu que régnât la paix et l'union des cœurs comme entre parents ou concitoyens, l'apparition de ces cas de conscience déchaîne brusquement la guerre ; et quand les volontés, transformées par eux, se tendent ou s'exaltent jusqu'à la méconnaissance du droit de la famille ou de la patrie, ou de la société, c'est alors que le poète, en s'en emparant, dérive l'émotion de ses sources les plus hautes : — et c'est ce qui vous est arrivé, Monsieur, en écrivant *les Oberlé*.

Les Oberlé, c'est d'abord dans ce petit village d'Alsheim, et dans cette province d'Alsace où vous avez placé la scène de votre récit, la famille divisée contre elle-même, le mari contre la femme, le fils contre le père, la fille contre la mère, le frère contre la sœur, s'opposant les uns aux autres, par toutes leurs manières de sentir, toutes leurs ambitions et tous leurs rêves d'avenir, se portant les uns aux autres, comme sans le vouloir, et rien que par l'effort qu'ils font pour persévérer dans leur être ou s'affirmer dans leur autonomie, des blessures mortelles ; n'ayant bientôt plus entre eux de commun que le nom, la façade ou la face, et finalement ne trouvant plus de moyens d'échapper à la fatalité sous laquelle ils se débattent que dans la rupture des liens qui les unissaient et le reniement de leur propre sang. Séparée du lieutenant Farnow, qu'elle aime, par la désertion de Jean Oberlé, Lucienne a cessé pour toujours d'être la sœur de son frère, et son père n'a plus de fils, mais leur mère n'a plus de fille. — *Les Oberlé*, c'est l'amour du sol natal, de la terre maternelle et nourricière, celle qu'on ne saurait abandonner sans un déchirement de toutes ses fibres, l'amour local, presque physique, entrant brusquement en conflit avec l'amour de la plus grande patrie, celle qui nous dépasse, et nous déborde, en quelque sorte, par toutes ses traditions; ou encore, c'est le sentiment du devoir héréditaire, engageant la lutte quotidienne avec les sourdes insinuations de l'intérêt matériel, avec les prévenances du vainqueur, avec je ne sais quelle inquiétante admiration de sa force qu'il inspire aux vaincus. « Redoutable, dit à demi-voix M. Ulrich Biehler, redoutable adversaire, qui s'exerce jour et nuit », comme s'il voulait encore, après tant d'années écoulées, mériter sa victoire ! ou plutôt, comme s'il savait bien que l'on n'en a jamais remporté, contre le vœu des populations, que de passagères et de toujours inachevées ! — *Les Oberlé*, c'est encore, Monsieur, sur cette frontière arrosée de tant de sang, la rencontre ou le heurt de deux grandes civilisations, qui n'étaient point faites, que ni Dieu ni la nature n'avaient faites pour être ennemies, mais au contraire pour se pénétrer pacifiquement, se compléter, se perfectionner l'une et l'autre, et qui depuis trente ans, sur cette héroïque terre d'Alsace, n'avancent, ni sans doute n'avanceront jamais à rien l'une contre l'autre, parce que ni l'on n'exile ni l'on ne transplante les mœurs, et on peut bien défaire, mais on ne refait pas l'œuvre séculaire de l'histoire !

C'est tout cela, Monsieur, que nous avons admiré dans *les Oberlé*; et c'est ce qui en fait la force dramatique. Le roman n'est pas le théâtre, et le théâtre n'est pas le roman ; je me suis moi-même efforcé plus d'une fois d'en dire et d'en préciser les raisons. Ce qui pourtant n'est pas douteux, c'est qu'il n'y a ni drame ni roman sans intrigue, et sans nœud. Moins heureux en ceci que le peintre ou le poète, le dramaturge et le romancier ne peuvent pas se passer de « sujet ». Il y a un « sujet » dans *les Oberlé*, et ce sujet est une tragédie. Les raisons qui séparent à jamais Lucienne Oberlé du lieutenant von Farnow, et Odile Bastian de Jean Oberlé, sont des raisons du même ordre que celles qui séparaient Chimène de Rodrigue, ou Titus de Bérénice. *Invitus invitam!* Ils ne l'ont pas voulue ni les uns ni les autres, cette séparation douloureuse, et, ni les uns ni les autres, ils n'ont rien fait pour la mériter. Disons quelque chose de plus ! ils n'en éprouvent précisément l'amertume, — et nous-mêmes avec eux, — que pour avoir mis quelque chose de plus noble au-dessus de l'union qu'ils avaient rêvée. C'est ce qui rend leur aventure tragique, cela, et ce que nous sentons bien qu'elle a d'irréparable dans l'avenir, parce que, de cette crise ils sortiront transformés en d'autres êtres qu'eux-mêmes. Ils ne seront plus eux, mais vraiment d'autres créatures. La résolution du seul Jean Oberlé aurait fait ce miracle ; et n'est-ce pas le triomphe de l'action tragique, lorsque les choses étant amenées au point où plusieurs destinées ne dépendent plus que d'un geste ou d'un mot, quelqu'un fait ce geste, ou laisse échapper ce mot, et, en moins de temps qu'il n'en faut pour le dire, l'inévitable transformation s'accomplit ?

Si maintenant, Monsieur, depuis vingt ans, chacun de vos récits nous a ainsi donné de vous, et de la souplesse, de la richesse, de la hardiesse de votre talent une plus haute idée, je crois en savoir la raison. Quand vous avez commencé d'écrire, une opinion se faisait jour, parmi les excès du naturalisme, et s'en dégageait presque malgré lui, qui est que la littérature n'est pas un divertissement de mandarins. Cette opinion est la vôtre, — et je la partage. Qui que nous soyons, nous n'écrivons ni par passe-temps, et à défaut de quelque autre occupation plus sérieuse ; ni pour exprimer notre personnalité, dont nos semblables, en général, sont moins curieux que nous ne le croyons ; ni pour faire étalage de notre virtuosité, ou du moins, quand nous le faisons, nous manquons à la première obligation de l'écrivain. C'est ce que le XIXe siècle finissant a compris, et, de ce jour, c'en était fait de la doctrine de « l'art pour l'art ». L'art pour l'art ! trois mots vides de sens ! disait dédaigneusement Alexandre Dumas. Non ! pas vides, mais au contraire pleins de sens, et d'un mauvais sens, d'un sens équivoque et dangereux ! Car on peut bien n'assigner à la science d'autre objet qu'elle-même, parce que l'objet de la science ne dépend pas de nous, et que, si nous n'existions pas, le monde de la science ne cesserait pas pour cela d'être tout ce qu'il est. Nous pouvons du moins le supposer ! Nous pouvons, tout nous invite à croire que, si nous n'existions pas, les planètes n'en décriraient pas moins leurs orbites à travers l'espace, et il ne paraît pas probable que, si nous disparaissions quelque jour de la surface de notre globe, la nature et la vie dussent s'anéantir et disparaître avec nous. Mais qu'est-ce que l'art en dehors de l'homme ? A quoi répondrait-il ? Et quelle en serait seulement la matière ? L'art n'a proprement d'existence et de réalité que pour l'homme et par l'homme, dans l'humanité, pour les sens qu'il réjouit, pour les esprits qu'il éclaire, pour les cœurs qu'il console, ou qu'il exalte, ou qu'il raffermit. C'est pourquoi la première condition de l'art est d'être humain, même avant que d'être de l'art ; et si la remarque est vraie dans tous les temps, et de tous les genres, combien ne l'est-elle pas davantage quand on se propose, comme au théâtre et dans le roman, d'imiter, ou de représenter, ou d'interpréter la vie !

Les naturalistes avaient fini par l'entendre, — à l'exception du seul Flaubert : — et en France, comme dans l'Angleterre de George Eliot et de Dickens, comme dans la Russie de Tolstoï et de Dostoïewski, ils se sont rendu compte que le roman naturaliste, libéré de ses anciennes contraintes, ne pouvait manquer de tendre tôt ou tard au roman social. Et comment, en effet, sortirions-nous de nous-mêmes et de notre condition pour observer autour de nous les mœurs de nos semblables, sans nous intéresser, d'une manière qui ne saurait être uniquement d'un artiste ou d'un dilettante, à leurs misères, à leurs souffrances et à leurs besoins ? Nous ne rions bien souvent que de ce que nous ne comprenons pas, et l'indifférence, au fond des choses, n'est souvent qu'une excuse qu'on se donne pour ne pas les approfondir. « En se jetant dans le peuple », selon le mot de La Bruyère, il était donc inévitable que le naturalisme y fît des « découvertes ». Heureux si seulement il en avait senti l'importance ; mais peut-être, en ce cas, vous eût-il ravi la joie de les faire à votre tour, et à moi, Monsieur, celle de vous en adresser aujourd'hui mon sincère compliment.

Vous nous donnerez d'autres chefs-d'œuvre, d'autres *Donatienne* et d'autres *Oberlé*, mais déjà l'honneur vous est acquis, d'avoir, depuis vingt ans, autant ou plus que personne, aidé à préciser les caractères du » roman social ». Balzac, seul, avant vous, s'y était vraiment essayé, car je n'appelle de ce nom de « roman social » ni *les Mystères de Paris* ni *le Compagnon du tour de France*, ni *les Misérables*. Vous avez repris l'œuvre au point où il l'avait laissée. Vous avez été frappé de l'ignorance de leurs semblables où vivaient beaucoup de nos auteurs parisiens, et, naturellement, la foule qui faisait avec eux ses délices de leur éternelle histoire d'amour. Vous vous êtes rendu compte que la curiosité du plaisir ou de la souffrance des autres n'était que de l'indiscrétion, et même de la perversité, si nous n'y cherchions pas des raisons et des moyens de nouer ou de resserrer les liens de la solidarité qui nous attache à eux. Vous avez vu que, sans confondre ni brouiller ensemble ces deux choses bien distinctes, l'art et la morale, il ne fallait pas cependant les opposer l'une à l'autre ni subordonner la réalité de la seconde, et son rôle dans la vie commune, aux exigences prétendues supérieures et souveraines du premier. Ce n'est pas notre faute s'il y a des consciences délicates, s'il y en a même de subtiles, qui ne prennent pas légèrement la vie et pour qui la grande affaire est justement de savoir comment on doit la vivre ! Telle Henriette Madiot et tel Jean Oberlé. Leur existence pose la question morale, si je puis ainsi dire, et vous avez prouvé victorieusement, Monsieur, que leur « moralité » ne les excluait pas du domaine de l'art. Je dirais volontiers que d'autres existences, parmi celles que vous nous avez retracées, celle de Donatienne, par exemple, et celle du fermier de la Fromentière, posent la question sociale... Mais vous trouveriez certainement l'expression trop ambitieuse. Je me borne donc à dire que vous n'avez point fait l'inutile gageure d'écrire des romans sans amour ; mais l'amour et ses contrefaçons n'occupent dans vos récits ni toute la place, ni toujours la première. Votre conception du roman est plus large. Vous savez que d'autres sentiments concourent à la complication et, par suite, au drame de la vie. Il y a aussi d'autres souffrances, et qui ne sont pas moins dignes de pitié. Et quand on a ainsi fait le tour des misères de l'humanité, si l'on n'a pas toujours, en touchant la source du mal, indiqué le remède, on a du moins éveillé l'attention paresseuse de quelques-uns de ses lecteurs inquiété dans sa sécurité l'égoïsme satisfait des autres ; ému, dans ce qu'elle a de plus généreux, la sensibilité de tous et accru le domaine de son art. C'est ce que j'appelle du nom de roman social.

On n'a point d'ailleurs à craindre avec vous, Monsieur, qu'il dégénère ou qu'il se dénature en prédication de morale. Vous êtes pour cela trop artiste ! Vous n'inventez pas des personnages ou des « sujets » pour les faire servir à la démonstration de vos idées, et, au contraire, visiblement, ce sont vos sujets et vos personnages qui s'imposent à vous.

C'est le drame inaperçu de leur vie qui vous attire d'abord ; c'est ensuite ce que vous découvrez d'émotion cachée dans le secret de ce drame ; et enfin c'est le désir de nous communiquer cette émotion. Vous aimez encore en eux ce que vous y savez voir d'affinités secrètes avec le sol ou le ciel natal, et c'est de vos paysages qu'on pourrait dire, en détournant de son sens un mot célèbre, et d'ailleurs généralement mal compris, qu'ils sont vraiment des « états d'âme ». Si quelqu'un en doutait, ou ne m'entendait pas, qu'il gravisse avec vous la colline de Sainte-Odile, et, de là, qu'il contemple le panorama de l'Alsace. « Trois cents villages de leur patrie étaient au-dessous d'eux, dispersés dans le vert des moissons jeunes. Ils s'endormaient au son des cloches. Chacun d'eux n'était qu'un point rose. Le fleuve presque à l'horizon mettait sa barre d'argent bruni (1)... » Vous êtes peintre et vous êtes poète : vous resterez peintre et poète. Ce sont les choses qui parleront pour vous, dans leur langage à elles, vivant et coloré, tantôt plus doux, tantôt plus âpre, mais concret, précis et toujours éloquent de sa seule fidélité. Et c'est pourquoi, Monsieur, j'ai la confiance, nous l'avons tous ici, qu'entre vos mains le roman social ne cessera jamais d'être du roman et de l'art. Je crois connaître assez vos idées pour être assuré que je ne saurais mieux vous souhaiter, qu'en exprimant cette confiance, votre bienvenue parmi nous. »

(1) *Les Oberlé.*

LES DEUX SALONS

(*Suite.*)

LA SCULPTURE

A la recherche de l'Art.

*L'Art est l'expression
d'idées harmonieuses.*

Nous ne reparlerons plus des bustes, n'est-ce pas ? Si vous voulez en éprouver le définitif dégoût, allez voir celui qui se trouve dans le jardin du Salon de la Nationale, à l'entrée, à gauche : il représente un monsieur en redingote, les mains dans ses poches, l'air stupide. On lui a (c'est peut-être heureux) supprimé les jambes. Voilà, êtes-vous contraint de vous écrier, le type achevé de *l'abruti*. — « Buste du poète norvégien Nils Collet-Vogt », dit le catalogue. — Pardon !... Je respecte les poètes et les sculpteurs norvégiens, mais je suis bien obligé de dire sincèrement l'impression que j'éprouve devant leurs bustes.

Pour comprendre ce qui distingue l'œuvre d'art de l'œuvre de métier, regardez le buste de *Bretonne* de M. Paul Berthoud ; ce n'est pas le portrait de telle paysanne de Bretagne, c'est la femme d'une région de la France, c'est la représentante d'une race croyante, que sa foi éclaire d'une immortelle beauté.

Le Salon de la Société des artistes français est supérieur, en qualité comme en quantité, à celui de la Société nationale ; mais, occupés surtout du développement de nos idées, nous ne distinguerons pas auquel des deux appartiennent les œuvres dont nous parlerons.

ÉTUDES. — Il peut être à coup sûr intéressant d'étudier le jeu des muscles d'un corps humain, mais il n'y a rien là qui attire beaucoup l'admiration. Les *Lutteurs* de M. Paul Melin peuvent être en effet *intéressants*, c'est tout. Le *Marsyas* de M. Villeneuve ne nous arrête davantage qu'à cause du nimbe mythologique qui l'entoure. C'est folie de vouloir représenter une idée par des contractions musculaires du corps entier. M. Mazur, un Autrichien, a voulu figurer le *Remords* par un vieillard nu qui se contorsionne. Il n'a sculpté qu'un corps hideux dont la vue fait naître le dégoût. Un jury qui accepte de telles œuvres dans une exposition publique semble avoir seulement recherché la grossière malice de faire rougir les visiteurs les moins pudibonds.

Les grandes idées qui inspirent : *Le Génie du siècle appelle nos gloires à l'immortalité*, par M. Louis Bertrand. — Voilà un titre de beaucoup d'effet, et qui vaudra sans doute à M. Bertrand un succès rémunérateur. L'Etat est moralement obligé d'acheter une telle œuvre ; ses représentants le feront d'autant plus volontiers qu'ils s'imagineront facilement être appelés eux-mêmes par ce Génie aux larges ailes tenant dans sa main une couronne et une branche de laurier. L'habileté sert plus que le talent.

LA PENSÉE ET L'ÉTUDE. — Tel est le nom de deux statues de M. Caravanniez, « destinées à la décoration de l'hôtel » d'un directeur de grands magasins qui est nommé, naturellement, mais dont je ne répète point le nom pour ne pas continuer la réclame. Ces deux femmes au chignon ridicule, à l'air niais, au corps sans grâce et sans idéal, aux longs pieds (!), n'évoquent en aucune façon les deux idées qu'elles sont censées représenter. C'est d'une désespérante... médiocrité, et voilà bien de quoi me réconcilier avec *le Penseur* de Rodin.

Le buste *La Pensée*, de M. Gustave Michel, est plus simple, et par suite moins médiocre, mais les traits manquent un peu de vigueur.

L'INFINI. — *L'Extase de l'infini*, du même artiste, est une œuvre puissante. Le sujet était difficile ; il a été inspiré par cette phrase de Pascal : « Le silence éternel des espaces infinis m'effraie. » M. Michel a compris que tout son art devait se concentrer sur l'expression de physionomie de l'homme, et il a réussi. J'aurais été jusqu'à supprimer, à sa place, la mappemonde et le compas.

Vers l'Infini a heureusement inspiré le talent de M. Charles-Eugène Breton, dont le ciseau a beaucoup de finesse, et qui expose une autre œuvre également remarquable dont nous parlerons plus loin.

LA BONTÉ. — M. Emile Gaudissart a voulu représenter *la Bonté* sous l'image d'une femme au vêtement uni et sans taille, qui s'avance et tend les bras. Le corps fuit bien, comme il sied, devant l'idée, mais la figure manque un peu trop d'expression, de volonté, de puissance ; *la Bonté* a l'air d'agir en quelque sorte instinctivement, sans comprendre ce qu'elle fait.

LE CHRIST. — Le *Christ mort* de M. Just Becquet est d'un réalisme exagéré. Il y aurait de nombreuses critiques à lui adresser, notamment au sujet des pieds, des mains, et de la position du bras gauche. Le *Jésus* de M. José Clara, vu de profil, montre une chevelure d'un arrangement bien bizarre.

JUSTICE ET VÉRITÉ. — M. Jean Carlus a tenté d'enrichir l'iconographie de *la Justice*. Il n'a pas été très heureux. Thémis n'est plus une femme tenant une balance d'une main et un glaive de l'autre, comme l'ont représentée Giotto et Raphaël, c'est une femme ayant la toque et la robe de magistrat. J'imagine que la déesse doit se trouver ainsi déguisée. Pour *la Vérité*, M. Carlus n'a rien innové. Mais pourquoi nous arrêter à ce monument, puisqu'il n'a d'autre but que d'élever à son faîte, disgracieusement, le buste de Pierre Vaux ? Toujours des bustes !

LA PAIX. — Le fragment du monument de la Paix, de M. Moreau-Vauthier, offre ce coup d'œil peu harmonieux d'un magistrat, d'un général et d'un évêque se traînant par terre derrière une femme qu'ils essaient d'arrêter. Il est assez singulier de voir les amants de la Paix faire pour la défendre œuvre de guerre, c'est-à-dire de polémique et de haine. La haine a toujours tué l'Art, aussi le groupe n'a-t-il aucun caractère artistique.

« AMOR ! » — C'est le titre d'un bas-relief en marbre, prétentieux et banal, de Mᶦˡᵉ Blanche-Adèle Moria, une Parisienne de Paris, élève de Chapu et de M. Mercié. En haut une femme, les mains hiératiquement croisées sur sa poitrine ; en bas un couple couché et enlacé, dont on ne voit guère que le dos de l'homme. Si c'est une revanche du féminisme, hélas ! qu'elle est piètre et vulgaire !

Puisqu'il faut de ces sujets à certains nerfs, — gardons-nous de dire : à certains esprits, — le *Tourment d'amour* de M. Henri Boncquet offre au moins plus de vigueur dans la conception et dans la forme.

Contentons-nous, avec M. Lucien Guérin, de l'*Eternelle Chan-*

son. Son groupe a une beauté vraie parce qu'il est simple, et s'adresse plus à la pensée qu'aux sens.

La Vie, de M. Beury, représente un homme prenant une femme dans un filet. C'est « l'homme éternel captif de la femme captive », nous dit un sonnet *ad hoc*. Ce filet ne nous émeut point !...

Ecce femina, prend soin de nous dire M. Axilette en nous montrant une femme aux traits gros et au regard inintelligent qui découvre sa poitrine en laissant tomber un manteau de coupe très moderne, semble-t-il. Pourquoi est-ce *la femme*, *Femina* ? On ne le voit pas du tout.

Il faudrait peut-être le même titre au groupe en pierre Bardelio (sorte de marbre noir) de M. Glicenstein : *le Sphinx*. Le Sphinx tuait ceux qui ne devinaient pas ses énigmes ; celui-ci, au corps de tigre et à la tête de femme, est étendu sur l'homme et lui enfonce ses griffes dans le cœur. L'idée est sans doute cruelle à l'excès ; l'œuvre est impressionnante.

Les femmes nues sculptées dans la blancheur du marbre sont, comme tous les ans, nombreuses. Il y a peu de chose à en dire. Ce sont évidemment les œuvres que les artistes dessinent avec le plus de passion, partant avec le plus de succès ; ce sont aussi les œuvres dont le directeur des Beaux-Arts et les acheteurs privés font le plus volontiers l'acquisition.

LA MORT. — L'idée de la mort n'est guère traitée que dans des monuments funéraires. Cependant M. Henri Jondel expose un groupe qui veut représenter *la Mort jalouse des Mères*. Il n'a pas réussi à traiter le sujet de façon bien originale, quoique sa mort ne soit point le squelette vêtu que nous sommes accoutumés de voir ; mais cette personnification charnelle de la mort a je ne sais quoi de trop humain qui révolte les sentiments les plus profonds de notre être. Plus forte que nous, toujours, la Mort doit être différente de nous, et nous ne pouvons admettre qu'on lui donne notre chair, nos yeux.

Les nombreux monuments funéraires sont, comme les portraits, une preuve de notre orgueil. Au reste, plusieurs d'entre eux, et notamment la très belle *Chapelle funéraire* de MM. Charpentier et Jalabert, d'un ensemble calme et impressionnant, valent surtout par la perfection de leurs portraits. L'un de ces monuments funèbres, œuvre de M. Szymanowski, veut certainement être très original : dans la traîne de deux pleureuses, qui s'étend comme une tenture mortuaire, se trouve le buste du défunt, en redingote ! On devine combien l'effet est artistique...

La *Pierre tombale* de M. Darel est plus simple, et par suite plus harmonieuse.

Il faut remarquer également le *Tombeau d'Augusta Holmès*, par M. Aug. Maillard ; le *Souvenir*, de M. Schuler, un Américain ; le Monument à Mᵐᵉ X., par M. Pegram, un Anglais, et le *Monument pour la tombe du peintre Paul Soyer*, par M. Charles-Eugène Breton, un Tourangeau. celui-là.

Nous avons loué tout à l'heure son haut-relief *Vers l'Infini*. Ses œuvres font partie du petit groupe de celles qui ont vraiment un caractère artistique, et dont je n'ai eu l'occasion de citer, jusqu'à présent, que quelques-unes.

Je complète, en terminant, l'énumération malheureusement très courte de ces

ŒUVRES ARTISTIQUES. — Afin de ne point passer pour antiféministe, après la critique que j'ai faite de l'*Amor !* de Mˡˡᵉ Moria, je mentionnerai d'abord *la Tourmente*, de Mᵐᵉ Berthe Girardet, d'une expression très puissante. *L'Épave*, de M. Laporte-Blairsy, possède des qualités analogues.

Musset et la Nuit de Mai est digne du maître Antonin Mercié.

Notons ensuite : *Le Vœu*, de M. Larroux ; le *Poète comique* de M. Forelay, et *Devant l'Avenir*, de M. Domenech y Vicente, artiste espagnol. Cette œuvre très belle, qui montre un jeune homme et une jeune fille nus, anxieux de leur faiblesse, et un peu découragés devant les luttes âpres et injustes de la vie, indique de façon saisissante comment le nu devient purement artistique lorsqu'il est mis au service de l'idée.

Il faut noter également une petite statue de plâtre posée avec vigueur et talent : *Le Berger*, de M. Nivet. La main droite appuyée sur son bâton, l'autre main dans sa poche, le berger fixe son regard énergique et rêveur sur l'horizon. C'est une œuvre pleine de vie, que les distributeurs de lauriers ne remarqueront point, car, vois-je sur le catalogue, son auteur est un modeste artiste d'un chef-lieu de canton de l'Indre.

Enfin, je goûte infiniment le talent de M. Labatut, qui expose une statue de marbre de tout premier ordre : *L'Enfant martyr*. « Il a fermé les yeux et sourit à la mort. » Il y a, dans la physionomie douce de cet enfant, un rayon d'idéal, de pureté et de foi, qui serait suffisant pour illuminer à jamais la carrière de celui qui l'a conçue. C'est l'œuvre maîtresse des deux salons de sculpture.

(*A suivre.*)   A. DE MAUPERTUIS.

LA SCULPTURE DE RODIN

La Pensée et le Penseur

Le grand maître Rodin vient de donner à la sculpture française un chef-d'œuvre de plus : sa statue du *Penseur*. Toutes les revues illustrées l'ont reproduite. Elle est maintenant au Salon ; et l'on sait que demain on la dressera sur la place publique, en plein Paris. Elle ne sera plus la propriété d'une élite d'admirateurs sincères ou d'habitués de musées. Elle sera mêlée à notre vie de chaque jour. Sur elle s'arrêtera, à la dérobée, le regard du passant qui court à ses affaires. Autour d'elle tournera plus d'un flâneur qu'elle fera réfléchir. Enfin elle aura aussi ses pèlerins fidèles qui, pour aller la voir, oublieront un instant le chemin de nos grands musées. Bref, sur ce que cette idée d'installer le « Penseur » au cœur de la grande ville peut avoir de noble et de fécond on a beaucoup écrit ces temps derniers.

L'idée ne paraît cependant pas à l'abri de toute critique, et l'on peut se demander si à l'art de Rodin, pour qu'il soit senti et compris, il convient de donner l'agitation de la rue pour cadre.

Assurément nulle part la vraie beauté ne perd ses droits, et ceux qui l'aiment vraiment la retrouveront partout et toujours. Mais, en somme, c'est pour la foule qu'on installe au grand air cette statue. Or, ce qui attire l'attention du passant, distrait ou affairé, n'est-ce pas plutôt en général ce qui sort de l'ordinaire, ce qui est colossal ou théâtral, la reproduction plus ou moins fantaisiste et embellie d'une grande scène historique, le buste ou la statue d'un grand homme dont la mémoire et les traits sont idéalisés, ou encore un groupe de personnages aux grandes proportions ou aux attitudes extraordinaires, voire même d'indéchiffrables symboles ? Ce n'est pas affaire de mauvais goût. Mais, on dirait que pour la sculpture, qui doit être vue au grand air, il y a une espèce d'optique.

Avec l'art de Rodin, nous sommes loin de tout cela.

Comme tous les artistes de génie, c'est la vie même qu'il a voulu exprimer ; mais la vie dans ce qu'elle a pour ainsi dire de plus intérieur, dans ce qui monte des profondeurs de notre être pour se réfléchir sur notre physionomie et dans notre attitude physique. Un exemple fera mieux comprendre la chose. Prenons-le au hasard dans l'œuvre de l'artiste.

Au Musée du Luxembourg se trouve une sculpture de Rodin qui s'appelle *la Pensée* ; sur un bloc de marbre à peine dégrossi repose une tête de jeune fille à la douce figure pensive. Arrivé devant elle, on se sent d'abord surpris, puis troublé. De cette jeune fille on ne saurait dire qu'elle rêve. Sur son front ne passe aucun nuage de tristesse. Dans ses yeux, pourtant si expressifs, on ne lit pas la mélancolie qu'a si bien traduite Albert Dürer. Et l'on sent que si ces fines lèvres closes, au dessin si pur, s'entr'ouvraient, il en sortirait à peine un léger soupir dont la jeune fille serait peut-être la première étonnée. Elle est tout simplement pensive, parce que sur ses traits semble s'être répandu pour un instant quelque chose du mystère de son âme. C'est ce mystère, ou plutôt cette mystérieuse expression de la personnalité humaine par la personne physique dans ses moindres détails, que Rodin a voulu fixer dans le marbre.

Si telle est l'intention de l'artiste, tel doit être l'esprit dans lequel il faut admirer ses œuvres. Parce qu'il a voulu exprimer la vie, il faut se placer devant ses statues avec le recueillement et le respect qu'on doit à la vie. Or à ce recueillement respectueux le tumulte de la rue ne saurait convenir ; comme il ne convient pas non plus à l'impression troublante qu'on éprouve à sentir tant de vie profonde s'exhaler pour ainsi dire, sous nos yeux, de la matière inanimée.

Jules HARMANT.

L'imagination de Rodin et le Public

Tout le monde ne partage pas — je le savais — l'opinion que j'émettais il y a un mois sur *le Penseur* de Rodin. Je suis loin de me plaindre de la contradiction qui précède, elle va me permettre de développer en une page ce que je disais en deux lignes.

Il serait certainement ridicule de nier le talent de M. Rodin, qui est un ouvrier puissant ; mais ce n'est pas du muscle que sort la pensée, et voilà bien ce que prouve son *Penseur*.

Sans doute, quand on a de l'imagination, et une éducation artistique raffinée, on peut voir beaucoup de choses dans une œuvre d'art, on peut même finir par trouver qu'elle exprime l'idée inscrite par l'auteur au bas. Mais une œuvre d'art véritable ne doit pas avoir besoin d'une pancarte explicative, elle doit parler elle-même.

Je suivrai volontiers notre très fin collaborateur dans sa comparaison avec *la Pensée* du Musée du Luxembourg (musée où se trouve une autre œuvre de Rodin, bien banale, *le Baiser*). On peut voir facilement beaucoup plus de choses dans cette tête de jeune fille sortant d'un bloc de marbre non dégrossi ; il suffit pour cela de laisser courir librement son imagination, sans crainte de la voir tomber dans le gouffre de l'absurde. La jeune fille, d'après sa coiffe, doit être une paysanne, c'est-à-dire un être sans instruction, et qui sort à peine de la matière d'où le bloc non dégrossi) ; mais pourtant elle est un être pensant, et elle pense, et c'est sa tête seule qui pense, d'où la tête sortant seule de la terre. Je ne sais si telle fut l'idée de Rodin, mais, après tout, elle ne serait pas si absurde !... Malheureusement le public ne dit que ceci en passant devant l'œuvre : « Tiens ! le sculpteur n'a pas eu le temps d'achever le buste et s'est arrêté à la tête ; il doit être mort trop tôt. »

Criez que le public est bête, je reste quand même avec lui.

Je vous assure qu'il aura peu de reconnaissance pour les imaginatifs distingués auxquels le puissant M. Rodin a su persuader que son athlète battu qui se mord le poing, son Adam après la faute, son *Penseur*, doit être placé sur une place publique de Paris.

Mais, après tout, pourquoi pas un homme nu de plus dans quelque square ? On rira !... Le voilà ce « recueillement respectueux » dû à la vie !... Si l'œuvre faisait naître un tel recueillement, je serais, au contraire, partisan qu'elle fût dressée au milieu du tumulte de la rue plutôt que dans un musée, car elle y prendrait une signification plus forte, et ferait, par le contraste, une impression plus grande.

A. M.

Maurice Jokaï et l'esprit national hongrois

L'attention de la presse littéraire s'est tournée ce mois-ci vers la Hongrie, qui vient de perdre un de ses plus grands écrivains, le romancier Maurice Jokaï (1). Ce fut un homme d'action et un homme de lettres. Avant de donner à son pays des chefs-d'œuvre, il commença par travailler pour ses libertés. Jeune encore, il joua un grand rôle en 1849. C'est lui seul qui a empêché la disparition de l'esprit national et peut-être aussi de la langue hongroise pendant la Terreur.

Cet esprit national est toujours vivace. On se transmet encore en Hongrie les épisodes chevaleresques qui n'ont cessé de marquer le cours de l'histoire hongroise. Nous avons eu la bonne fortune de nous faire conter l'un d'eux par le fils d'un publiciste, M. de Gérando, qui a laissé en France et en Hongrie les meilleurs souvenirs. Nous le présentons à nos lecteurs à ce double titre d'actualité.

(1) Maurice Jokaï était né à Komorn, le 19 février 1825. Après de brillantes études il s'établit à Pesth, en 1844, et prit le diplôme d'avocat, mais il n'exerça pas cette profession et se consacra aux lettres. A dix-sept ans il avait écrit son premier drame: l'*Enfant juif* ; à vingt et un ans il publiait son premier roman : *Jours ouvrables*, et prenait la direction d'une Revue: *les Esquisses de la vie*, qui eut pour collaborateurs tous les écrivains illustres de Hongrie, notamment le grand poète Alexandre Petofi.

Il venait d'épouser la célèbre tragédienne Rosa Laborfalvi lorsque les événements de 1848 lui firent prendre l'épée après la plume. Sa femme l'accompagna sur tous les champs de bataille. Rentré à Pesth après un court exil, il continua de soutenir la cause nationale dans une suite d'écrits qui ont pour titre *Esquisses des combats de la vie*. En 1849, il suivit à Debreczin le gouvernement hongrois et y publia un journal : *les Feuilles du soir*. Quand le pouvoir représentatif fut restauré, Jokaï entra à la Chambre des députés, où il tint, jusqu'à la fin de sa vie, une place importante, due autant à sa haute moralité qu'à son talent d'orateur.

Il a écrit plus de 200 volumes : environ cinquante volumes de nouvelles, une trentaine de romans, 2 volumes de poésies, 2 de théâtre, etc. Parmi ses romans les plus célèbres on peut citer : *Le fils de l'homme au cœur de pierre*, *les Comédiens de la vie*, *Aimé jusqu'à l'échafaud*, etc.

Maurice Jokaï fut un peu le Victor Hugo de la Hongrie.

Le 14 juin 1703 au soir, un berger slovaque marchait vers un petit village niché au pied des Carpathes. Il n'était pas tard, et pourtant toutes les fenêtres étaient noires. Personne aux champs, personne sur la route, et un silence de cimetière abandonné. Le berger traversa le village et s'arrêta devant la maison du juge.

On y veillait. Assis près du feu, quelques vieillards causaient à voix basse, et l'un d'eux, de temps à autre, sortait sur la route, puis rentrait :

« Rien encore... »

Tous paraissaient calmes, comme à l'ordinaire. Mais ils causaient peu, et la flamme qui dansait, gaie et claire, jetait une lueur incertaine sur leurs visages tendus. Ils étaient anxieux, comme on l'est à la veille d'un grand événement, espéré depuis longtemps et pourtant effrayant.

Le berger entra, sans saluer. Debout sur le pas de la porte, il annonça :

« Rakoczy arrive ! Il passe les Carpathes cette nuit ! »

Les vieillards se levèrent. Leur inquiétude dissipée, l'angoisse de l'attente disparue, ils saluaient le soldat du chef.

Il était là, de l'autre côté de ces montagnes, le héros bon et brave, qui avait promis à son peuple de balayer d'un seul coup jusqu'au souvenir du passé de souffrance et de misère. Dans les plis de son drapeau bleu il leur apportait la liberté !

Le messager refusa même de s'asseoir.

« Je vais prévenir les autres villages. Tout le monde attend dans le pays entier, et cette nuit les feux sur cette montagne annonceront que le prince a passé la frontière ! »

Le messager sortit dans la cour, accompagné du juge.

Mais un enfant y entrait au même moment.

« Oncle ! Les dragons sont ici ! »

On entendait en effet un galop sur la route.

Le juge cacha le berger dans son étable, et rentra dans la salle.

*
* *

Un capitaine de dragons y était déjà installé. Il salua le juge :

« Oncle, c'est toi le juge d'ici ?

— Oui, monsieur le capitaine.

— Mes hommes ont vu tantôt un homme qui descend de Pologne entrer chez toi.

— C'est un berger slovaque.

— Où est-il ? Fais-le venir. Il est ici, on ne l'a pas vu sortir.

— Oui, monsieur le capitaine. Il est ici. Il dort, il a fait un long voyage. On ne doit pas l'éveiller.

— Il ne lui sera fait aucun mal, à ce berger. Je t'ordonne de l'amener.

Le juge conduisit le messager devant le capitaine.

« Ah bien, tu es berger slovaque ?

— Je suis berger.

— D'où viens-tu ?

— De mon troupeau, je suis venu chercher du lard ici.

— C'est bien. Va t'asseoir près du foyer. Dors, car j'aurai besoin de toi demain matin. »

Le capitaine alluma sa pipe et se mit à causer avec le juge. Le messager commença à sommeiller. Tout à coup, un éclat de rire l'éveilla :

« Votre prince Rakoczy vous trompe ! Il est en ce moment à Schoenbrunn, avec sa femme, cette princesse allemande, et n'a jamais songé à vous délivrer. »

Le berger se dressa. Que faire ? Se trahir. C'était se perdre. Mais n'était-il pas venu pour annoncer la bonne nouvelle à tous ?

« Tu mens ! Le Prince est derrière cette montagne et va descendre cette nuit dans la plaine ! »

Le capitaine sauta debout.

« Cette nuit ? »

Il s'élança dans la cour.

« En selle ! On part. Deux hommes pour ligotter cet espion ! »

Un mouvement se produisit. Des chevaux hennirent dans la nuit, et deux dragons lièrent le messager contre un arbre. Puis tous montèrent en selle et sortirent de la cour. Resté le dernier, le capitaine déchargea son pistolet sur le berger, puis mit son cheval au galop.

* *

Les dragons étaient disparus depuis longtemps, et maintenant la nuit était sombre, sans lune, avec quelques étoiles qui brillaient parmi les nuages. Le messager penchait la tête, et le sang lui coulait de la joue. Il agonisait. La fièvre le secouait, et il avait des visions : le roulement des tambours... des charges de cavalerie... des victoires, toujours des victoires... une marche triomphale à travers la Hongrie, incendiant ce pays où

un feu souterrain n'avait jamais cessé de brûler... le chef
adoré, entrant dans sa fidèle Transylvanie, où les peuples
accourus acclamaient le Prince sur sa route... Soudain dans
son rêve, comme un oiseau qui prend son vol, lentement le
« tarogato » (1) se mit à chanter au loin, sur la montagne. Il pré-
luda dans les notes graves, puis tout d'un coup fit éclater dans
l'espace son chant de victoire, la Chanson de Rakoczy. Le
berger leva sa tête alourdie et regarda. Tout en haut de la
montagne, un feu venait d'apparaître. Puis, toute la chaîne se
couvrit de feux, annonçant aux peuples que le Libérateur était
là. Un contentement immense, une félicité qui était déjà d'au-
delà, emplit le cœur du messager. Et pendant que, dans la
plaine, le messager agonisait, pendant que le pays entier se
soulevait en un cri de délivrance, là-haut, sur son cheval blanc
à la tête de la marée montante de ses soldats, Rakoczy fran-
chissait la frontière ; et dans sa main droite, le vent du soir
déployait la bannière : *Pro Deo et libertate*.

F.-A. DE GÉRANDO.

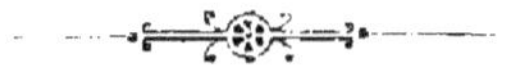

AU THÉATRE

« La plus faible »

La comédie de M. Marcel Prévost qui porte ce titre, et qu'on
a représentée pour la première fois à la *Comédie-Française* le
25 avril dernier, n'est pas frappée au coin de cette originalité
incontestable qui assure l'immortalité aux chefs-d'œuvre dramatiques. Elle a du moins le mérite de transporter sur la scène
et de résoudre à sa manière un problème très humain que nous
voyons chaque jour se poser autour de nous. C'est assez pour
qu'elle retienne notre attention.

Le sujet de cette pièce est fort simple. Un historien publiciste,
Jacques de Nerval, est l'amant d'une jeune femme divorcée,
Germaine. Ce sont deux âmes délicates et nobles rapprochées
par quelque chose de plus sérieux qu'un caprice passager :
par de réelles affinités intellectuelles et sentimentales. Cela
pour l'instant suffit ou devrait suffire à assurer la sécurité et

---

(1 Instrument de musique kouroucz.

l'honneur du foyer qu'ils se sont créé hors des cadres du mariage. Le bonheur de ce ménage n'a pour témoin qu'un fidèle ami et fervent admirateur de Nerval : Louis Gourd. Mais voici venir l'orage. Nerval, blessé gravement dans un duel, est soigné par sa famille, qui a toujours cherché à l'arracher à son amour pour Germaine, et qui cherche à profiter de l'occasion pour amener entre les deux amants une séparation définitive. Quand Germaine, folle de douleur, veut revoir et soigner Nerval, elle se heurte à la sœur de ce dernier, Mme Lebrun, qui se dresse devant elle avec une implacable hostilité. Elle éconduit l'amante ; elle fait mieux, elle essaye de la perdre à tout jamais dans le cœur de Nerval. Profitant de la nécessité qui réduit Germaine à se réfugier chez Gourd, l'ami de son amant, elle s'efforce de faire entrer dans l'esprit déjà troublé de Nerval l'idée de la trahison. Les déchirements que l'on comprend trop bien s'ensuivent dans les âmes délicates de Germaine, de Nerval et de Gourd. Ce n'est que lentement que disparaît le malentendu et que l'honnêteté se redresse triomphante devant la calomnie. A la fin de la pièce on voit les deux amants venir demander au mariage une sanction qui n'ajoute rien sans doute à la pureté et à la noblesse du lien qui les unissait auparavant, mais qui les met à l'abri désormais des préjugés et des calomnies. Bref, de « la plus faible », le mariage fait une femme forte et armée dans la lutte pour la vie.

Il est intéressant de dégager l'idée que recouvre cette intrigue. Deux cœurs peuvent déployer, pour forger et maintenir entre eux une libre union, des trésors de délicatesse et d'énergie, cette union est frappée dès l'origine d'une irrémédiable faiblesse ; elle se trouve à la merci de mille coups dont tôt ou tard elle mourra. C'est qu'à côté de deux individus qui veulent régler eux-mêmes leurs destinées, il y a la société, qui veille et qui veut qu'on se soumette à ses habitudes et à ses lois, c'est-à-dire que l'union soit garantie par un contrat légitime de mariage. La société est cet être redoutable par son anonymat, qui marche vers un but que nous ignorons, et qui, pour y parvenir, ne s'arrête pas au choix des armes : préjugés, calomnies odieuses, répressions cruelles, elle met tout en œuvre. Notre expérience de chaque jour nous l'apprend, et la tactique de Mme Lebrun, représentant dans la pièce la société hostile à l'union libre, en est un illustre exemple.

Mais voici l'envers de la question. N'y a-t-il vraiment au fond de ces préjugés sociaux que de la cruauté et de la barbarie à l'égard de ceux qui veulent régler leur destinée en dehors de toute convention sociale ? Marcel Prévost nous fait sentir qu'il y a quelque chose de plus. Il y a ce sentiment obscur, né d'une expérience approfondie et étendue, que ces unions sont vouées à une instabilité fatale par le fait même de ceux qui les contractent. Elles sont comme un tour de force que le cœur voudrait réaliser en plein idéal. Mais la chute du rêve à la dure réalité est prompte, parce que la femme, être faible, ne tarde pas à retomber meurtrie. Ne trouve-t-elle pas dans le cœur même de celui qu'elle a choisi ou qui l'a choisie, ses premiers et ses pires ennemis ? Remarquons la rapidité avec laquelle la jalousie, malgré toutes les raisons qu'il a de croire en Germaine, fait des progrès dans l'âme de Nerval. Il faut donc que la femme soit défendue, même et surtout peut-être contre son compagnon d'existence. Le mariage fait d'elle moins une personne plus digne qu'une personne plus forte ; et il se trouverait ainsi que les persécutions de la société à l'égard de ceux qui s'unissent librement ne seraient odieuses qu'en apparence : au fond elles cacheraient un inconscient mais ardent désir de sollicitude et de justice à l'égard de la faiblesse.

Il est trop aisé de jeter la pierre aux vieilles conventions sociales. Il est rare qu'elles ne recouvrent pas quelque chose. Quand un auteur s'attache à nous le faire comprendre, on peut vraiment dire qu'il fait servir la littérature à une œuvre utile.

Paul Vuillermoz.

Livres et Revues

L'art et la vie (*Revue des Deux-Mondes* du 15 mai 1904). — « Ç'a été le défaut des romantiques et des parnassiens d'avoir voulu se placer en dehors de l'humanité commune, et, si quelques-uns ont fait effort pour y échapper, je pense que ce goût de la solitude aura trouvé sa dernière expression dans cette poésie décadente qui, il y a quelques années, pour mieux s'abriter contre la foule, s'enveloppait d'une obscurité impénétrable. Les temps qui viennent seront-ils meilleurs pour les poètes ? Dans une société démocratique, l'artiste se sentira-t-il moins isolé qu'il ne l'a été dans une société bourgeoise ? C'est affaire à lui. C'est lui qui doit aller sinon à la foule, du moins au public, et rétablir l'accord entre l'art et la vie... Tant que l'humanité continuera de vivre, c'est-à-dire de souffrir, le poète aura mieux à faire que de s'affliger de sa propre solitude, et il en verra aisément se dissiper le mirage ; car, puisqu'il traduit dans la forme impérissable de l'art une plainte où se mêlent des voix venues de tous les coins de la terre et de toute la durée des temps, le poète n'est-il pas bien plutôt celui qui communie avec tous les hommes et donne à son chant le son de ce qui est éternel ? »

Ce que pensait Zola du théâtre naturaliste (*Correspondant* du 10 mai 1904). — Au cours d'une étude sur le théâtre naturaliste, M. des Granges rapporte une opinion très intéressante d'Emile Zola sur cette question :

« D'après les naturalistes, dit Zola la poésie, est partout, en tout, plus encore dans le présent et le réel que dans le passé et l'abstraction. Chaque fait, à chaque heure, a son côté poétique et superbe. Nous coudoyons des héros autrement grands et puissants que les marionnettes des faiseurs d'épopées. Pas un dramaturge, dans ce siècle, n'a mis debout des figures aussi hautes que le baron Hulot, le vieux Grandet, César Birotteau et tous les autres personnages de Balzac, si individuels et si vivants... Et j'entends donner à ce mot de poésie toute sa valeur, lui restituer son vrai sens humain, qui est de signifier l'agrandissement et l'épanouissement de toutes les vérités. »

... « Sans doute il faut un effort, il faut dégager du pêle-mêle de la vie la formule simple du naturalisme. Là est la difficulté, faire grand avec des sujets et des personnages que nos yeux, accoutumés au spectacle de chaque jour, ont fini par voir petits... Les héros, dans le goût classique ou romantique, coûtent si peu de besogne qu'on les fabrique à la douzaine. C'est un article courant dont notre littérature est encombrée. Au contraire, l'effort devient très dur, lorsqu'on veut un héros réel, savamment analysé, debout et agissant. Voilà sans doute pourquoi le naturalisme terrifie les auteurs habitués à pêcher des grands hommes dans l'eau trouble de l'histoire. Il leur faudrait fouiller l'humanité trop profondément, apprendre la vie, aller droit à la grandeur réelle et la mettre en œuvre d'une main puissante. »

La patrie des arts (*Revue* du 1er mai). — Dans un article de M. Paul Gsell se trouve développée cette idée que de pays à pays les inspirations, dans le domaine des beaux-arts, tendent de plus en plus à se mélanger. « Autrefois il y avait des Ecoles. Ainsi l'Ecole italienne étudiait surtout les sentiments : Perugini célébrait la grâce ; Raphaël, l'amour ; Léonard de Vinci, la prescience mystique ; l'Ecole flamande, avec les Rubens, les Jordaens, les Téniers, traduisait la sensualité, le bonheur de la vie copieuse ; l'Ecole hollandaise, avec les Rembrandt, les Potter, les Cuip, les Berghem, l'intimité démocratique ; l'Ecole française, l'ordonnance, l'équilibre, l'élégance, etc. — Mais, depuis quelque temps, les courants artistiques ont dépassé les frontières et ont trouvé des représentants très proches les uns des autres dans des pays différents... Il n'y a plus d'écoles artistiques nationales, il n'y a plus que des groupements autour de certaines formules qui exercent leur influence dans divers pays à la fois. »

Il se passe dans le domaine de l'art ce qui se passe dans celui de la littérature. Et, en art comme en littérature, c'est en France que l'unification et la généralisation de toutes les tendances particulières se fait le plus aisément ».

La raison en est que (suivant une remarque de M. Jean Finot, que l'auteur cite ici) « l'esprit français plane au-dessus des traits passagers ou menus où on prétend l'enchaîner. Il est avant tout humain, grâce aux origines exceptionnelles du peuple français, mélange extraordinaire de tant de peuples et de races, grâce aussi à la philosophie de son histoire qui lui permet d'assimiler et d'englober toutes les idées venues de dehors.

Poésie et Liberté (*Mercure de France* d'avril.) — La question de la liberté dans le rythme des vers français a soulevé récemment d'intéressantes polémiques. Voici l'opinion qu'exprime M. Albert Mockel à propos du poète Charles Van Lerberghe :

La poésie, « comme la danse et comme la musique, va et vient dans l'harmonie, et courbe au gré du rythme sa beauté flexible. Elle peut s'arrêter un instant pour une attitude soudaine, et renouveler dans le repos la force expressive du geste. Elle peut tout évoquer, — mais dans la clarté d'une image qui s'immobilise, et déjà disparaît en dénouant ses lignes. Elle n'est point fille de l'espace, comme la sculpture ou comme l'architecture. Il lui convient mal de se pétrifier pour égaler le marbre, et les cariatides inertes et monumentales ne lui appartiennent guère. C'est la forcer que de la liger ainsi ; on la raidit en la contraignant :

« Les mètres fixes ressemblent, en vérité, à ces gaines de pierre qui enfermaient les membres des statues primitives. Mais la Muse s'indigne d'être ainsi prisonnière, et voici qu'elle s'est dégagée d'un simple et divin mouvement. Il faut savoir, comme les Grecs du grand siècle, séparer les pieds et les genoux de l'Immortelle, et nous saluerons comme eux l'eurythmie, révélée à son premier pas. »

Le Gérant : Henri FRUCHARD.

Poitiers. — Société française d'Imprimerie et de Librairie.

L'Action Littéraire et Artistique

Voir aux 2e et 3e pages de la couverture ce qui a trait à **Notre but,**
Notre Association, *et à la* **Ligue « Par le foyer ».**

AVIS

*Le nombre croissant des membres de l'Association qui soutient
cette Revue nous permet de diminuer dès à présent de moitié le prix
de l'abonnement. Par suite de cette décision, que nous sommes très
heureux de pouvoir prendre, nous avons remboursé, le 30 juin, à
ceux de nos abonnés qui s'étaient acquittés envers nous, la moitié de
la somme qu'ils nous avaient versée.*

*Exceptionnellement, et en raison de cet avantage, que nous avons
voulu procurer à nos lecteurs dès le milieu de l'année, les numéros
de Juin et Juillet se trouvent réunis.*

A l'avenir, seuls les n^{os} d'Août et Septembre seront dans ce cas.

L'Action de « l'Élite intellectuelle »

Nous sommes en train de recueillir l'opinion de nos littérateurs et artistes les plus en vue sur *l'action par les lettres
et par les arts* ; nous comptons pouvoir publier bientôt toutes
ces opinions réunies. Notre confrère *La Revue bleue*, préoc-
cupé du même mouvement, et nous devançant en quelque
sorte, vient de publier (1) un certain nombre d'interviews
intéressantes, mais qui vont plus loin que nous, et s'éten-
dent à la politique actuelle, en dehors de laquelle nous
tenons à rester.

Voici les principaux passages des opinions émises :

M. Jules LEMAITRE :

« Vous me demandez s'il est du devoir des littérateurs d'exercer
« une action politique. » Qu'en sais-je ? et pourquoi évoquer cette

(1) Voir les n^{os} des 21 et 28 mai, 4 et 12 juin.

*

notion kantienne d'un impératif ? Jamais on ne parla tant de devoir qu'à notre époque de défaillances et d'abandon. Disons des écrivains que c'est leur droit, et c'est leur « devoir » s'ils en jugent ainsi.

« Le pays a-t-il quelque profit à espérer de cette intervention ? Je n'oserais l'affirmer. Le résultat même de mes propres efforts m'échappe. Les littérateurs sont cependant d'esprit plus ouvert que les politiques. Il me paraît désirable qu'ils s'occupent des affaires publiques. Et pourquoi ne chercheraient-ils pas à entrer au Parlement ? Ce ne sont pas, que je sache, des parias.

« Le philosophe, l'historien s'intéresseront, dans les luttes politiques, au jeu des passions. Un pur artiste au contraire y égarerait son rêve. Le littérateur y trouvera-t-il, ou non, un écueil ? Je l'ignore. Anatole France, moi-même, avons-nous souffert de la politique ? Comment le saurais-je ? C'est aux lecteurs à en décider.

« Je crois que, selon les natures, il y a gain ou perte, et ceci dépend aussi des travaux poursuivis. Ma pensée, vous le voyez, est assez complexe ; et pourquoi l'expliquer ? ce serait inutile. »

Ainsi parla M. Jules Lemaître, avec ennui et lassitude, dit notre confrère.

M. Alfred Fouillée :

« L'indifférence en matière politique et sociale est aujourd'hui aussi coupable que pouvait le paraître, dans les sociétés d'autrefois, à base religieuse, l'indifférence en matière de religion.

« Faut-il pour cela que les écrivains et savants prétendent exercer, comme vous dites, « une action immédiate sur la politique de leur pays » ? Une action, oui, car leur influence vaudra toujours mieux que celle des ignorants ; mais *immédiate*, c'est ce qui dépend des circonstances, des aptitudes, des forces physiques et intellectuelles. Les occupations politiques peuvent, selon vos expressions, « contrarier la vocation littéraire ou scientifique » des uns et ne pas nuire à celle des autres.....

« Il est nécessaire que l'élite intellectuelle participe de plus en plus au pouvoir politique. Le danger de nos démocraties, c'est ce que Balzac appelait la « médiocratie ». Bien plus, c'est l'aristocratie à rebours ou le gouvernement des pires, la *cakistocratie*. C'est aussi la spécialisation exagérée de la fonction publique aux mains des « politiciens » qui changent en métier lucratif une mission toute morale. Pour lutter contre le courant qui nous entraîne, il faut que nos institutions fassent, dans leur sein, une part croissante à l'élite intellectuelle. Malheureusement, bien des choses y sont organisées de manière à décourager les hommes supérieurs et même simplement les honnêtes gens. Le suffrage dit universel, dont nous jouissons, et qui n'est qu'un suffrage partiel, non proportionnel, anarchique et amorphe, élimine à peu près tout ce qui n'est pas intérêt local, intérêt de classe, intérêt individuel. Il sacrifie les minorités, il écrase les élites. Il tend à devenir le gouvernement nominal des foules, représentées par quelques meneurs et exploiteurs qui ont seuls le pouvoir réel. Un mode meilleur de suffrage serait essentiel pour introduire au Parlement l'aristocratie naturelle, sans laquelle il n'y a point de progrès pour une nation.... La seule res-ressource pour l'élite est de pénétrer courageusement partout où on veut bien la laisser entrer. Qu'elle ne se laisse décourager ni par les insultes, ni par les déboires. Longtemps encore, les démocraties manifesteront leur traditionnelle « envie » à l'égard des supériorités (si bien décrite par Thucydide, par Platon, par Aristote), leur aveugle goût d'égalité mensongère, leur ignorance de la vraie justice, qui consiste non à égaliser ce qui est inégal, mais à donner plus d'influence à ceux qui ont plus de mérite. Mais, quand les démocraties auront reçu les dures leçons de l'expérience, elles seront bien obligées ou de « se démettre, » ou de se soumettre aux vraies lois qui, selon Montesquieu, « dérivent de la nature des choses » — et de la nature des hommes... »

Donner à tous les jeunes gens, à tous les citoyens de demain, une éducation qui les habitue à mettre l'intérêt général au-dessus des égoïsmes individuels, à placer le souci de l'avenir national avant les précautions matérielles de l'heure présente, voilà le vrai « besoin moderne », « laïque » et « démocratique ». Il ne suffit pas de faire la guerre aux anciennes croyances pour en établir de nouvelles. « On ne détruit que ce qu'on remplace. »

M. Maurice Barrès :

« Doit-on écrire sur la politique?

« Sans doute, cela est nécessaire. Il faut des journalistes, des pamphlétaires à la Paul-Louis Courier, des économistes, des doctrinaires, des philosophes, des historiens... je m'arrête : il serait plus aisé d'énumérer les écrivains qui ne font pas de politique. Il y en a peu : un Dumas fils, qui semble d'abord un homme de théâtre sans plus, prépare l'opinion à telles réformes de nos lois ; un Leconte de Lisle lui-même, dans la mesure où il transforme en matière poétique sa haine du catholicisme, aide sensiblement à la formation d'une jeunesse anticléricale ; un Flaubert jette du ridicule sur les libres-penseurs de comice agricole, et M. Homais nous avertit qu'on n'est pas nécessairement un homme en progrès parce qu'on parle beaucoup du progrès. Et si vous pensez que, du moins, un Théodore de Banville n'a rien à voir avec la politique, je vous dirai : Prenez garde! vienne la guerre de 1870-71, il publiera des vers patriotiques ; bien plus, il a chanté sa terre et ses morts, et parce qu'il a développé certains sentiments de vénération qu'il portait dans son âme frivole, ce délicieux « baladin » (comme diraient de graves critiques) fait un collaborateur imprévu à la politique traditionnaliste.

« Tous les écrivains agissent, qu'ils le veuillent ou non, sur l'o-

pinion publique. Il faut qu'ils soient bien vides et bien nuls pour
que leur œuvre ne retentisse pas dans la vie sociale. Nul besoin d'être
un homme à thèse. Chaque fois que l'on excite une manière de
sentir, on prend une part plus ou moins directe mais positive à la
conduite de l'opinion.

« En conséquence, il n'y pas à savoir si c'est « le devoir ou l'avantage » des écrivains de « chercher à exercer une action sur la politique du pays ». On constate, comme un fait, qu'ils exercent cette
action. »

M. Tarde :

« Il ne se peut que les penseurs et les littérateurs aient le devoir
de perdre leur temps à faire de la politique active et actuelle, au
lieu d'élaborer des idées qui permettront aux politiques de demain
d'orienter leur marche. A chacun sa tâche. Dans la complexité des
sociétés modernes, la division du travail s'impose. Un Etat dirigé
par des philosophes était concevable dans l'antiquité, il ne l'est plus
de nos jours. On ne peut à la fois penser et agir, penser avec indépendance et agir avec résolution, penser en s'éloignant des courants
d'opinion, comme le vaisseau des cyclones, et agir en se servant de
ces courants, en maniant des forces.

> Il faut se séparer, pour penser, de la foule
> Et s'y confondre pour agir,

disait très bien Lamartine.

« Par là je ne veux pas dire que ni le dramaturge ne doit agiter
des questions sociales et actuelles, ni le sociologue s'occuper des
problèmes du jour. Mais cette préoccupation des questions vitales
du pays ne peut être confondue avec l'exercice même du pouvoir.

« Il n'y a d'exception selon moi à cettre règle d'abstention politique que je viens d'imposer à l'homme de pensée, que dans les
moments de crise violente où le devoir s'impose à tout citoyen de
quitter son atelier et de descendre dans la rue. Mais sommes-nous à
l'une de ces heures violemment critiques ? Non, malgré le danger
manifeste de l'instant présent. »

M. Gabriel Monod :

« Dans les temps de crise, des hommes qui sembleraient par leur
caractère et leurs tendances intellectuelles peu enclins à se mêler
aux affaires publiques peuvent, tout en restant désintéressés de
toute ambition politique, se sentir appelés à parler, et leur parole
prend alors une importance exceptionnelle. André Chénier a écrit,
pendant la Révolution, non seulement des iambes vengeurs qui flé-
trissent à jamais les « bourreaux barbouilleurs de lois », mais des
pages de prose politique d'une immortelle beauté.

« Je considère comme très heureux pour un pays que les hommes qui occupent le premier rang dans le domaine intellectuel ne se désintéressent pas des affaires publiques et ne les abandonnent pas aux pures politiciens. L'Angleterre n'a pas eu à regretter d'avoir remis la direction du gouvernement à un *scholar* et à un théologien comme Gladstone, à un romancier comme Disraëli, à un philosophe comme Balfour. En France même, on ne saurait s'affliger que Guizot, Lamartine ou J. Simon aient joué un rôle politique ; et, pendant la Révolution, quels services n'ont pas rendus les Condorcet, les Fourcroy et les Monge ! Toutefois, ce n'est pas dans les assemblées que les écrivains ou les savants rendent le plus de services. Beaucoup d'entre eux sont impropres à la vie publique, et la vie publique, en absorbant leur temps et leurs forces, prive le pays d'œuvres plus nécessaires à sa gloire et à l'éducation nationale que l'élaboration des lois. Mais la littérature et la science d'un pays perdraient une grande partie de leur sève si ceux qui s'en occupent se désintéressaient de la politique, et la politique perdrait un élément essentiel de vie, un ferment nécessaire. Michelet n'a jamais voulu être député, mais il a plus agi sur le pays au point de vue politique par ses livres qu'il ne l'aurait fait par sa participation aux discussions parlementaires. Victor Hugo a exercé une plus grande action politique par ses *Châtiments* que par ses discours à l'Assemblée législative. L'idéal serait que la politique fût pénétrée par l'esprit scientifique des savants, par les grandes pensées des penseurs, et que les savants et les écrivains sussent associer toujours à la recherche de la vérité et du beau le sentiment d'une communion intime avec les intérêts actuels de l'humanité et de la patrie. Mais cet idéal ne peut être réalisé que d'une manière bien limitée et bien imparfaite.

« Enfin aujourd'hui l'évolution démocratique des sociétés fait un devoir à ceux des savants et des écrivains qui en sont capables de se mêler aux œuvres d'éducation populaire et d'exercer à ce titre une action politique, ou plutôt morale...

« Il serait surtout désirable que des intellectuels puissent juger la lutte en se mettant au-dessus des partis en présence, et en se plaçant au point de vue de la philosophie et de l'histoire. Mais cela est très difficile, *et nous attendrons longtemps sans doute le moment où de riches capitalistes donneront à des savants et à des écrivains passionnés pour la vérité seule les millions nécessaires pour fonder un journal qui étudiera toutes les questions en elles-mêmes sans chercher à servir aucun intérêt particulier, ni personnel, ni politique, ni financier.* »

M. Albert Guinon, l'auteur de *Décadence* :

... « Or, étant mêlés de plus en plus à la vie sociale, il s'ensuit que les écrivains peuvent et doivent être de plus en plus tentés d'exercer une influence personnelle sur la politique de leur pays. C'est là une conséquence fatale — et j'ajoute : une conséquence heureuse

Il s'ensuit également qu'ils sont amenés à exercer cette influence non seulement par leur vote, mais aussi par le moyen d'action qui leur est propre, c'est-à-dire par la plume.

« Mais doivent-ils, dans ce but, se livrer à « la propagande de presse », faire des « conférences », ou s'adonner à des « œuvres d'éducation populaire » ? Doivent-ils « entrer au parlement » ou « participer au pouvoir » ?

« Ma réponse personnelle sur ce point sera nette. C'est : non, cent fois non !

« Le seul moyen naturel et enviable, pour un écrivain, d'exercer une influence politique ou sociale, c'est de l'exercer *par ses ouvrages, littéraires ou dramatiques*. Un roman, un drame, une comédie peuvent, par leur sujet même, par les développements ou les personnages qu'ils comportent, avoir une action sociale ou politique considérable. Mais ces ouvrages n'en demeurent pas moins des œuvres d'art, et leurs auteurs restent des artistes. Car c'est, avant tout, par la précision et l'originalité du style, par la force et l'esprit du dialogue, bref, par les qualités de *forme* qu'on est un artiste de la plume. Or, tant qu'il exerce son influence par ses ouvrages mêmes, l'écrivain demeure sur son terrain ; il exprime librement ses idées dans le langage de son choix ; enfin il est le maître de sa *forme*.

« Mais qu'il se garde bien de glisser dans la « propagande de presse », les « conférences », « l'éducation populaire » ou dans « le parlement » et le pouvoir !... Ce n'est un mystère pour personne que les orateurs et les publicistes politiques — à de rares exceptions près — parlent et écrivent une langue d'où l'art semble s'être à tout jamais retiré sans esprit de retour... En dehors même de leurs clichés d'idées (car nous autres, écrivains, nous avons nos clichés d'idées, et cela est inévitable, puisque les idées sont le fonds commun où chacun puise), les hommes politiques ne s'expriment guère que par clichés de forme... Or, le principal effort et le principal mérite de l'écrivain n'est-il pas de fuir le cliché d'expression ?... Transporté dans ces milieux sans art, l'artiste — s'il parvient à y demeurer tel — sera donc à la fois déplacé et incompris, puisqu'il n'en parlera pas le banal et épais verbiage. Ou bien, gâté par le contact, envahi par la contagion, il finira, hélas ! par prendre « le ton de la maison », par adopter le jargon de l'endroit, et — qu'il s'agisse d'un club d'éducation plébéienne ou de la Chambre des députés — il se mettra peu à peu à en parler l'uniforme vocabulaire. Alors il aura vite perdu ce qui fait à la fois la parure et l'âme particulière de l'écrivain, ce dont il demeurait le souverain maître, tant qu'il se contentait d'exprimer sa pensée dans ses seuls ouvrages, c'est-à-dire la *forme*.

« Donc, pour me résumer, je pense que l'écrivain doit exercer son action politique et sociale *uniquement par ses œuvres littéraires ou dramati ues*.

« Je pense qu'il doit s'interdire « la propagande de presse », « les conférences », « l'éducation populaire », l'entrée au « Parlement » et s'en garder comme du feu. »

M. Paul HERVIEU :

« Le *droit* pour les écrivains et savants de communiquer les lumières politiques qu'ils jugent avoir, se transformerait peut-être en devoir, à mes yeux, le jour où ils seront tombés d'accord entre eux sur ce qui est le vrai, l'équitable, le bon, l'utile et le pratique en fait de gouvernement. Quant à savoir si la vocation littéraire est favorisée chez eux par leur intervention dans la politique, cela ne revient-il pas à décider si l'on fait mieux deux choses à la fois qu'une seule ? »

M. Emile DURKHEIM :

« C'est surtout, à mon sens, par le livre, la conférence, les œuvres d'éducation populaire que doit s'exercer notre action. Nous devons être, avant tout, des *conseilleurs*, des *éducateurs*. Nous sommes faits pour aider nos contemporains à se reconnaître dans leurs idées et dans leurs sentiments beaucoup plutôt que pour les gouverner ; et dans l'état de confusion mentale où nous vivons, quel rôle plus utile à jouer ? D'autre part, nous nous en acquitterons d'autant mieux que nous bornerons là notre ambition. Nous gagnerons d'autant plus facilement la confiance populaire qu'on nous prêtera moins d'arrière-pensées personnelles. Il ne faut pas que, dans le conférencier d'aujourd'hui, on soupçonne le candidat de demain. »

M. Gabriel SÉAILLES :

« Renan remercie quelque part les sots de vouloir bien assumer le souci des affaires humaines (1). Des exemples récents montrent jusqu'à l'évidence le danger qu'offre cette sélection de la platitude et de la médiocrité. L'heure venue, l'intelligence proscrite se venge par son absence. Nulle part ce danger ne serait plus à redouter que dans une démocratie qui ne peut se passer d'un esprit public. L'intellectuel n'est pas libéré du devoir qui incombe à tous les citoyens de s'intéresser à la chose publique et d'y concourir. . . . . . .

« Son rôle est de faire une part à la raison dans les affaires humaines ; son œuvre reste une œuvre d'éducation, son devoir n'est pas de laisser l'action aux sots, mais de mériter leur haine en disant la vérité. L'illusion est dangereuse, comme toute forme du mensonge, puisque le déterminisme des faits pose ses conséquences en dehors d'elle. La méthode de contrôle et de libre examen, d'observation, de réalisme intelligent, qui est la méthode de toute science, peut s'appliquer utilement aux questions qui trop souvent sont posées par l'intérêt et résolus par la passion. »

(1) La politique était pour Renan « un champ aride et épuisé, une lutte de passions et d'intrigues fort indifférentes pour l'humanité, intéressantes seulement pour ceux qui y prennent part ».

M. Emile Fabre, l'auteur de la *Vie publique* :

« Pour ce qui est d'exercer « une action immédiate », c'est une plus délicate affaire ; car on n'exerce guère cette action qu'en se mêlant directement à la vie publique, par la parole ou par la plume. Mais pendant qu'on fait des conférences ou des articles, on n'écrit pas son livre, on ne compose pas sa pièce, on ne peint pas son tableau, on ne poursuit pas ses recherches. Il faut être artiste, savant, ou politicien. Il faut opter. La vie est courte.

« C'est dans des circonstances tout exceptionnelles (révolutions, coups d'Etat, attentats contre la liberté ou le droit, 1789, 1851, 1871, 1898), que l'intellectuel peut, et doit peut-être, se jeter dans la lutte, apporter à son parti l'appui de son talent et de son nom. La bataille finie, que le chimiste retourne à son laboratoire et le lettré à sa bibliothèque.

« A votre seconde question, « s'il convient qu'ils éclairent l'opinion... par des œuvres d'éducation populaire », je répondrai : qu'il convient avant tout qu'un artiste fasse œuvre d'artiste. Un romancier, un peintre, un poète, doivent s'efforcer de composer des œuvres *belles ;* si par surcroît elles sont *utiles* et propres à servir à l'éducation du peuple, il s'en faut réjouir ; mais des couleurs qui flattent l'œil, des sons qui caressent l'oreille, des caractères nettement dessinés, il ne faudrait pas me presser beaucoup pour me faire avouer que ce sont les qualités que je cherche d'abord dans un tableau, dans une symphonie, dans une tragédie. On convient qu'*Œdipe à Colone, Athalie, les Fables de la Fontaine, Salammbô, la Neuvième Symphonie, la Dispute du Saint-Sacrement* sont des œuvres marquées du sceau du génie. J'en demande l'utilité pratique ?... »

M. Emile Faguet :

« Personne n'est plus convaincu que moi que les savants et hommes de lettres ont non seulement le droit mais le devoir de donner leur avis sur les questions qui intéressent leur pays et l'humanité. Il serait étrange que la seule opinion qui dût être ensevelie dans le silence fût celle des hommes qui savent quelque chose, qui ont réfléchi et qui ont réussi à se faire quelques idées générales. Pour ce qui est de leur intérêt à eux, je suis convaincu qu'à se jeter dans la politique active, quotidienne, militante, ils perdraient leur talent et toute leur faculté de voir de haut les hommes et les choses ; mais sur toutes les questions importantes ils doivent se faire une opinion et la dire, sous peine d'abord de manquer à leur devoir de citoyen, ensuite de se rétrécir et comme se dessécher eux-mêmes ; car on se tue à émigrer, même à l'intérieur, et à

S'en aller, penseur inutile,
Par la porte de la cité. »

M. Louis Havet :

« Reste-t-il bien un citoyen, celui qui n'a songé qu'à son repos, et que la loi de Solon aurait frappé de disqualification publique ? Un homme de pensée est tenu à l'action plus que tout autre, car quelle excuse trouverait-il ? Il n'est plus qu'à demi un écrivain si sa plume n'ose traiter que des sujets inoffensifs. Il n'est plus qu'à demi un savant, si son esprit recule devant un problème grave. On ne voit pas pourquoi ou ne ferait plus ministres un François Arago, un Victor Cousin.

« Actuellement, il est vrai, les abords de la vie publique sont rebutants pour l'homme qui cultive l'activité délicate de l'esprit ; mais cela peut changer. Qu'on imagine une représentation proportionnelle qui dispenserait le candidat des polémiques de personnes, qui affranchirait l'élu de la servitude privée, et qui, vu l'ampleur des circonscriptions, amènerait les partis à mettre en tête de leurs longues listes un état-major de noms marquants : l'écrémage actuel du personnel politique cesserait, et l'intelligence reprendrait dans les Chambres son importance légitime. Ce serait à chacun des hommes d'étude de sonder lui-même ses goûts et ses capacités : tel historien accepterait le travail politique direct et l'éventualité du pouvoir, comme Thiers et Guizot ; tel autre historien, comme Michelet, s'en tiendrait au rôle d'auteur et de professeur.

« Ceux des écrivains, ceux des savants qui se sentiraient à l'égard de la politique directe le tempérament de Michelet pourraient être néanmoins, comme lui, des prédicateurs et même des tribuns. Par l'enseignement officiel, comme Michelet ? non peut-être ; mais ils pourraient agir par les livres, par les journaux et revues, par les universités populaires, par les conférences. Ils porteraient la parole libératrice dans les réunions publiques ou privées. »

L'action de la « Société des idées du Père Gibus »

Certains artistes et littérateurs, « gros bonnets arrivés », selon l'expression irrespectueuse d'un journal, ne pardonnaient pas à des hommes dont le nom modeste n'a point l'éclat aveuglant du leur d'avoir voulu *les premiers* créer, par l'action littéraire et artistique divulguée, un mouvement en faveur des grandes et fécondes idées de désintéressement et d'enthousiasme.

Ils viennent de fonder, en ce mois de juillet 1904, une Société qu'ils ont appelée : *Société des idées du Père Gibus*, et dont il ont annoncé la naissance à la presse par l'écho suivant :

« On sait qu'un certain nombre des plus hautes personnalités du monde des arts, des lettres et de la science ont eu l'idée de se grouper dans le but de créer un mouvement en faveur des grandes conceptions de « désintéressement et d'enthousiasme ». Hier, a eu lieu, chez M. Widor, une première réunion. Après élection, le bureau a été ainsi constitué :

Président, M. Carolus-Duran : vice-présidents, MM. Ferdinand Humbert, de l'Institut ; Gaston Deschamps, Widor, V. de Montgolfier ; secrétaires généraux, MM. Dorchain, Talmeyr, le Docteur Edouard Branly, l'illustre inventeur de la télégraphie sans fil.

Sur la question du choix d'un nom, une discussion s'est engagée. Toutes les appellations proposées paraissaient soit ôter au nouveau groupement son caractère purement amical en lui attribuant de trop ambitieuses visées, soit confiner à la politique, chose à laquelle il veut demeurer étranger. Un des membres présents a proposé alors, à titre transactionnel, de prendre un de ces noms qui — comme la *Sabretache* pour les idées militaires -- permettent de défendre de grandes choses sous une forme à la fois légère et enlevée. Cette proposition a été adoptée, et il a été convenu, à l'unanimité, que le nouveau groupement s'appellerait la *Société des idées du Père Gibus*, se plaçant ainsi sous le vocable du type charmant qui a suggéré l'idée de le créer.

Il doit s'agir du *Père Gibus* de M. Henri Desplace, dont nous parlons plus loin.

Les membres de cette Société auraient trouvé un emploi naturel de leur activité généreuse dans notre Association, mais ils n'y auraient pas été les *dieux-créateurs*.

Sans jalousie aucune, nous souhaitons longue vie et prospérité à notre sœur cadette, la *Société des idées du Père Gibus*.

Le Centenaire de George Sand

George Sand naquit en juillet 1804. On vient de fêter son centenaire, et beaucoup moins bruyamment que, il y a deux ans, le centenaire d'Hugo ; c'était justice. A une époque où la politique domine tout, c'est d'abord Victor Hugo homme politique qui fut fêté. George Sand s'occupa bien elle aussi de questions politiques, et surtout sociales, mais elle était incapable de le faire avec haine, c'est pourquoi on a oublié son action dans ce sens. Et puis, son socialisme n'est pas assez *utilitariste* pour être goûté de nos jours. Il y a à coup sûr beaucoup de naïveté dans ses rêves égalitaires, mais il y a une foi généreuse et douce qu'on ne retrouve plus guère dans les œuvres actuelles.

Au jardin du Luxembourg. — A l'occasion de ce centenaire, un monument a été inauguré dans le jardin du Luxembourg, le 1er juillet. Mais c'est la maquette seule qui y fut dressée quelques instants. Le statuaire Sicard ne terminera son œuvre que l'année prochaine.

A la Comédie-Française. — La Comédie-Française a couronné le buste de George Sand ; ce n'était que de la gratitude vis-à-vis de celle qui a écrit :

« J'aime les comédiens ; cela scandalise quelques esprits austères. On m'a reproché aussi d'aimer les paysans. Ce sont deux travers dont je ne rougis pas. Je les connais ; j'ai passé ma vie avec eux, et *je les ai dépeints comme je les ai vus.* Les uns nous donnent, au grand soleil, le pain du corps ; les autres, à la lueur du gaz, nous donnent le pain quotidien de la fiction, si nécessaire à l'esprit inquiet et troublé par la réalité... »

Pourtant, je ne sais point pourquoi, à la Maison de Molière, où l'on a du goût, on ne renonce pas à ces couronnements de bustes, et à ces *Cérémonies* comme celle du *Mariage de Figaro*, où les comédiens, en habit noir, jettent sur leurs épaules un manteau rouge. Il manque, aux couronnements de la Comédie-Française, une ronde finale autour du buste !...

Mais on a fait mieux, on a joué *Claudie*. C'était l'hommage le plus délicat et le meilleur. Il suffisait, et rendait inutile le couronnement du buste.

Claudie est une très belle œuvre, qui mériterait d'être jouée au Théâtre-Français au même titre et aussi fréquemment que certaines pièces de Dumas, car elle n'a pas moins de valeur.

Elle a même un charme de plus, puisqu'elle nous transporte dans un monde que nous voyons peu souvent faire l'objet de toute une pièce : le monde des champs.

Claudie est une jeune fille orpheline vivant avec un oncle octogénaire ; à 15 ans, elle fut séduite par un paysan faraud lui promettant le mariage. Un enfant naquit et mourut trois ans après ; pendant ces trois ans le séducteur resta caché. Il avait compté sur l'héritage d'une tante à Claudie ; mais cette tante s'étant mariée, Claudie restait à jamais misérable, et l'épouser aurait été s'appauvrir.

George Sand nous montre Claudie travaillant à la moisson chez le père Fauveau, métayer d'une belle paysanne riche, veuve à trente ans, appelée dans le pays la Grand'Rose. Le séducteur de Claudie, Denis Ronciat, se trouve venir à la métairie pour faire la cour à la Grand'Rose. Il offre, pour ne pas être gêné dans son projet par des révélations, une indemnité à Claudie, qui la repousse avec mépris. La Grand' Rose apprend sa conduite passée et ne veut pas de lui. Sylvain, fils du père Fauveau, est amoureux de Claudie et l'épouse, malgré sa faute.

Le « drame en trois actes » de George Sand, joué pour la première fois en 1851, n'a pas vieilli. Les paysans y sont dépeints avec leurs calculs de gens qui connaissent l'âpreté du labeur quotidien, mais aussi avec leur droiture naturelle d'esprit, leur simplicité et leur bonté de cœur.

A l'occasion du centenaire de George Sand un de nos collaborateurs nous adresse l'article suivant :

La Conception de l'Amour
dans les Romans de George Sand

Parce que George Sand a sincèrement aimé et peint la nature et parce que, malgré ses erreurs et ses défauts, elle a toujours brûlé d'un enthousiasme passionné pour l'idéal, ses ouvrages restent jeunes encore, après des années qui en ont fait oublier tant d'autres Ils sont de ceux qu'on peut relire non seulement avec agrément, mais avec profit. Dans ces cadres parfumés de verdure et de fleurs qu'elle a tracés, ce n'est pas seulement la fraîche idylle qui se déroule ou la passion qui fait entendre ses cris ardents ; il y a aussi des idées offertes à notre méditation et des problèmes qui sollicitent notre réflexion. La question de l'amour et du mariage, par exemple, a été une des grandes préoccupations de George Sand, dans ses ouvrages comme dans sa vie. Si le souvenir de ses malheurs personnels et sa puissante imagination l'ont parfois entraînée vers les régions de l'utopie, elle a senti et exprimé beaucoup de fortes vérités morales et sociales. Chercher à ce sujet dans ses œuvres à établir une ligne de démarcation entre le rêve et la réalité, c'est rendre hommage à la vérité et justice à un grand écrivain.

On a souvent fait un grief à George Sand de l'invitation qu'elle nous adresse, au nom de l'amour tout-puissant, à secouer le joug des lois sociales. Ces lois, elle les trouve à la fois dépourvues d'intelligence et de pitié. Elles défigurent le mariage. L'apostrophe qu'elle met dans la bouche d'un de ses personnages, Jacques, est caractéristique à cet égard : « Je ne doute pas que le mariage ne soit aboli si l'espèce humaine fait quelques progrès vers la justice et la raison ; un lien plus humain et non moins sacré remplacera celui-là et saura assurer l'existence des enfants qui naîtront sans enchaîner jamais la liberté de l'un et de l'autre. Mais les hommes sont trop grossiers

et trop lâches pour demander une loi plus noble que la loi de
fer qui les régit ; à des êtres sans conscience et sans vertu, il
faut de lourdes chaînes. » Ailleurs, elle reproche à « l'infâme
décrépitude sociale » d'avoir engendré un contrat honteux,
condamné d'avance, incapable d'assurer la dignité et la sainteté
de la famille comme le ferait ce contrat idéal et humanitaire tel
que l'ont prêché Jésus et saint Paul.

Ce qu'il peut y avoir là d'exagéré et de déclamatoire saute
aux yeux trop aisément, pour qu'il soit besoin d'insister beaucoup. Le vague des conclusions les condamne. G. Sand célèbre
la louange d'un pacte reposant sur les seules colonnes de l'a-
mour. Or rien n'est plus fragile. Viennent-elles à s'écrouler,
quel sort attend les enfants des époux qui se quittent ? G. Sand,
emportée par son rêve, répond de ce sort, comme de l'éternité
du lien qui unirait les parents. La raison et le bon sens nous
disent tout autre chose.

Mais, une fois faite la part de l'inacceptable, il faut savoir gré
à George Sand d'avoir très vivement senti, et éloquemment
traduit, parce qu'elle-même en était une grande victime, ce
que la loi du mariage peut avoir de brutal quand le sentiment
ne l'a pas forgée ou ne la soutient plus. Bien avant que Paul
Hervieu ait écrit la *Loi de l'homme*, elle nous a intéressé aux
tortures que quelques lignes du Code peuvent parfois faire subir
à un cœur dans ses aspirations les plus délicates et les plus
légitimes. Elle a compris qu'il y avait là pour l'art une grande
source de pathétique humain et vrai.

Cette intelligence, elle la doit à quelques intuitions profondes qu'elle a eues sur la fonction de l'amour dans le cœur
humain, et sur ses rapports avec notre moralité.

L'amour, pour elle, est la raison d'être de la vie ; c'est lui
qui lui donne son prix, c'est aussi lui qui souvent dans la société fait naître l'harmonie. Il nivelle les conditions sociales
entre ceux qui s'aiment. Pour se rapprocher, les amants de
George Sand font des miracles d'héroïsme, d'activité ou de sacrifice. L'amour est donc un principe d'énergie. Il est capable
de former les individus et d'ordonner la société. Aussi George
Sand en fait-elle non seulement le plus grand mais presque le
devoir unique de la vie, celui par qui tous les autres s'expliquent.

Mais elle va plus loin encore. L'amour, pour elle, est d'essence divine, et voici comment elle en retrace les origines :
« Ce qui fait l'immense supériorité de ce sentiment sur tous les

autres, c'est qu'il ne naît point de l'homme même, c'est que l'homme ne peut en disposer ; c'est qu'il ne l'accorde pas plus qu'il ne l'ôte par un acte de sa volonté ; c'est que le cœur humain le reçoit d'en haut sans doute pour le reporter sur la créature choisie entre toutes dans les desseins du ciel ; et, quand une âme énergique l'a reçu, c'est en vain que toutes les considérations humaines élèveraient la voix pour le détruire ; il subsiste seul et par sa propre puissance. Tous ces auxiliaires qu'on lui donne ou plutôt qu'il attire à soi : l'amitié, la confiance, la sympathie, l'estime même, ne sont que des alliés subalternes ; il les a créés, il les domine, il leur survit. »

Des pages de ce genre sont bonnes à relire à une époque où l'on paraît incliner vers un froid positivisme ou s'abandonner à un scepticisme désenchanté. Le nom de George Sand n'évoque trop souvent que ses descriptions, d'ailleurs charmantes, de tel ou tel coin du Berry. Elle a d'autres titres à notre admiration. Il faut lui savoir gré d'avoir insisté sur une des réalités les plus vivantes de notre cœur, d'avoir essayé de nous proposer un idéal qui lui soit conforme, et en nous parlant de cet idéal, d'avoir souvent réussi à nous entraîner dans son enthousiasme.   JULES HARMANT.

L'INFLUENCE DE GEORGE SAND

(*Correspondant* du 10 juin 1904.)

M. Henry Bordeaux la définit en ces termes : « Féminisme et humanitarisme, par là George Sand se relie à toute une fraction de notre littérature actuelle ; là s'est exercée son influence. Elle se relie à Jean-Jacques, dont elle partagea et propagea les utopies, tandis que Balzac, son contraire, se relie à notre littérature traditionnelle par son observation plus exacte et plus objective de l'homme, et par sa compréhension plus précise des nécessités de la vie sociale. Romanesque et sentimentale, elle devait être féministe et humanitaire. Du moins son œuvre n'est pas une œuvre de haine. Son jugement était faux et son cœur était bon. Elle enferma, surtout depuis Mauprat, ses erreurs et ses sophismes dans un rêve de douceur et de poésie, comme on fait un bonbon d'une pilule empoisonnée. Mais elle s'empoisonna la première en toute sincérité, et si avidement que dans quelques-unes de ses œuvres, celles notamment qui traitent de la vie rustique, il ne reste plus de poison. Et, dans la plupart des autres, le poison éventé ne fait plus qu'endormir. »

UNE FEMME POÈTE-LAURÉAT

La Société des gens de lettres a désigné, le 27 juin, le lauréat du concours de poésie institué annuellement par M. Sully-Prudhomme. Les poètes pullulent en France à l'heure actuelle, et les concours de poésie abondent, mais ces concours nous ont montré que, malheureusement, la plupart de nos jeunes poètes ignorent que la poésie véritable n'est pas dans les *mots*, mais dans *l'idée* exprimée en termes clairs et avec une émotion sincère. Le lauréat du prix Sully-Prudhomme, qui est une jeune femme, Mlle Marthe Dupuy, ne mérite pas ce reproche, aussi nous réjouissons-nous de son succès. Nous sommes heureux de publier le sonnet extrait de son livre : *Idylle en fleurs*, qu'a retenu la Société des gens de lettres :

> Nuls doigts ne tisseront ma robe d'Epousée,
> La robe virginale au sillage tremblant,
> Ni le voile léger pareil au rêve blanc
> Qui chantait dans mon cœur et berçait ma pensée.
>
> Oh ! la main par la main tutélaire pressée,
> L'Epoux qui nous sourit sous le ciel s'étoilant,
> Le cher silence heureux, prélude au baiser lent,
> La tête près du cœur languissamment posée.
>
> Jeune homme qu'attendait mon espoir ingénu,
> Pourquoi me laisser seule et n'être pas venu ?
> Je te nommais déjà d'un doux nom de caresse.
>
> Idéal fiancé ! Maitre élu que j'aimais !
> O compagnon promis à ma jeune tendresse,
> Dont je porte le deuil sans l'avoir vu jamais.

Mlle Dupuy, qui est née à Blois, et qui n'a pas vingt-huit ans, est la fille d'un sculpteur de talent, Edouard Dupuy. Elle passa son enfance à la campagne et vint à Paris pour entrer comme employée téléphoniste au Bureau central des postes et télégraphes, où elle resta sept ans. Elle dut délaisser ses fonctions pour des raisons de santé.

Depuis, Mlle Marthe Dupuy s'occupe de littérature, vivant très simplement dans un modeste logement de la rue du Vieux-Colombier. C'est là qu'elle a écrit le volume qui aujourd'hui la fait connaître du public et qui est divisé en deux parties : l'*Idylle en fleurs* et la *Voie douloureuse*.

La Société des gens de lettres a également décerné une mention *ex æquo* à M. Raoul Gaubert, auteur de *Hors de Chair*, et à M. Emile Depax, auteur de la *Maison des Glycines*.

LES DEUX SALONS

(Suite et fin.)

L'EXPOSITION DES PRIMITIFS FRANÇAIS

LA PEINTURE

L'impressionnisme : la peinture aux confettis. — J'ai toujours pensé qu'on pouvait exactement comparer, au point de vue de l'impression, la vue d'un paysage à l'audition d'une mélodie. Les phrases musicales de la mélodie se succèdent, au cours des mesures, diverses, mais unes toujours ; les phrases lumineuses d'un paysage se succèdent, au cours des heures, différentes également, mais toujours reliées par une indissoluble unité. C'est cette unité que les peintres impressionnistes ne veulent pas voir. Ils sont comme le musicien qui voudrait nous montrer le caractère d'un morceau en en détachant une seule mesure ; — ils font plus, ils ajoutent des dièses et des bémols, et le ton est faux.

Ce n'est pas de la fantaisie voulue, non, c'est le produit d'une imagination malade, c'est aussi la conséquence de cette paresse d'esprit qui grossit l'impression d'un instant et l'isole pour la rendre plus facilement, qui ne veut pas voir la filiation de cette impression et sa complexité. — « Mais c'est mon état d'âme du moment qui a influé sur le paysage », dit l'artiste. — Il serait peut-être plus simple et plus franc d'avouer qu'à ce moment-là vous aviez la vue trouble.

M. Anglada-Camarasa, de Barcelone (l'école impressionniste a de nombreux disciples en Espagne), a exposé au Salon de la Nationale un *Mur céramique*, un *Restaurant de nuit*, les *Champs-Elysées*, *Ver Luisant (Paris)*, *Jardin-Concert*, la *Vieille Gitane aux grenades* (foire Espagne), soit six toiles jetées avec une très belle hardiesse. C'est du naturalisme un peu accentué et cru, comme tout naturalisme, mais il porte la marque d'une volonté originale. Il est très difficile de critiquer, au point de vue de la vérité, les peintures nocturnes. « La nuit, tous les chats sont gris », dit le proverbe. La nuit, en regardant le *Restaurant* ou le *Jardin*, je ne sais pas si c'est vous ou moi qui voyez juste. C'est pourquoi je n'ai jamais discuté les *Intérieurs* de théâtre de Degas, un des chefs de l'école, et non le moins intéressant.

Mais puisque les *Champs-Elysées* viennent d'être mentionnés, je critiquerai ceux que M. Emile Cagniart a exposés au Salon des Artistes français. Nous sommes en plein jour, et on dirait l'avenue éclairée par un immense feu de bengale d'or qui jette ses clartés *jusque sous les arbres!* L'exagération est trop grande, et M. Cagniart est seul à avoir vu les Champs-Elysées ainsi.

M. Florensa y Arnus (encore un Barcelonais) expose un *Quai de Venise*. Cet artiste sait peindre l'eau, car il en a mis un peu au bord du quai, près du bateau ; plus loin ce sont des taches rouges, jaunes et bleues juxtaposées...

Parmi les six toiles de M. Santiago Rusinol (de Barcelone, toujours !), une seule se rapproche davantage de la vérité et est d'un assez agréable effet, malgré l'abus du violet, c'est sa *Cour d'orangers*. Les autres retombent dans l'excessive fantaisie, et nous y sommes plus que jamais avec les pointillistes, disciples de Pissaro.

L'œuvre la plus insolente de ce genre est le triptyque de M. Martin, le *Travail à l'aube, à midi, et le soir*, destiné à la caisse d'épargne de Marseille. Les braves Marseillais qui, après le travail, viendront déposer leur argent à la caisse d'épargne, feront bien de ne pas regarder ces panneaux décoratifs, car leurs yeux y éprouveraient une fatigue plus dure que sous l'éclat du ciel et de la mer bleus. Il semble que des confettis tombent sans cesse entre la toile et vous. Fuyons la peinture aux confettis. Mais, pour découvrir les œuvres belles, il faut nous promener

Au milieu des laideurs. — Je laisse de côté quatre toiles de M. Eugène Carrière, qui semblent barbouillées de cendre. C'est probablement un genre nouveau !... Voici un *Soleil mourant*, de

M. Emile Friant. C'est une femme nue, debout, au pied de rochers. Le dessin de ce corps est très fidèle, trop fidèle. Le réalisme dans le nu aboutit à ce résultat : la nudité sale, dont voilà un exemple frappant, malgré le titre poétique : *Soleil mourant*, et l'éclairage, vraiment bon.

Paresse de Mme Lucy Lee-Robbins (ces Américaines sont sans pudeur), *Une Dryade* de M. Bouguereau, *A l'Entrée d'une grotte* de M. Bracquemond (toile où deux femmes, formant un amas de chair écœurant, s'apprêtent à danser), ne parviennent pas à un autre résultat. Se trouve aussi dans le même cas *Eté* de M. Caro-Delvaille, où une grosse femme nue et mafflée est couchée, près d'une table couverte de fruits. Il faudrait placer à côté, pour le contraste, l'*Eté* de M. Abel Boyé, et le *Printemps* de M. Jean Sala. La même critique doit être adressée à ce *Fons vitæ* que son auteur, M. Georges Bertrand, ose intituler : *fragment pour le tableau « A la beauté » !*

Arrêtons-nous au nu, puisque, comme toujours, il tient au Salon une place importante.

C'est toujours la désolante banalité des femmes sortant du bain.

De M. Henri Gervex, *la Sortie du tub* : un tub, une grosse éponge, un dos nu, un peignoir tendu par une femme de chambre. Voilà de l'Art !...

De M. Roberty, un dos nu sortant d'une baignoire.

De M. Birley, *Etude de nu*, un dos et une glace. De M. Vincent-Anglade, *Etude de femme nue :* la femme fait sa toilette devant une glace. De M. Darieux, *Etude ;* de M. Nistsch, *Boudeuse;* de Mlle Louise-Amélie Landré, *Lecture passionnante :* trois dos de plus ! Ah ! qui nous délivrera du cauchemar des dos nus ?

Les deux Salons nous offrent très peu de jolies choses, dans le nu, à part peut-être l'*Hésitation*, de M. Seignac, à laquelle les ailes bleues et le lit jonché de roses donnent une certaine note d'art.

Le *Crépuscule* de M. Zier : une femme nue, coiffée à la mode, assise sur un rocher au bord de la mer, ne signifie absolument rien, et il en est de même des *Sirènes vaincues par l'amour* de M. Lalire.

Que dire de la grande toile de M. Chabanne-La-Palice, les *Nuits*, inspirée par le très beau sonnet de M. Gauthier-Villars qui porte ce titre ? Rappelons le sonnet :

> Du haut des cimes, quand s'enfuit
> Le dernier rayon du jour tendre,
> Le Dieu du sommeil fait entendre
> Son chant qui trouble et qui séduit.

Alors les reines de la nuit,
Sur les sentiers que le soir cendre,
En chœur commencent à descendre
Cueillant les lourds pavots, sans bruit.

Lente, leur troupe se disperse.
L'une est douce, l'autre perverse,
Une autre a le geste pieux,

Et jusqu'à ce que l'aube éclose,
Elles répandent sur nos yeux
Le rêve ardent, rose ou morose.

Le sonnet est très joli, le tableau est laid. Pourquoi ? La poésie, à coup sûr, atteint des hauteurs interdites à la peinture, car elle est le Verbe de l'infini, mais il semble tout de même que le peintre aurait pu trouver mieux que cet affreux Dieu du sommeil nu et livide au milieu d'une vingtaine de femmes nues et livides représentant les Nuits. Tout au moins, puisque nous sommes « au haut des cimes » et que s'enfuit « le dernier rayon du jour tendre », aurait-il pu entourer ses personnages d'un brouillard pour eux très séant.

Le *Crépuscule* de M. Hasken Coffin, où un homme nu se tord et crispe le poing, sur une colline bleuâtre, n'est pas plus heureux que les *Nuits*. Continuons :

M. Georges-Paul Leroux s'imagine peut-être avoir travaillé à une grande œuvre en composant son triptyque : les *Etudes classiques de la peinture*. Au milieu, une femme nue montée sur une table, une autre femme assise à ses côtés et des étudiants levant les bras ! A gauche, une tête de mort. A droite, un bras disséqué. Voilà les prétentieuses *Etudes classiques de la peinture* ! Passons vite.

La toile de M. Déziré : *Post fata venit gloria*, représentant un peintre mort, a elle aussi des prétentions, mais, qui pis est, le dessin en est médiocre.

L'Enterrement du Carnaval à Barcelone par M. Graner-Arrufi offre une incontestable originalité, mais tous ces hommes vêtus de suaires et coiffés d'un masque représentant une tête de mort rendent le tableau bien macabre.

On serait heureux de louer une œuvre comme celle de M. Clément Gontier, portant ce beau titre : *La Vertu domestique*, mais vraiment l'ensemble de cet échafaudage, de ces arcades, de ces enfants, de cette femme au nez affreux et au teint cadavérique, de cet homme qui paraît s'ennuyer si considérablement, est navrant.

On voudrait savoir pourquoi le jury a admis au Salon les *Chevaux à vendre* de M. Jules Rouffet, qui sont en bois. Ces chevaux ont dû trouver difficilement acheteur. Ils sont à comparer aux chevaux si vivants de M. Beaune dans sa *Cour de ferme*, et au cheval de la *Fille de l'aubergiste* de Mlle Upton, une œuvre de premier ordre, quoique très simple.

Ce qu'on comprend encore moins, c'est que le jury ait pu trouver artistique le *Sous les bombes*. — *Saragosse* (1809) de M. Georges Bergès : une femme tenant une épée projetée dans les airs par une bombe qui soulève ses jupons, beaucoup de bleu, de jaune et de rouge, voilà qui fait songer au *Moulin rouge* plus qu'à Saragosse.

Et, puisque l'idée de music-hall se présente, c'est bien tout à fait une œuvre de music-hall que le pastel de M. Démétrius Galanis : un boulevardier à la face rubiconde, une rose à la boutonnière, fume une cigarette, vautré dans son fauteuil. M. Démétrius Galanis est d'Athènes. Oh ! Polygnote, quelle doit être ta souffrance, si, des Enfers, tu vois nos *Salons* français !

M. Jean Delville n'a pas exécuté avec autant d'art que le sujet le comportait son projet de *L'Homme-Dieu*. C'est, a-t-il indiqué au catalogue, un « projet de peinture monumentale à exécuter en une dimension à peu près double, soit pour un palais de justice (oh ! réaction cléricale !), soit pour une basilique ou tout autre édifice ayant une destination hautement sociale ». En dimension à peu près double ! La dimension est déjà énorme ! L'œuvre représente une masse de cadavres qui se touchent, sortent d'un nuage ou des flots (on ne sait) et tendent les bras vers l'Homme-Dieu entouré d'un arc-en-ciel. Il faut bien le dire, le paquet de cadavres rendra toujours l'ensemble laid.

Est-il besoin maintenant de déclarer, avant de quitter les *laideurs*, qu'on y place les *Natures mortes* ? En voici quelques-unes : *Fromages* de Mme Dubron. *Un jambon* de M. Zakarian. *Une demi-douzaine d'œufs et un chaudron* de M. Filliard (aquarelle), etc.

C'est beau l'Art, avec un très grand *A* !

Quand on arrive aux peintures qui relèvent vraiment de lui, aux **Œuvres artistiques**, on est tellement fatigué qu'on n'a plus la force de les goûter, et le critique, qui éprouverait tant de plaisir à en parler, hésite à ajouter de nouvelles pages aux trop nombreuses qui précèdent. Il est obligé de se borner à de rapides et sèches citations.

Vous admirerez beaucoup la *Salomé* de M. Jean Sala, dont

les couleurs ont tant de vie, et qui a une bien jolie tête ; l'*Été*
de M. Abel Boyé, avec un délicieux profil de femme, et la *Voix
des choses*, du même artiste, inspirée de ces vers de Richepin :

> Connais-tu la chanson des fils du télégraphe ?
> . . . .
> Applique ton oreille, enfant, contre le bois,
> Et ton cœur entendra la voix, la grande voix,
> Murmurer comme un flot sans fin, lointaine et douce.

Une jeune fille, tenant un bouquet de fleurs, écoute « la voix
lointaine et douce » ; ce doit être la même que celle de l'*Été* ;
elle a un charme infini, égal, quoique très différent, à celui d'un
portrait fort intéressant de M. La Gandara, sur lequel on voudrait pouvoir insister.

Les *Jeunes Filles en barque* de M. Martel sont d'un effet très
harmonieux, et dans *Sur les cimes*, M. Dagnan-Bouveret a peint
une très belle tête à cheveux de neige.

Les *Sœurs de douleur* de M. Leempoels ont de la beauté sous
le voile noir léger qui seul les vêt, assises sur une terrasse
devant laquelle s'ouvre un paysage riant ; mais cet apprêt, pour
exprimer de la douleur, est vaine fantaisie.

Parmi les paysages (trop peu nombreux aux deux Salons), on
remarque surtout *La Rivière* de M. Biva, dont l'eau mire les
arbres si exactement ; les *Bruyères en fleurs* de M. Didier-Ruget
qui, sous le soleil du matin, ont un éclat et une fraîcheur délicieux ; l'*Automne à Versailles* de Mlle Langevin-Godeby ; la
Féerie d'Automne de M. Ch. Fournier, avec un effet de soleil sur
les feuilles mortes très étudié ; le *Troupeau à l'abreuvoir*, au
soleil couchant, de M. Mayan ; *la Creuse à Fresselines*, de
M. Gabriel Mathieu.

Il faut citer également les *Effets de lune sur la mer*, de
M. Gomez-Gil et de M. Walden.

Si les paysages sont une source d'art trop délaissée, il en est
de même des scènes d'intérieur. *Entre intimes* de M. Henry
Bouvet, où toute une famille est assise autour de la table, sous
la clarté de la lampe, et où une fillette tire les cheveux de sa plus
jeune sœur qui s'endort, aurait quelque charme si le père qui
caresse sa longue barbe, et l'autre Monsieur, décoré, n'avaient
l'air si sots. La *Veillée* de M. Joseph Bail, où une vieille femme
lit, montre un effet de lumière exagéré et inexact. Le fond
de la pièce est trop obscur en raison du feu de la cheminée, et
la lampe éclaire trop exclusivement le visage de deux femmes,
sur six ou sept présentes. Je préfère le *Lecteur attitré* de
M. Barré : une vieille paysanne épluche ses légumes, un gar-

çonnet lit, et une fillette tient sa poupée ; *Seules*, de Mlle Demanche : une petite fille regarde des images près de sa vieille grand'mère assise dans un fauteuil.

Ma femme et ses sœurs, de M. Caro Delvaille, l'auteur d'*Eté*, est un peu gris, et manque de couleur et de vie. Je préfère *la Merveille*, de M. Cayron : un bébé admiré par cinq mamans qui prennent le thé. L'œuvre qui, en fait de couleurs vives, pousse le plus loin la hardiesse sans aller jusqu'à l'exagération, ce qui est un vrai mérite, est *les Enfants au bord de la mer*, de M. Sorolla y Bastida, élève de l'école des Beaux-Arts de Valence.

Les Papillons, de M. Collet, après lesquels courent trois fillettes, est une jolie toile ; mais l'ensemble y a été trop sacrifié aux fleurs du premier plan.

Il faut maintenant se borner plus que jamais à des citations : *Une jeune paysanne se rendant à la fontaine*, œuvre très vivante de M. Pearce ; la *Vie simple*, de M. André Brouillet : une paysanne assise près d'une meule de foin allaite son enfant : *Quatre vieux paysans anglais* narrant, joyeux, leurs prouesses d'antan sous des arbres en fleurs, par M. Sheard ; *Passera, passera pas*, une chaîne d'enfants arrêtant sur le chemin une vieille qui porte du bois mort, par M. Jimenez ; *Avec son grand père*, de M. Guillon ; « *Souffle !* » de M. Brisard, une petite fille mouche sa sœur, sous la neige qui tombe et le froid qui enrhume !...

L'Algérie étant plus que jamais à la mode depuis le voyage du chef de l'Etat, les scènes arabes abondent, et sont toutes assez bien réussies. Notons *La fantasia du Kreider* et le *Défilé des Goums* de M. Georges Scott ; *Bédouines de Tunisie* par M. Brindeau de Jarmy ; *Bédouins nomades de Tunisie* à la halte, par M. Pinchart, *Arabes* par M. Aublet, qui expose aussi un bon portrait du Bey de Tunis, et *La Maternité* ; *Un forcené arabe*, par M. Dinet.

Terminons en citant *Coin de bataille*, œuvre sobre et impressionnante de M. Hoffbauer, et *Bretagne mystique*, immense panneau décoratif de M. Berteaux.

Mettons que j'oublie vingt toiles de valeur, c'est le maximum. On m'accordera que c'est peu sur 3.167.

J'ai donné dès le début de ce travail les raisons d'une telle affluence de médiocrités. Nos artistes ne se font pas une idée exacte de ce que doit être l'Art. Quand bien même on ne lui donnerait pas rigoureusement la signification *idéale* que nous lui attachons, il faudrait reconnaître qu'il n'est pas fait pour ex-

primer le laid. Le laid, je le sais bien, est il est vrai *relatif*, comme
le beau, et j'accorde qu'on peut trouver beau un bras disséqué,
comme celui que nous montre M. Paul Leroux, mais il n'y a que la
laideur physique qui soit relative, la laideur morale ne l'est pas.

On peut prendre comme exemple la toile de M. Oreste Pizio
(de Turin), *Corruption* : une jeune fille en blanc est assise sur le
bord d'un ruisseau, au pied d'un arbre ; derrière l'arbre une
vieille femme à l'épaule nue se glisse et lui parle à l'oreille. Où
est ici l'art, « expression du beau », suivant la vieille définition ?
Nous savons que la laideur existe, et nous la constatons assez
souvent, dans la vie, pourquoi prendre plaisir à nous la montrer dans des tableaux ? Pour nous la faire haïr davantage et
ainsi nous rendre meilleurs ? Mais depuis quand soutient-on
que ce n'est pas la vue de la bonté et des actions belles qui rend
l'âme élevée et bonne ?

« LES PRIMITIFS FRANÇAIS »

Les « Primitifs français » se sont surtout immortalisés dans la
pierre, et il faudrait aller de Paris à Reims, de Bourges à Char-
tres, et ailleurs, pour les admirer ; car les cathédrales, non
plus que leurs vitraux et leurs fresques, ne se déplacent. Ce fut
néanmoins une très heureuse idée d'exposer, à l'époque du
Salon, des tableaux et quelques sculptures des artistes du Moyen
Age, — voire de la Renaissance, car l'exposition des *Primitifs*
a été étendue au point de ne plus guère justifier son titre.
Qu'elles soient des xiiie et xive siècles (il y en a très peu) ou des
xve et xvie siècles (c'est la majorité), les œuvres réunies grâce
aux envois de musées ou d'amateurs sont très intéressantes.
Nous n'avons ici qu'à en dégager le caractère général. Leur
caractère est celui des deux chefs-d'œuvre de l'époque, le
Buisson ardent de Nicolas Froment et la *Vierge mère* de Jean
Fouquet : ce sont des œuvres religieuses. Il en résulte que
l'idée et l'émotion sont sacrifiées au métier, mais c'est ainsi
qu'il faut agir, à notre avis, pour faire œuvre artistique.
Et en ce qui concerne la moralisation par l'Art, dont nous
parlions à l'instant, est-il trop osé de prétendre que la *Vierge
mère* de Jean Fouquet aura toujours plus d'influence que la
Corruption de M. Pizio ?

L'exposition des Primitifs français nous a redonné, après nos
visites au Salon, du courage et de l'espoir.

André de Maupertuis.

Un peintre impressionniste

Durand Ruel a exposé naguère dans ses Galeries une grande partie de l'œuvre du peintre Pissarro. Le nom de cet artiste est malheureusement plus connu que ses tableaux. On hésite encore à accorder sans restriction à cet homme de génie l'admiration qu'il mérite. Or, de cette hésitation, il ne faudrait pas faire un grief trop vif au goût public. Ou bien alors c'est toute notre éducation esthétique antérieure qu'il faudrait critiquer. La vérité c'est que l'école impressionniste, dont Pissarro est un des grands maîtres, a tenté dans l'art de la peinture une réforme sur l'originalité et la profondeur de laquelle nous tenons à insister aujourd'hui en prenant pour exemple les toiles qui ont été exposées en avril dans les Galeries Durand Ruel.

Ici s'impose un aperçu sur notre perception du monde extérieur et sur le travail intellectuel qui la suit. De la nature qui nous entoure nous recevons l'impression de couleurs et de mouvements : couleurs et mouvements se fondent et se succèdent sans qu'on puisse dire où ils commencent ou finissent. Dans le geste ou l'attitude d'une personne, il reste quelque chose du geste ou de l'attitude qui précédaient, et l'on pressent ce qui va suivre. Une tige d'herbe est secouée par le vent ou va périr sous les rayons du soleil ou la morsure du froid. A un moment donné, un rocher reçoit d'un ciel qui change une teinte qu'il n'avait pas l'instant d'avant et n'aura plus l'instant d'après. Dans le temps nous apercevons des mouvements qui se succèdent. L'espace nous présente des nuances qui se pénètrent en se mêlant, comme les couleurs de l'arc-en-ciel.

Il nous est utile et même nécessaire, pour comprendre la nature et agir sur elle, de fixer ces nuances et ces couleurs dans les contours de lignes définies, d'arrêter la fluidité du mouvement dans la stabilité d'objets durables. Mais l'immobilité et la définition, quelque légitimes qu'elles soient au point de vue de la vie pratique et de la science, sont un travail d'abstraction. L'impression naïve, originelle, nous donne tout autre chose. Alors, au lieu de chercher le domaine de l'art au delà de cette élaboration intellectuelle et abstraite — comme le veut la peinture de tradition, — pourquoi ne pas suivre de très près les choses telles qu'elles se passent ? En fait, nous le disions, minute par minute nos regards perçoivent autour de nous le tableau de couleurs qui se mêlent et, pour ainsi dire, s'influencent, et aussi de mouvements qui se prolongent les uns dans les autres. Les tableaux succèdent aux tableaux, et chacun d'eux paraîtrait devoir nous faire oublier l'autre. Mais c'est une erreur de croire que de cette mobilité incessante il ne reste rien. Que, pour une raison ou une autre, notre attention s'éveille, qu'une émotion vienne à nous troubler, joyeuse ou triste, elle fixe instantanément son cadre dans la nature qui nous entoure. Avant donc que l'intelligence et l'abstraction soient intervenues, le sentiment s'est créé tout un monde, très ressemblant à la nature vivante parce qu'il en est très proche. Les impressionnistes, et Pissarro en particulier, ont eu pour l'art de la peinture cette ambition, à la fois haute et modeste, qu'ils devaient s'adresser immédiatement à ce sentiment latent chez la plupart des hommes, mais très vif dans les âmes d'artistes, universel et par conséquent esthétique. Une promenade faite au hasard des toiles suffira à nous convaincre de l'intention voulue et de l'effet réalisé. Nous choisirons quelques exemples pris au hasard dans cette œuvre extraordinairement variée.

Le « Jardin de l'Ermitage : Pontoise », dont la manière un peu dure rappelle celle de Cézanne, produit une impression des plus vives. Nous nous trouvons en face d'un véritable ermitage, abrité par les grands arbres et les collines, retiré du monde. Une verdure lourde l'enveloppe, le dérobe aux regards. On le sent oublié dans le recueillement et le silence.

Devant d'autres toiles on se trouve comme ébloui de lumière. Sous le soleil de midi, une femme dort, accablée, contre une meule de paille. Dans ce genre, le « Cours-la-Reine », est de tous les tableaux de Pissarro celui qui donne le plus l'impression d'une lumière aveuglante. L'atmosphère y est pour ainsi dire papillotante ; l'ombre rare des arbres surplombés par le soleil et l'éclairage cru de l'herbe rase se font réciproquement valoir. — Ailleurs, comme « Aux bords de l'Epte », le temps est lourd ; il n'y a plus personne dans les champs, car il y a dans l'air des promesses d'orages. Mais les hautes herbes semblent frémir de bien-être à l'approche de la pluie. Aux bords de l'« Etang de Montfoucault », on se sent pris par la sensation intense du froid et du sommeil de la nature. Ce qu'il y a de plus jeune et de plus frais dans ce tableau, c'est la couche de neige vierge tombée dans la nuit sur le champ voisin. Elle fait valoir la neige péniblement battue du petit sentier marqué de pas indécis. En face d'elle, de l'autre côté de l'étang, le vieil arbre dont les branches plient paraît plus vieux et semble demander grâce. Au bord de l'étang une vieille femme est arrêtée avec ses bœufs prêts à boire. On les sent pénétrés par la fraîcheur du brouillard et l'ombre de la nuit. Mais c'est à peine si leur état et leur occupation nous intéressent. Ils sont là tout naturellement, mais comme par hasard. Leur présence n'ajoute rien à l'expression générale du tableau. Octave Mirbeau, dans la courte mais pénétrante étude qu'il a faite de l'œuvre de Pissarro, l'a fort bien exprimé : « Ce sont, dit-il, les prairies, les semailles, les moissons, les bords de rivières, les petits villages proches ou lointains, les places grouillantes des marchés, tout ce qui s'entrevoit de distance vibrante et de rêve entre les lignes d'or des peupliers et l'homme en travail et la bête au repos, non point l'homme et la bête encombrant, comme chez François Millet, le paysage et le ciel de leur dure silhouette souvent protestataire, mais l'homme et la bête tels qu'ils vivent dans la nature, résignés en elle, un peu perdus en elle, un peu accablés par son indifférente énormité et restant toujours à leur place, à leur plan dans l'universelle harmonie. » Autrement dit, les personnages ne posent pas, ils ne sont pas le centre du tableau, ils ne sont pas là non plus, suivant la formule classique, pour donner l'échelle. Ils sont à leurs occupations habituelles, y vont ou en reviennent. Le peintre ne leur a pas accordé moins d'importance qu'à la nature au milieu de laquelle ils vivent, mais pas davantage non plus. [Témoins cet homme qui scie du bois le soir à sa porte, ces laveuses qui se retournent pour faire un brin de causette avec le passant.] Les flots qui luttent contre l'arche d'un pont, la branche qui plie, la fumée des usines et jusqu'à la brume humide des ports ont été, aussi bien que tel personnage errant le long des quais, l'objet d'une observation également fidèle et d'une notation également scrupuleuse. C'est toute la complexité d'un coin d'espace et la mobilité de ce qui le compose à un moment donné du temps que le génie de Pissarro a fixées sur ses toiles.

On s'explique alors où est l'unité et, en somme, la beauté de ces tableaux. Elle est dans leur puissance évocatrice. Le sentiment de la vision directe et sincère de la nature a présidé à leur composition. Ce même sentiment est directement éveillé chez celui qui vient les contempler. Il n'y a pas ici à comprendre le rêve d'un autre, à faire effort pour entrer dans la nature de l'émotion qui a conduit l'artiste à donner à ses paysages tel ou tel horizon et à ses ciels telle ou telle teinte. Il suffit de faire la part de la convention, d'accommoder sa vision et de regarder. Point n'est besoin même de faire appel à nos souvenirs, de nous demander ce que ceci ou cela nous rappelle. Les mille détails du tableau parlent d'eux-mêmes à notre sensibilité le langage direct et par suite éloquent des choses dont ils sont la transposition fidèle. Et alors nous sentons monter en nous, forte et durable — parce que nous la retrouvons comme fixée sur la toile par la magie de l'art, — l'émotion plus ou moins légère et fugitive que produit sur notre âme humaine à chaque instant de notre existence le spectacle changeant de la nature et de la vie universelle.

Paul Vuillermoz.

—————— >+< ——————

A la Comédie-Française

LE PAON

C'est une bien jolie comédie, en vers faciles et brillants, que M. Francis de Croisset vient de donner à la Comédie-Française, et qui, le 9 juillet, jeta sur la scène de la Maison de Molière un éclat charmant inconnu depuis trop longtemps.

Le baron Agénor Enguerrand de Boursoufle, séduit, au cours d'une partie de chasse, ainsi que ses amis, par la voix de la nièce de l'aubergiste maître Patu, Annette, a fait la gageure que dans 8 jours la gente fille serait amoureuse de lui. A cet effet, il est venu habiter l'auberge, déguisé en bachelier, sous le nom de Janel.

« C'est une âme très douce, mais c'est un paon » qui fait

la roue dès qu'on le regarde et se gonfle d'orgueil. Au reste, bon garçon :

> C'est la peur du dédain qui le rend dédaigneux.

Gros, « promenant la tonne de son ventre », il ne pouvait gagner la belle par son physique ; comme Cyrano, c'est sur son seul esprit qu'il doit compter, et sur ses vers, car il est poète. Pourtant, il voudrait bien être aimé aussi pour lui-même :

> Tu comprends, c'est très beau mes vers, mais enfin, quoi ?
> Je sais, et puis je sens que j'ai bien mieux en moi.
> Mon âme, par mes vers, est parfois offensée,
> Oui, tous ces vers, au fond, trahissent ma pensée,
> Ma pensée est plus vaste et plus vague ; je sens
> Qu'il rêve dans mon cœur des mots plus caressants ;
> Oui, des mots imprécis, mais fervents tout de même ;
> Des mots, enfin, des mots qu'on trouve quand on aime !
> Si je ne les dis pas, c'est que précisément
> Ces mots tremblent toujours à ma lèvre au moment
> Où le baiser déjà remplace la parole.
> Je t'aime, je t'embrasse : alors, le mot s'envole !
> Je le regrette. Oui, je me dis : c'était bien !
> Je devrais le noter ce mot ; mais le moyen
> De songer à cela quand la gorge se serre,
> Quand le cœur bat, enfin quand on devient sincère.
> Oui, oui, mes plus beaux vers, je les pense tout bas.
> Ah ! que ne m'entends-tu quand je ne parle pas ?

ANNETTE

> . . . . Je t'ai bien compris,
> Tes meilleurs vers sont ceux que tu n'as pas écrits,
> Car ton âme, Janel, est ton plus beau poème.

M. Francis de Croisset écrit, on le voit, de très beaux vers. Il a développé ainsi avec talent et émotion cette pensée exprimée par tous les poètes, et notamment par Sully Prud'homme :

> Mes vrais vers ne seront pas lus...
> . . . .
> Je ne sais pas m'emparer d'eux
> Sans effacer leur éclat tendre...
> . . . .
> Ainsi nos âmes restent pleines
> De vers sentis mais ignorés...
> . . . .

Boursoufle parvient si bien à se faire aimer d'Annette qu'elle-même propose de partir avec lui. Tous deux viennent à Paris. Le rêve de Boursoufle est qu'Annette entre à l'Opéra. Notons encore ces très jolis vers :

> Que tout à coup séduit, tu voulus me connaître,
> Parce que je chantais un soir à ma fenêtre,
> Et que tu m'enlevas sous un déguisement
> Pour m'emporter dans ton palais, prince charmant,
> De tout cela, vois-tu, je suis émerveillée.
> Je me crois par moments encore à la veillée,
> Lorsque petite j'écoutais, d'un cœur tremblant,
> Ces contes que chez nous l'aïeule en bonnet blanc,
> Tandis que pas un seul des petits gars ne bouge,
> Narre aux soirs de Noël devant la bûche rouge.

BOURSOUFLE

> C'est vraiment très gentil tout ce que tu dis là.
> Mais dans huit jours que diras-tu, lorsqu'en gala,
> Tout Paris, qui déjà brûle de te connaître,
> Te verra, souriante et pimpante, apparaître ?
> Mes amis conviés au souper s'écrieront :
> Qui donc a pu changer en princesse un tendron ?
> . . . .
> Le chevalier sera stupétait, le marquis
> . . . .
> Dira : C'est Cendrillon qui vient au bal du roi.
> Gare au coup de minuit ; et l'âme en désarroi,
> Il songe, le cher homme, en retenant son souffle :
> Pourvu que ce soit moi qui trouve sa pantoufle !
> Cherche, mon pauvre ami, la pantoufle ! qui l'a ?
> C'est d'ailleurs très joli ce que je te dis là.

Le souper a lieu, mais Annette, qui devra s'appeler maintenant Cydalise, ne parvient pas à chanter sa romance, l'émotion la fait éternuer. Les invités s'en gaussent et vont rire plus à leur aise dans la serre, tandis que Lucinde, une ancienne maîtresse de Boursoufle, reste avec Annette. Jalouse et aigrie, elle lui dit que son enlèvement était le simple résultat d'un pari, et que le baron ne l'aime pas. La rupture est ainsi préparée ; elle a lieu très facilement, car Boursoufle est fort mécontent de l'échec de sa protégée. Il lui donne néanmoins son pavillon, en la quittant.

Les railleries méchantes de Lucinde ne parviennent point à enlever du cœur d'Annette son amour pour son séducteur.

« Je l'aime, dit-elle, et je veux qu'à son tour il m'aime avec sincérité :

> C'est paysan, peut-être, un tel attachement,
> Mais c'est très femme aussi... c'est de l'entêtement. »

Annette reçoit de nouveau Boursoufle, qui déclare vouloir l'épouser. Elle lui fait promettre de ne plus faire le paon :

> Quel grand enfant tu fais ! Mais sois donc vaniteux
> Pour moi seule, pas pour les autres. Devant eux,
> Sois modeste. On te raille, et j'en souffre à l'extrême.
> Garde donc tes défauts pour moi, puisque je t'aime !
> Quand du monde survient, sois simple, retiens-toi !
> Il te faut un public ? Mais ton public, c'est moi !

J'ai fait à dessein les citations nombreuses pour qu'on puisse mieux apprécier l'œuvre exquise de M. Francis de Croisset. Je ne connais pas de plus joli vers chez nos meilleurs poètes que celui-ci :

> Garde donc tes défauts pour moi, puisque je t'aime.

M. de Croisset est tout à fait capable de nous donner un *Cyrano de Bergerac*, et je ne suis pas bien sûr que *le Paon* n'en soit point un.

« ON N'OUBLIE PAS... »

La pièce en un acte de M. Jacques Normand : *On n'oublie pas...*, jouée le même jour à la Comédie-Française, n'a pas une bien grande originalité.

Il s'agit d'un baron qui s'oppose au mariage de sa fille avec le fils d'un meunier. La baronne, fille d'un marchand de papiers peints de Paris *retiré des affaires* au moment du mariage (le baron insiste sur ce point), essaie très timidement d'abord, puis avec plus d'insistance ensuite, d'amener son mari à consentir. En rappelant leur passé, tous deux conviennent qu'ils n'ont *pas oublié* la première et forte passion de leur vie, et que ce rêve d'amour non réalisé et inoublié les a fait passer toujours à côté du bonheur.

Le baron est ainsi amené à ne plus opposer un refus. Il était temps, sa fille venait de partir pour se jeter dans l'étang !...

L'administrateur de la Comédie-Française a sans doute dans ses tiroirs, depuis longtemps, des pièces qui ne sont pas de M. Jacques Normand. Puisse-t-il nous dire à leur sujet : « *On n'oublie pas...* »   A. M.

Autres Livres et Revues

L'homme bon, et le « Père Gibus ». — M. Henri Desplace publie, sous ce titre simple et familier, un livre dont on retiendra la haute portée philosophique et sociale.

L'auteur indique lui-même en ces termes, dès le début de son ouvrage, le grave problème qui s'y trouve soulevé :

« Notre époque a connu deux écoles.

« La première, celle des Chateaubriand, des Lamartine, des Victor Hugo, prônait l'amour du prochain. Elle évitait de rechercher ce que vaut l'homme. Son but fut de déterminer, en lui, cet état de générosité mentale qui prédispose au désintéressement et engendre les grandes choses...

« L'autre, venue plus tard, déclara :

« Vous n'avez pas le droit de chercher à déterminer chez l'homme de pareilles mentalités... Lui inculquer, au profit de son prochain, des idées de désintéressement non réciproques, c'est le mettre en état d'infériorité, l'empêcher de se servir des moyens auxquels, mieux averti, il pourrait recourir pour se défendre. Vous ne devez avoir qu'un but : lui apprendre la vérité. »

« Cette dernière école a été servie par des travailleurs infatigables. Ils ont créé de puissantes méthodes d'investigation, introduit des conquêtes définitives dans l'art d'écrire.

« Mais devant l'humanité qu'ils nous ont révélée, nous nous sommes arrêtés saisis. Nous avons vu apparaître, dans toutes ses actions, des mobiles haïssables. Et notre désenchantement s'est accru, en constatant que leur peinture était, le plus souvent, au-dessous de la réalité.

« Ce désenchantement ne s'est pas limité à l'élite de quelques penseurs, il a gagné la foule. Et à tous ce cri a échappé : « Nous serions bien bons de conserver des idées de désintéressement et de sacrifice pour une humanité pareille à celle-là ! »

« C'était la source des beaux enthousiasmes à tout jamais détruite ; cette source, qui n'appartient à aucun parti, se retrouve à l'origine de tous les progrès et de tous les élans sociaux dont l'histoire est fière.

« La situation est-elle sans issue ? Entre ces courants intellectuels qui eurent chacun une influence considérable, le dernier est-il, par la marche des esprits, fatalement destiné à prévaloir ? Est-il dit que nous devions nous enfoncer, chaque jour, dans une humanité de plus en plus sombre ?

« C'est ce qu'il m'a paru intéressant de rechercher en *confrontant* les deux doctrines.

« Il m'a paru qu'il ne serait peut-être pas sans fruit d'essayer, pour résoudre le problème, de recourir aux procédés mêmes des écrivains de l'école nouvelle, de prendre cette humanité qu'ils nous ont révélée, avec ses types principaux, ses visions familières, d'y projeter ses méthodes d'investigation pour examiner ce qu'est devenue la source des enthousiasmes d'autrefois, si elle est tarie, ou si, tout en sauvegardant les conquêtes de la vérité, il n'y a pas un travail souterrain par lequel on pourrait espérer la voir jaillir de nouveau, un jour, et redevenir féconde.

« Et voilà comment j'ai été amené à m'arrêter devant la bonne figure du Père Gibus et à m'en aller, songeur, après lui avoir entendu dire :

« Si vous voulez que le monde soit bon, faites-lui croire qu'il est bon. »

L'idéal moral contemporain et « la Déchéance ». — M. Léon Daudet avec son nouveau roman, *la Déchéance*, vient de s'attirer les foudres d'un de nos grands quotidiens (1). Après avoir rendu hommage aux mérites incontestables de la forme, on conteste à l'auteur ce qui est le fond même de sa thèse : la déchéance morale de notre génération prise dans son ensemble.

Analysons brièvement ce livre. M. Daudet nous y présente l'histoire d'un triste sire, François Aubryet, qui divorce pour épouser sa maîtresse, associe à son ménage un misérable, Marc Darnot, en compagnie duquel il glisse de degré en degré à la vie d'expédients, aux actes louches, à la débauche, puis au crime. On avait commencé par l'idylle dans le décor poétique de l'Andalousie, on avait continué par Paris et sa vie joyeuse, on finit au bagne, dans l'avilissement et la débauche. François Aubryet et sa femme étaient des personnages sans volonté et sans idéal, des impulsifs qui n'allaient qu'à leur plaisir ; les personnages qui gravitaient autour d'eux étaient pour la

(1) Le *Figaro* du 16 juillet 1904.

plupart à leur image : ils recueillent la récompense que la vie réserve à ceux qui se dispensent de l'orienter dans un sens autre que leurs fantaisies et leurs caprices.

M. Léon Daudet met donc toutes ces infamies et ces malheurs sur le compte du manque d'idéal de notre époque. On lui fait cette réponse : nulle époque ne saurait être sans idéal ; mais l'idéal n'a pas qu'un visage et qu'un nom. L'idéal de ces temps-ci s'appelle pitié et solidarité. « Ce sont deux beaux vocables dans lesquels il y a autre chose qu'un vain bruit, et, si une tendance générale pouvait réformer la morale individuelle, ne serait-ce pas celle qui, donnant aux hommes le sentiment de dépendre les uns des autres, d'être responsables d'eux-mêmes vis-à-vis des autres, les force à s'équilibrer à leur milieu, à résister, par sens pratique autant que par goût de l'harmonie, aux passions qui, brisant la norme, font du désordre et de la destruction autour d'elles. »

Voilà une belle définition de la solidarité morale. Mais on peut écrire sur elle des pages enthousiastes, lui découvrir un fondement rationnel et scientifique, c'est-à-dire démontrer qu'elle nous est imposée par notre nature même et que sans elle il ne saurait y avoir de morale possible, cela n'empêche pas l'assertion de M. Daudet de rester vraie.

Il s'agit en effet de ne pas sortir de la question telle qu'il l'a posée. On sent, en lisant son livre, que ce qu'il entend par idéal moral c'est moins telle idée de solidarité ou de justice que la volonté ferme de faire passer ces idées dans les faits.

Or, sur ce point, on ne saurait sérieusement contester sa thèse. Sans aucun doute, notre époque ne manque pas de notions morales. Notre race est héritière des civilisations et des philosophies antiques. Elle a elle-même produit la chevalerie et les hommes de la Révolution. Voici de plus qu'à notre époque la science elle-même, en nous faisant connaître de plus près les organismes et les lois qui les régissent, nous donne de fécondes et morales leçons de solidarité.

Tout cela est vrai. Mais, ce qui manque à notre génération, ce n'est ni le sentiment ni l'idée de ce qu'on pourrait faire, c'est la volonté forte qui, devant le devoir une fois découvert et tracé, plie les inclinations et les passions nous entraînant ailleurs. On va sans hésiter à son plaisir, qu'il soit vulgaire, si l'on est fêtard, ou élevé, si l'on cultive la science ou les arts. Mais le sentiment de la responsabilité et la tension de la volonté sont pénibles : on les écarte.

La santé morale de l'humanité se mesurera pourtant toujours au degré de cette tension dont on ne saurait séparer l'idéal moral. Sans elle c'est le malaise social, c'est la pente fatale vers la dégradation complète, c'est la déchéance, c'est — justifiée — la thèse même de M. Léon Daudet.   J. H.

Les Livres qu'on lit : la réclame inconvenante

Ce mois-ci nous a offert probablement le comble en matière de réclame pour les romans, dans les échos des grands journaux quotidiens.

Voici l'écho qu'un auteur à qui la grivoiserie de ses romans rapporte beaucoup a fait insérer. (Nous supprimons, bien entendu, le nom de l'auteur et celui de son roman pour ne pas augmenter la réclame faite.)

Les apaches et la littérature :

On a arrêté et conduit au poste du boulevard Malesherbes un jeune apache de 18 ans qui venait de dérober, dans une librairie de la rue de Courcelles, X., le roman de X.

L'auteur informé a intercédé pour ce trop ardent bibliophile et a obtenu sa mise en liberté.

Quelque inconcevable que la chose paraisse, cet écho a été publié par plusieurs grands journaux, le 28 juillet.

C'est une honte pour notre pays qu'il s'y trouve des littérateurs (?) pour user d'une réclame aussi inconvenante et des journaux pour l'insérer parce qu'elle est payée 50 francs la ligne et plus.

Peu de jours avant, la réclame suivante avait paru pour le même ouvrage :

« Dans une librairie :

— Je voudrais X., de X...

— Je regrette beaucoup, nous n'en aurons que ce soir, car la librairie O... nous annonce sa 28e édition. »

Et voilà, soyez-en sûr, le livre qu'on lira le plus.

Bibliographie

NOTA. — *Notre Revue rend compte des ouvrages qui lui sont adressés, pourvu que leur caractère ne soit pas opposé à son but moral.*

Deux ouvrages de M. Edmond DREYFUS-BRISAC.

M. Edmond Dreyfus-Brisac a eu l'aimable attention de nous adresser ses deux derniers ouvrages : *Phèdre et Hippolyte ou Racine Moraliste*, et *la Clef des Maximes de La Rochefoucaud* (1). Nous y avons retrouvé son érudition très étendue, et son talent d'écrivain.

M. Dreyfus-Brisac montre avec beaucoup de science ce que La Rochefoucaud a puisé dans Sénèque, Aristote, Platon, Euripide, Ovide, Juvénal, Properce, Plaute, Térence, Cicéron, Tacite, Montaigne, Baïf, Caillière, Chevreau, Senault, Corneille, Pascal, Balzac, Descartes, Bussy-Rabutin, etc. Ces érudits sont gens terribles! Ils vous font puiser souvent dans des auteurs que vous ignorez, alors que la seule cause des ressemblances découvertes est celle indiquée par La Bruyère (qu'on accuse à son tour d'avoir « pensé sur La Rochefoucaud ») : *Tout a été dit depuis qu'il y a des hommes, et qui pensent.*

Nous parlerons dans notre prochain numéro de l'ouvrage sur *Phèdre et Hippolyte ;* dès à présent, nous exprimons tous nos remerciements à M. Dreyfus-Brisac.

(1) Ce livre n'est pas dans le commerce. L'auteur nous prie de dire qu'il se fera un plaisir d'adresser, sur leur demande, aux personnes que le sujet pourrait intéresser, les exemplaires qui restent à sa disposition.

Le Gérant : Henri FRUCHARD.

Poitiers. — Société française d'Imprimerie et de Librairie.

L'Action Littéraire et Artistique

Voir aux 2e et 3e pages de la couverture ce qui a trait à **Notre but,
Notre Association,** *et à la* **Ligue** « **Par le foyer** ».

La Littérature, la Morale et l'Éducation

On se préoccupe de plus en plus de l'influence de l'éducation (celle de l'instruction n'ayant pas donné ce qu'on en attendait) sur la moralité des individus.

M. le Dr Toulouse, dont on connaît le talent d'écrivain, s'est spécialement attaché à cette question d'*éducation*.

Dans un article sur *la Science et les Revendications populaires* (1), écrit au sujet de l'ouvrage de M. Bouglé, *la Démocratie devant la science*, il avait déjà indiqué ce sujet, en parlant de l'inégalité des procédés de la nature :

« Dans le même milieu et dans les conditions ordinaires, les inégalités se produisent. L'alimentation et la manière générale de vivre modifient profondément les individus. Or ces conditions dépendent de la volonté et de l'intelligence des parents, bien plus que de leur état de fortune. Les caractères sociaux les plus importants, la moralité, la ténacité, l'application à la tâche, la discrétion, la fidélité, le pouvoir de se maîtriser sont donnés *par l'éducation*. Et de deux individus également intelligents ou riches, celui qui aura acquis ces qualités l'emportera aisément sur l'autre.

« Il est au contraire des familles où la vie est désordonnée, où la retenue morale est nulle, où encore les facultés artistiques

(1) La *Revue bleue* du 21 mai 1904.

et de spéculation trop désintér esséesont poussées avec excès et irrationnellement ; les enfants sont des proies offertes à toutes les misères physiques et morales que ces infériorités sociales engendrent, ils deviennent des déséquilibrés, des malheureux enfin.

« Et c'est là que pourraient triompher avec quelque raison les partisans de l'aristocratie. Les qualités qui avaient permis à des aïeux de réussir leur permettront de se maintenir. Elles ne sont pas données, comme on le croit, par l'hérédité, mais *par l'éducation*. Or cette inégalité, une plus juste répartition des richesses, si désirable et utile qu'elle soit pour d'autres raisons, ne la fera pas disparaître. Elle tient à des facteurs biologiques et physiologiques contre lesquels nous ne sommes pas en ce moment suffisamment bien armés.

« Si donc nous savons voir autour de nous, en biologiste et en médecin, nous apercevons l'inégalité ; et pour être d'une autre sorte que l'inégalité héréditaire propre, elle n'en semble pas moins constituer la règle.

« Il n'y a pas d'égalité naturelle : et le concept que nous nous faisons de l'égalité est cependant nécessaire dans l'édification d'une doctrine sociale. C'est, si j'ose dire, un *postulat sociologique*. La sociologie moderne suppose l'égalité ; elle ne la démontre pas. Biologiquement, intellectuellement, moralement, tous les individus sont inégaux et nettement différenciés.

« La démocratie n'a donc pas à rechercher dans la biologie un appui pour établir ses revendications. M. Bouglé dit avec raison : « Les sociétés humaines sont des formations intermédiaires entre celles de la matière et celles de l'esprit, tantôt plus rapprochées, tantôt plus éloignées, suivant les différentes phases de leur histoire, de l'un ou de l'autre de ces deux pôles. Et ce qui caractériserait le mieux le mouvement démocratique, ce serait la volonté de conformer de plus en plus, en poussant aussi loin que possible le respect des personnes, l'organisation sociale aux vœux de l'esprit. »

« Mais si la biologie ne confirme pas le principe de l'égalité absolue que nous voulons, elle peut nous enseigner des moyens propres à la façonner autrement qu'en théorie. J'ai montré une autre fois que l'alcoolisme avait comme cause principale le sentiment de dignité personnelle insuffisamment développé dans les classes populaires. En modifiant les conditions hygiéniques mauvaises, là où elles le sont, en s'efforçant de donner à tous des règles de conduite personnelle sages et utiles, dans le domaine physiologique comme dans le domaine moral, on pourra créer la véritable égalité sociale, qui sera la plus belle construction de l'esprit, réalisée en dehors et presque contre les tendances de la nature. »

Plus récemment encore, le Dr Toulouse est revenu sur la question de l'influence de l'éducation, en s'attachant davantage à l'influence de la *littérature* (1) :

« Les poètes ont généralement exalté les sentiments, et, d'après leur éthique, les grandes passions élèveraient l'individu. Roméo se tuant sur le tombeau de Juliette, c'est le modèle qui a été tiré par les écrivains à de multiples exemplaires plus ou moins corrigés. Ce sont là des conceptions fausses de nos devoirs réels dont ne sont pas dupes ceux qui les parent d'un si bel éclat littéraire. Souvent le descripteur complaisant d'une folle passion est un bon bourgeois qui n'aurait jamais poursuivi la plus petite amourette de peur d'enchaîner sa liberté.

« *Le sentiment amoureux a été surchauffé par la littérature moderne.* Les anciens, et même nos classiques, étaient plus froids sur ce chapitre. Est-ce que les hommes sont devenus plus passionnés — ce qui est possible ? Mais il est sûr que, en retour, la littérature a développé ce sentiment.

« La passion poussée à cette extrémité est une maladie mentale. Aucun sentiment ne doit déséquilibrer à ce point l'individu normal. »

. . . .

« La littérature, par ses œuvres d'imagination, a une grande action sur la culture émotionnelle d'une société. Si elle exalte le sentiment, ses modèles sont vite imités dans la vie réelle.

L'exemple du romantisme est frappant. Les jeunes gens de 1830, qui ressentaient les passions tristes de lord Byron, de Werther ou de Rolla, ont été parfaitement authentiques. Et tout près de nous on a pu relever la sentimentalité bizarre et insolite des esthètes aux longs cheveux, au jargon insaisissable, et à la philosophie noire, et surtout vide. Je suis porté à croire que nos sentiments, les meilleurs comme les pires, sont pour une grande part les constructions des poètes, que le peuple imite. »

. . . .

(1) Le *Journal* du 8 août (*Etudes sociales. — L'art de vivre*) et du 22 août.

Le Dr Toulouse cite le cas d'un de ses amis qu'un abandon avait plongé dans des crises de larmes continuelles et ridicules qui provenaient « d'une éducation vicieuse où tous les sentiments avaient pu librement se manifester et étaient exacerbés par une culture littéraire intempérante ». Il ajoute :

« Le danger que fait courir une grande passion à l'individu est qu'elle le rend plus soumis à toutes les autres. Et, de fait, on les trouve généralement associées.

« Les grands amoureux sont à la merci de toutes les excitations passionnelles. J'en ai connu plusieurs qui étaient des joueurs impulsifs ou des buveurs incorrigibles ou des morphinomanes.

« Ce n'est point que je pense qu'il faille supprimer le sentiment de notre vie mentale. Il a son rôle et est l'assise solide de notre activité morale. Mais il faut canaliser le flot et le diriger vers les territoires qu'il doit féconder, et à proportion de son utilité.

. . . .

« Je crois — et je l'ai souvent dit — que l'éducation morale est souveraine, sauf les cas exceptionnels où une organisation mentale trop défectueuse empêche l'action de l'exemple et du raisonnement.

« On a abusé, dans ces derniers temps, de la notion de l'hérédité et de la semi-fatalité de l'organisation première. Le tempérament peut être modifié, encore plus le tempérament moral que le physique, parce que l'intelligence est plus instable et moins profondément établie que les autres fonctions.

« La maladie et le vice sont souvent le produit d'une mauvaise éducation. De mauvaises habitudes de pensée conduisent à des troubles mentaux. Il est des esprits qui, à force de discuter, se créent un esprit paradoxal et faux qui devient une véritable infirmité. Un voyou, une prostituée, un voleur sont en grande partie les produits d'une éducation vicieuse.

« Il faut commencer de bonne heure à donner les habitudes émotionnelles utiles ; *et la littérature peut avoir en ce sens une action bonne ou néfaste.*

« Quand le pli est fait, la tâche de l'éducateur est plus difficile. Mais elle est toujours possible.

. . . .

« Une mauvaise éducation émotionnelle peut conduire à des désordres mentaux. En retour, la maîtrise de soi peut souvent retenir les individus sur la pente qui y conduit. Je recevais hier des nouvelles d'un homme que j'ai connu à l'asile Sainte-Anne, il y a plusieurs années, alors que j'y étais chef de clinique.

« Je l'avais aidé dans son effort à récupérer sa lucidité. Il occupe maintenant en Allemagne une situation d'ingénieur chimiste et il me rappelait l'influence qu'avait eue sur lui une affirmation que je répétais souvent aux malades : « Il suffit de vouloir pour se guérir. »

« Pour faire un homme, l'instruction ne suffit pas, sans l'éducation émotionnelle.

« J'ai devant les yeux un jeune homme mal élevé dans une famille de névropathes et dont les connaissances littéraires et scientifiques sont très développées. Il disserte avec une grande érudition l'histoire des doctrines philosophiques et est capable d'écrire dans une très belle langue. Il est un musicien distingué et peint avec beaucoup de goût. Et il traîne une vie misérable, dominée par des peurs morbides — qu'il sait être absurdes et dont il ne peut s'affranchir — telles que de s'empoisonner en touchant les objets les plus usuels ou de ne pas pouvoir résister à la tentation de se jeter sous les roues d'une voiture s'il sort, et par dix autres chimères qui forcent de le surveiller comme un enfant. Une éducation morale appropriée aurait trempé autrement cet esprit supérieur, par le raisonnement, et qui est incapable d'une direction autonome. Il y a quelque chose d'offensant pour la dignité de l'instruction que le spectacle d'une intelligence cultivée comme celle d'un homme supérieur et qui est à la diposition d'une volonté puérile.

« Ce ne sont là que quelques aperçus de la culture de l'individu qui, tant au point de vue physiologique que sous le rapport moral, lui apprendra cet art difficile de la vie qu'il me semble plus important de connaître que la chronologie de la guerre de Trente Ans ou la pyrogravure.

« C'est une de mes convictions et une de mes préoccupations constantes dans mes études que l'influence prépondérante de l'éducation telle que je la conçois. Entre un pâle vaurien des fortifications et l'homme honnête occupant une situation honorée, et même entre un individu en bonne santé et un malheureux valétudinaire, il n'y a souvent guère plus que la différence d'une éducation.

« L'homme moyen est un plant très souple. Le bon jardinier

en tirera les fleurs qu'il voudra s'il y met l'application et l'intelligence nécessaires. »

On ne saurait trop féliciter M. le Dr Toulouse des idées justes et salutaires qu'il défend ainsi.

Il voit très nettement le mal qu'a fait une certaine littérature. On regrette seulement qu'il n'ait pas usé de son influence auprès de la presse qui propage cette littérature, et la fait pénétrer partout pour un sou.

La Morale nouvelle

M. Jules Payot, agrégé de philosophie, docteur ès lettres, a publié récemment un *Cours de morale* qui fit beaucoup de bruit dans la presse, parce qu'il se propose de « laïciser l'enseignement moral », parce qu'il est dédié à M. Léon Bourgeois, « l'apôtre de la solidarité », et aussi parce qu'il n'est point sans valeur.

M. Payot est l'auteur d'un ouvrage très remarquable sur *l'Education de la volonté*, paru il y a une dizaine d'années, édité 17 fois, et traduit en huit langues (1). Cet ouvrage était lui-même un excellent cours de morale, mais d'un aspect trop scientifique peut-être. Un livre pouvant être compris par ceux qui n'ont fait aucune étude philosophique était nécessaire, et M. Payot l'a écrit en un style très clair, avec des divisions très nettes. Il comprend cinq parties : 1° *Les fondements scientifiques de la morale ;* — 2° *Les devoirs envers soi-même ;* — 3° *Les devoirs envers autrui ;* — 4° *Les devoirs spéciaux* (la famille, le citoyen, la

(1) Il est aussi l'auteur de *l'Education de la démocratie* (Questións du temps présent) et de *Conseils et directions pratiques aux instituteurs et aux institutrices avant d'entrer dans la vie.* Ces ouvrages ont élevé M. Payot au poste de Recteur de l'Académie de Chambéry.

profession, le patriotisme et le service militaire) ; — 5°
Croyances religieuses et sanctions. L'ouvrage devient presque
une encyclopédie. Tout le monde sera, je crois, d'accord
pour louer les conseils qui y sont donnés au cours de l'étude
des devoirs ; ils sont inspirés par une élévation d'esprit
très grande et par une générosité de cœur très belle. Mais
il ne suffit pas d'écrire de belles maximes et de disserter
avec éloquence sur tous nos devoirs, il faut prouver à
notre raison que ces devoirs existent, lui indiquer pourquoi
nous avons *l'obligation* d'agir comme on nous le dit. Cette
preuve de l'obligation morale est, il faut bien le déclarer,
la partie du livre de M. Payot qui pèche le plus. Par suite,
c'est la base même de l'ouvrage qui se trouve fuyante, et nous
avons l'anxiété de nous dire : « Mais alors tout l'édifice
s'écroule, faute de base ? Toute cette belle architecture,
œuvre d'un homme de science incontestable et d'un artiste,
est ruinée d'avance? Pourtant voyez cette porte élevée qui nous
introduit dans le temple, elle est bien construite selon toutes
les règles de l'art, elle est marquée de *l'intelligence* qui l'a
édifiée, et sa clef de voûte semble inébranlable. » Hélas ! les
fondations sont d'argile, et toute la science déployée à la
surface se trouve vaine.

Il est impossible de voir nettement quels sont les *fondements scientifiques de la morale* dont M. Payot nous parle
pendant trente pages. Il étudie « l'importance capitale » de
la coopération, qui a « tiré l'homme de l'animalité » et « l'a
affranchi de l'oppression du monde matériel ». La coopération marque pour lui la « ligne de faîte » où nous devons
choisir entre elle et la « loi bestiale de la lutte pour la vie » :
« d'un côté l'humanité, un avenir de beauté, de gran-
« deur, d'union fraternelle avec les plus nobles et les plus
« purs ; — de l'autre la vie animale, l'héritage de barbarie
« ancestrale, la communauté avec les violents, les crimi-
« nels. »

Il semblerait résulter de cette étude que la *coopération*

humaine est, d'après l'auteur, le *fondement* de la morale.
Mais il n'est pas possible qu'un professeur de philosophie
éminent ait ainsi commis cette faute élémentaire de raisonnement qui consiste à prendre l'effet pour la cause. La
coopération humaine ne s'est produite que parce que la
morale existait antérieurement à elle et l'a imposée aux
hommes. Il n'y a solidarité entre moi et mes semblables que
parce que la *loi morale* commande cette solidarité. Mais quelle
est l'autorité qui édicte la loi morale ? Où puise-t-elle son
droit de m'obliger à contribuer au bien commun ? M. Payot
ne répond pas clairement à cette question, il se contente de
nous dire : « Croyons à l'orientation raisonnable de la Puissance Inconnue », et il ajoute : « Cette croyance est un acte
« de foi : elle a pour elle les raisons très fortes que nous
« avons dites et notre besoin de confiance dans la vie, mais
« elle ne peut être prouvée comme un théorème. » D'aucuns
trouveront peut-être que cet acte de foi jure avec l'intitulé
du chapitre : *Les fondements* scientifiques *de la morale.*
Il revient à reconnaître avec nous que la morale ne peut
avoir pour « fondements » que les postulats tirés de la
Métaphysique. Et sans ces postulats la solidarité, effet de
la morale, n'a pas non plus de fondement, sans eux
ma raison me commande de réaliser en moi seul, durant la
courte durée de mon être, la plénitude de jouissances dont
je sens l'impérieux besoin, et de ne jamais me sacrifier à
une humanité qui n'a ni personnalité réelle, ni vie propre,
ni besoins, en dehors de ceux des individus qui la composent,
puisqu'elle s'anéantira avec ces individus ; sans eux c'est
cette lutte pour la vie que M. Payot qualifie de loi bestiale.

On ne parvient pas à trouver une base véritable à la loi
morale en dehors de l'existence de Dieu, de l'immortalité
de l'âme et de la sanction d'outre-tombe.

L'auteur semble l'avouer lui-même quand il parle des
« bienfaits moraux » des religions, bienfaits moraux qui font

leur puissance, tandis que leurs dogmes, d'après lui, font plutôt leur faiblesse.

« Il y a, dit-il, dans le monde, un immense troupeau pitoyable de malheureux ; il y a des injustices cruelles ; il y a des maladies incurables, des difformités qui ruinent tout bonheur ; il y a des mères qui perdent leurs enfants, des femmes leurs époux ; il y a des misérables parqués dans des taudis : et ce sont les religions qui, presque seules, apportent à ces souffrants, à ces isolés, des consolations, une aide morale efficace.

« C'est à l'église, au temple, à la synagogue, que le malheureux trouve pour sa faiblesse une aide fraternelle : *hors des liens de la famille et des liens religieux, on se heurte à une société égoïste, glaciale,* et nous avons laissé aux ministres des différents cultes toute la tâche de l'assistance morale : nous n'avons pas encore organisé nos œuvres de solidarité. »

Si, on a organisé des œuvres de solidarité laïques, à côté des œuvres de solidarité religieuses, mais elles ont échoué (1). Pourquoi ? C'est qu'on n'est pas parvenu à faire entrer dans la raison des individus sans religion ce principe, pour eux illogique, qu'il faut se priver, faire des sacrifices, travailler dans l'intérêt de ses semblables. Tout crie de songer à soi d'abord, aux autres ensuite, si l'on a, suivant l'expression commune, trop de biens pour soi ; mais les *biens*, ainsi que le mot lui-même l'indique, sont une chose qu'on ne peut jamais avoir en trop.

Ceux qui se privent pour leurs semblables sans croire à une autorité raisonnable et supérieure ayant, de par sa supériorité, le droit de leur imposer ces sacrifices, sont des êtres qui agissent sans motif, sans raison libre, et leurs actes, contraires à la nature, ne s'expliquent que par une survivance inconsciente des préceptes religieux, survivance qui plonge ses racines indestructibles dans tout cerveau humain. L'homme est un animal religieux.

(1) Les Sociétés coopératives sont obligées en très grand nombre de fermer leurs portes. Les caissiers sont indélicats, ou les administrateurs ne jugent pas avoir un *intérêt* assez important pour se donner la peine de surveiller, ou, — ce qui est le cas presque général, — chaque membre des sociétés a peur de travailler pour d'autres que pour lui.

**

Mais à notre époque, où l'on est immédiatement taxé d'imbécillité quand on donne à ses actes désintéressés cette base raisonnable qu'est la base religieuse, il est bon que les esprits faibles, qui craignent cette déconsidération, aient foi en une loi morale qu'ils croiront toute laïque. L'illusion aura toujours une puissance grande et salutaire. Je ne demande pas mieux qu'on crie : « Ma loi morale, à moi, citoyens, c'est la loi *laïque* de la *solidarité !* » Cela ne signifiera absolument rien, mais cela déterminera peut-être quelques actions généreuses, et c'est le principal. Espérons qu'il n'en résultera point une haine et un mépris néfastes pour les croyances non laïques.

Je souhaite succès au *Cours de morale* laïque de M. Jules Payot.

LA MORALE LAÏQUE

Au congrès des libres penseurs, tenu à Rome à la fin de septembre, M. Georges Renard, délégué de l'Association nationale des libres penseurs de France, a présenté une résolution que ses amis ont saluée du nom de « Déclaration morale de la libre pensée. » Cette résolution est infiniment plus vide que le cours de M. Payot ; elle débute ainsi :

« Considérant qu'une morale est essentielle à toute société humaine, mais que la religion n'est pas, comme elle se vante de l'être, l'indispensable soutien de la morale ;

« Qu'au contraire, si l'une soutient l'autre, la religion est plutôt le lierre et la morale le chêne ; (? !)

« Que, d'ailleurs, il importe de soustraire à la diversité des dogmes des règles d'action qui doivent être universelles ;

« Le Congrès déclare qu'il faut mettre à la base de l'éducation une morale laïque, et non religieuse ;

« Il refuse d'accepter en bloc la morale de tout livre prétendu sacré, etc...

« Il repousse en particulier la morale de l'Ancien et celle du Nouveau Testament...

« Il reproche à ces deux morales bibliques d'employer, etc...

« Il leur reproche de garder l'empreinte des époques lointaines, etc.

« Il leur reproche par exemple d'ériger, etc...

« Il leur reproche de faire de la grâce divine, etc...
« Il leur reproche d'encourager, etc...
« Il leur reproche encore d'opposer, etc.
« Le Congrès, sans avoir l'ambition de fixer à jamais la morale laïque qui, étant toute humaine, a l'immense avantage d'être toujours sujette à critique, à discussion, à revision, et infiniment perfectible comme l'humanité elle-même... »

Après ces pages de reproches en arriver là !... Après tous ces efforts employés à démolir, en arriver à dire qu'on est incapable de rien construire de solide et de durable !

Les philosophes libres penseurs, comme M. Payot, ont dû en rougir et se demander avec angoisse si par hasard leurs ouvrages, mis en « résolution de congrès », s'écrouleraient ainsi dans le néant.

La résolution continue ainsi :

« Estime cependant que cette morale peut établir et proclamer, à l'encontre des morales bibliques, les principes suivants :

« 1° Que l'accomplissement du bien trouve en soi-même sa récompense et ne doit pas être présenté comme une opération usuraire ;

« 2° Que l'homme, croyant ce qu'il peut et non ce qu'il veut, ne saurait être puni pour ce qu'il croit ;

« 3° Que le privilège qui, dès avant leur naissance, assure aux uns la béatitude et condamne les autres à la souffrance, est une scandaleuse iniquité, soit en cette vie, soit en l'autre, — à supposer qu'il y eût une autre vie après celle-ci ;

« 4° Qu'il ne suffit pas de conseiller aux riches de donner aux pauvres les miettes de leur superflu, qu'il faut leur prêcher l'obligation de collaborer à la création d'un état social où chacun obtiendra ce qui lui est dû ;

« 5° Que le devoir consiste non pas à mutiler la nature humaine en refusant au cœur, à l'esprit et au corps, les satisfactions auxquelles ils ont droit, mais, au contraire, à développer intégralement toutes les énergies qui peuvent accroître la dignité, la joie de vivre, le savoir et la pensée indépendante, dans l'individu et dans l'espèce. »

Et c'est là toute cette « *Déclaration morale de la Libre Pensée* », que le journal LA RAISON du 18 septembre qualifie de « *texte admirable de hardiesse rénovatrice et de vérité philosophique* » !...

Quand la critique est si facile, il y a cruauté à l'entreprendre.

Nous ne l'entreprendrons pas.

Si nous avons parlé de l'ouvrage de M. Payot, c'est parce que, lui, il a une incontestable valeur.

Questions brûlantes [1]

LES NOBLES ET LES JUIFS. — LE PATRIOTISME. —
LA POLITIQUE.

« Le Retour de Jérusalem » et « Décadence ».

Qu'est-ce qu'un Noble de France ? C'est un Français. Qu'est-ce qu'un Juif de France ? C'est un Juif.

Ces deux réponses, qui semblent inspirées du personnage de la chanson populaire « mort devant Pavie », indiquent exactement pourquoi il ne peut être permis de rapprocher dans une même critique les nobles et les Juifs. En raisonnant le plus froidement possible, on est obligé de reconnaître que Schopenhauer avait raison lorsqu'il disait : « Il n'y a pas d'idée plus fausse que de considérer les Juifs comme une secte religieuse ; l'emploi de cette expression ne devrait pas être permis, car c'est la *nation juive* qu'il faut dire. » Tous les philosophes et les historiens impartiaux sont de cet avis, que l'expérience confirme promptement. Cette expérience est moins facile à faire en France que dans les pays où les Juifs vivent plus à part. Chez nous, ils se confondent en apparence avec les indigènes. Mais nous n'avons pas besoin d'aller plus loin que notre Algérie pour nous former une conviction à leur sujet. Là, où un proverbe arabe dit qu'un Juif et un Arabe dans une même marmite font deux bouillons différents, non seulement ils ont leur quartier spécial, leurs coutumes, religieusement conservées, mais ils se montrent partout arrogants et dominateurs. Arrivé avec une tendance sympathique à leur égard, on se sent presque contraint de devenir malgré soi antisémite (ce fut mon cas) quand à ces constatations s'ajoute la suivante : un grand nombre de Juifs **qui ne parlent pas le français** et qui, refusant notre costume, restent vêtus du « *seroual* » et coiffés du « *kechemir* », n'en sont pas moins, comme nous, *citoyens français de naissance !...*

(1) Par suite de circonstances indépendantes de notre volonté, cet article n'a pu paraître plus tôt, mais il est encore d'actualité, puisque *le Retour de Jérulasem* se joue toujours au Gymnase et a atteint sa 302ᵉ représentation. N.D.L.R

Sans doute, les Juifs ont une ténacité et une solidarité remarquables qui font leur force et leur prospérité ; sans doute, leur race est loin de se trouver en décadence ; mais est-il juste de lui opposer l'aristocratie française, flétrie tout entière sous ce titre général : *Décadence ?* On ne peut soutenir que même la majorité des membres de l'aristocratie se trouve déchue comme les personnages de M. Guinon : un duc de Bourgogne devenu homme serpent du cirque Molier, un prince de Barfleur devenu hercule de foire, un marquis de Chérancé devenu clown. Ces cas, ou d'autres analogues, ne peuvent être que très rares, et l'on cite même beaucoup de nobles de grandes familles qui, ruinés, ont accepté avec courage les situations les plus infimes, et, dans le travail, ont montré cette délicatesse et cette loyauté qui sont des qualités si françaises. Oui, tandis que les Juifs s'enrichissaient, les nobles se ruinaient ; ces derniers, au moins, faisaient ainsi, — d'après leurs ennemis acharnés qui devraient le reconnaître — des *restitutions anonymes !* — (Jeannine de Barfleur, mariée au fils du banquier juif Strohmann, dit à sa belle-mère, quand celle-ci annonce que la maison Strohmann vient de donner 20.000 francs aux pauvres : « C'est gentil, mais moi, je l'avoue, je suis pour les restitutions anonymes. »)

La haine de la noblesse a conduit M. Guinon aux invraisemblances les plus grossières et les plus choquantes.

Le duc de Barfleur, qui a deux millions de dettes et va être poursuivi par ses créanciers, expose ainsi à sa fille le moyen de se tirer d'affaire : « Et dire qu'il y aurait un moyen si honorable de sortir de là!... Une riche mésalliance pour le prince ou pour toi..... *Je n'hésiterais pas à accepter de vous de quoi soutenir mon rang.* » Le père le plus dégradé pourra penser cela, il ne le dira jamais, et l'on admettra difficilement qu'un ancien ambassadeur et ancien député s'exprime ainsi.

Il y a plus, et nous voici à l'inconvenance : « J'admets parfaitement, dit le duc à sa fille Jeannine, qu'avec un mari comme Nathan, pour qui tu n'as pas d'amour, pas d'affection, *pas même cette sympathie vague que j'avais pour ta pauvre mère, par exemple...* » Cela, intolérable à la lecture, l'est davantage encore sur la scène. M. Guinon n'a même pas voulu accorder à Jeannine la qualité qu'ont les filles les plus perverties, le sentiment de respect qui les rend soudain sérieuses lorsqu'il s'agit de leur mère. Son père lui disant : « C'est si bon les commencements.... quand on est au sentiment pur ! Ah ! les regards humides ! les serrements de mains ! » elle l'interrompt ainsi :

« C'est encore à maman que vous pensez ? » — Il ne faut pas pardonner à un auteur dramatique d'aussi révoltantes erreurs.

L'invraisemblance est aussi grande quand la conversation a trait à d'autres questions, et l'auteur parle trop lui-même, à la place de ses personnages : le duc disant qu'il est « un des représentants les plus actifs de la politique du duc d'Orléans », sa fille s'écrie : « Sa politique ? Il n'en a pas ! » et le « représentant actif » répond : « Il fait semblant d'en avoir. » La malice n'est pas plus spirituelle quand il s'agit de la religion : le marquis de Chérancé, parlant du sujet de sa prochaine parade de clown, raconte : « L'idée m'en est venue hier, à Saint-Thomas-d'Aquin, en entendant prêcher le révérend père Antoni.... Ce sera d'un roide ! » On nous parle aussi du « krack de la banque catholique ». Ces citations, auxquelles on pourrait en adjoindre beaucoup d'autres, suffisent à montrer que la diatribe est exagérée et injuste.

Les Juifs ne sont pas traités par M. Guinon avec autant d'acrimonie et de parti pris que les nobles ; ils ne sont pas en *décadence !* Le fils Strohmann est très épris de Jeannine de Barfleur, si extraordinairement épris que « il en a des distractions aux assemblées d'actionnaires », et cela est de nature à nous le rendre sympathique.

S'il collabore avec son père au marché proposé, s'il rachète avec lui les créances du duc pour pouvoir lui dire : « Votre fille en mariage, ou nous vous poursuivons », c'est que, on peut le supposer, sa passion l'empêche de voir le caractère de son procédé.

Cependant, la pièce de M. Albert Guinon n'est pas non plus très tendre pour les Juifs. Le banquier Strohmann descend, nous dit-on, d'un Abraham Strohmann, marchand d'esclaves en Égypte, et, « père bandit, fils banquier », c'est la règle. Enfin, nous entendons cette profession de foi énergique de Chérancé : *« Ce n'est pas une question de religion, c'est une question de race !... Les protestants, oui, sont une secte, les Juifs sont un peuple... Non, non, on n'est pas de la même race parce qu'on paie ses contributions chez le même percepteur ou parce qu'on est forcé par la loi de coucher dans la même caserne... On est de la même race parce qu'on est du même sang, et qu'un même sang porte avec lui, à travers les âges, les mêmes idées, les mêmes passions, les mêmes faiblesses... »*

Quand le fils Strohmann prétend que « tout s'achète », de Chérancé lui répond : « Tout, excepté la France ; on la ruine, on

ne l'achète pas », et un autre noble réplique : « Hélas ! j'ai le
vif regret de partager l'opinion de M. Nathan Strohmann... Ses
amis et lui ont l'argent, ils ont le pouvoir, ils ont les places, ils
ont même quelquefois la magistrature... Voulez-vous me dire
ce qui lui reste à la France ? » — « Il lui reste le mépris, dit
Jeannine d'une voix haute et coupante, ça rétablit l'équilibre. »

Le mariage entre Juif et Chrétienne a, dans *Décadence*, les
deux buts suivants, avoués des deux côtés : permettre à la famille
de Barfleur de redorer son blason, ouvrir au banquier Strohmann l'entrée du grand monde, et lui permettre de faire des
affaires avec l'aristocratie du pays où le duc a été ambassadeur.
Il est superflu de dire que ce mariage ne réussit pas. Jeannine
quitte un soir son mari, au cirque Molier, et l'avertit qu'elle va
chez de Chérancé. Mari extraordinaire, Nathan Strohmann la
laisse partir et ne va que le lendemain matin la chercher.
(Nouvelle invraisemblance qui fait décidément de *Décadence*
une pièce dont la facture laisse beaucoup à désirer.)

Arrivé chez de Chérancé, il annonce à Jeannine que celui-ci
est ruiné et que si elle reste avec lui ce sera pour elle la misère
affreuse. « Vous m'achetez pour la seconde fois, dit Jeannine,
je suis vile d'accepter, mais plus je me sentirai vile, moins je
souffrirai d'être à vous. »

Le mariage entre Chrétien et Juive du *Retour de Jérusalem*
est tout à fait différent ; ce fut un mariage d'inclination. Judith
Fuchsyani, fille d'un banquier juif, rencontrait Gaston de Chouzé,
son voisin de l'avenue de l'Alma, quand elle se rendait au lycée
Racine et lui chez les Pères de la rue de Madrid. « On échan-
geait des regards, on laissait tomber une fleur que l'autre
ramassait, et, rentré chez soi, on se faisait mille signes par la
fenêtre. » Bref, on s'est marié, et pour que le mariage ait lieu,
Judith a consenti à renier sa religion et à se faire baptiser.
Mais M. de Chouzé n'était pas assez intellectuel pour que sa
savante épouse pût se plaire longtemps en sa compagnie, il « ne
la comprend pas » et elle « s'ennuie à mourir » auprès de lui.
Judith a fait la connaissance de Michel Aubier, écrivain estimé,
auteur de « livres qui le font passer pour un anarchiste »,
détaché des « croyances abêtissantes », et préparant un ouvrage
sur les religions. Elle s'est éprise de lui, ils ont lu ensemble,
durant les vacances, des poèmes hébreux, et lui s'est épris
d'elle. Michel est marié et a des enfants. Judith, froidement
résolue à rompre son mariage à elle en vertu de son principe

du « droit absolu qu'a une femme de disposer de sa personne », veut décider Michel à la même rupture, mais il résiste. Cette résistance est de courte durée ; après une scène de jalousie de sa femme, il part. Les nouveaux amants s'en vont à Jérusalem ; Judith avait fait ce vœu « en montant les marches de la Madeleine », lors de son mariage avec M. de Chouzé, « pour se débaptiser », selon son expression. « Nous ne devenons jamais catholiques, nous autres, et notre apostasie ne peut être qu'extérieure », dit un de ses coreligionnaires. De retour de Jérusalem, ils s'installent dans un appartement du Quartier Latin, le quartier des études. Judith, qui a passé son baccalauréat, fut toujours une passionnée de la Sorbonne et du Collège de France. Là, elle se propose de recevoir tous ses amis intellectuels, anciens étudiants devenus savants comme elle, et autres coreligionnaires moins sérieux mais non moins arrivistes. Ces relations vont faire éclater l'antinomie fatale entre l'esprit juif et l'esprit français libéral. C'est d'abord Lazare Hœndelssohn qui arrive, dès le lendemain du retour de Jérusalem, pour faire adhérer Michel à la ligue « *Paix et lumière* ». Michel. voulant conserver son indépendance, refuse d'adhérer à cette ligue, et Judith s'en montre très mécontente. « Toujours, dit-elle, des doutes, des scrupules, des angoisses, des remords, tout ce qui empoisonne la vie, tout ce qui vient troubler l'eau claire du bonheur, tout ce que ceux de ta race ont inventé pour faire douter les hommes du droit et du devoir même qu'ils ont d'être heureux (1). » — MICHEL. « Oui, ces angoisses, ces remords, tu ne les comprends pas ; nous n'avons pas reçu la même éducation : on t'a enseigné l'indépendance, la révolte, et que la satisfaction immédiate et quand même de ses désirs était, pour chacun, le but de la vie ; on m'a enseigné, à moi, le devoir, la soumission, le renoncement, le sacrifice. » — JUDITH : « Tu es infesté d'esprit chrétien, et pourtant tu ne crois pas ! » — MICHEL : « Hélas ! même quand ils ne

(1) A un autre moment, Judith s'écrie : « Nous mourrons un jour, voilà une chose certaine... et nous n'aurons pas saisi un bonheur possible. Ah ! ton devoir, ta résignation, ta pitié, ton sacrifice, ça te fera un beau squelette, tout ça, quand tu seras dans la terre... car après, après, il faut bien se dire qu'il n'y a rien et que c'est fini, fini... à moins que tu ne croies à la vie éternelle. — MICHEL : Non, je n'y crois pas. » — Plus loin, Michel dit : « Quant aux êtres qui vivent exaspérément leur vie. sans s'inquiéter des désastres qu'ils sèment autour d'eux, ceux-là, quand ils sont jeunes, comme toi, peuvent bien croire, un moment, qu'ils marchent dans la joie et la lumière ; mais ils entreront bientôt dans le délire et dans la nuit. »

croient plus, les hommes comme moi restent attachés par mille liens aux croyances du passé. L'éducation et l'hérédité ont créé en nous la conscience et l'honneur, et, quand ils ne sont pas satisfaits, nous sommes inquiets et torturés. Ma raison m'affirme mon droit au bonheur, et mes instincts réclament la satisfaction de mes désirs, mais je reste esclave d'une morale ancienne. La vérité, c'est que je suis un être de transition ; il y a en moi un singulier mélange de vieilles idées et des idées nouvelles, et mon âme ressemble à ces pays frontières dont les habitants parlent tour à tour une langue ou une autre, jusqu'à ce qu'un conquérant arrive, qui impose définitivement la sienne. »

Le « Français moderne d'assez juste milieu et de conscience moyenne » que M. Donnay a voulu peindre ainsi, « inquiet, hésitant, et pourtant décidé, faible et énergique tour à tour », dont la raison et le cœur sont en lutte, ne pouvait s'entendre avec ces Juifs, d'esprit pratique si ferme, marchant si résolument vers leur but, et toujours si invinciblement attachés à leur secte nationaliste. L'un d'eux, parlant d'un de ses coreligionnaires orgueilleux et noceur, dit bien : « C'est un grand malheur pour nous que des gens comme lui soient des nôtres. Il y a des moments où moi-même il me rendrait antisémite », mais, aussitôt après, il va le proposer à un ministre comme chef de cabinet.

Lors d'une réunion chez Michel, réunion où ne se trouvent naturellement presque rien que des Juifs, une discussion éclate, et avec elle le caractère inconciliable des deux esprits. Les Juifs sont « *démolisseurs* » par nature, car ils ne vivent bien que sur des ruines ; ils veulent détruire le patriotisme et l'armée comme les voleurs la morale et les gendarmes ; le « Français de conscience moyenne » est, au contraire, « patriote et utopiste, anarchiste et traditionnaliste ». Michel, ayant un frère officier, est obligé de mettre à la porte un de ses invités qui prétend que « les militaires ont un cerveau comparable à celui du catoblépas, animal tellement stupide qu'il dévorait ses propres pieds ».

« Il s'est montré tellement agressif, dit-il, qu'il m'a forcé de prendre parti presque contre moi-même... Ce qu'il y a de plus irritant, *c'est la façon dont ces gens-là ont l'air de vous traiter d'imbécile dès qu'on ne pense pas comme eux.* »

Judith est très courroucée d'avoir vu un de ses coreligionnaires mis à la porte ; elle constate que son amant et elle seront toujours **deux étrangers en face l'un de l'autre**, et elle le quitte.

Le Retour de Jérusalem se termine ainsi. C'est une comédie de réelle valeur (1), c'est une page consciencieuse de notre histoire contemporaine.

Il nous reste à indiquer comment l'auteur a traité les autres graves questions qui, depuis quelques années, passionnent l'opinion publique :

Le Patriotisme.

M. Donnay a écrit la plus jolie et la plus exacte définition que je connaisse de la patrie. Elle est jolie parce qu'elle a tout le parfum du sentiment qu'elle essaie de définir, et elle est exacte parce qu'elle indique que la patrie n'est pas une des données froides de la raison qui se définissent.

On demande à Michel une « définition saine » de la patrie.

« Je ne sais pas si ma définition vous paraîtra « saine », répond-il ; mais il me semble que la patrie, c'est des victoires glorieuses, des défaites héroïques, de beaux exemples de sacrifices et de vertus... c'est des cathédrales, des palais, des tombeaux... c'est des paysages que l'on a vus tout enfant et d'autres qui, plus tard, ont encadré des heures de joie ou de tristesse .. c'est des choses intimes, des souvenirs, des traditions, des coutumes... c'est un langage qui vous paraît le plus doux, c'est une vieille chanson, un vieux proverbe plein de bon sens... c'est une rose qui s'appelle la France, c'est une assiette peinte... que sais-je ? Mais oui, la patrie, c'est tout ça .. et bien d'autres choses encore. »

La Politique.

Décadence avait tenté de nous donner un aperçu du monde politique ; l'auteur, avec sa lourdeur de critique accoutumée,

(1) Il est seulement regrettable que M. Donnay ait trop abusé du libertinage parisien, de ce dialogue dévergondé qu'il sait être un facteur important de succès auprès d'un certain public dont il flatte ainsi les vices. Il devrait laisser ce *moyen* peu digne aux auteurs dramatiques qui sont incapables d'en trouver d'autres. Son talent n'en a pas besoin.

Il y aurait également une réserve à faire au point de vue du dernier acte qui ne semble pas logique. Après que Judith, refusant les excuses de Michel, s'est écriée : « Non, non, c'est trop tard, c'est trop tard !... Je m'en irai !... Je m'en irai », Michel reçoit la visite de sa femme qui, sur le point de se remarier, vient lui demander d'emmener ses enfants en Lorraine où habite son futur époux. Elle lui dit : *Je vous pardonne* ; il lui dit : « Vous avez la plus belle intelligence, l'intelligence du cœur », et à cette heure, où il est menacé par son amante d'un abandon, il ne lui vient pas à l'esprit de proposer à sa femme une réconciliation complète ? Ce n'est guère supposable ! La nature proteste contre cette froide séparation, et le dénouement de M. Donnay fait bien l'impression d'un dénouement inhumain et manqué.

nous avait parlé de la politique du duc d'Orléans, de la loge maçonnique « le glorieux rempart d'Israël » dont fait partie le Juif Strohmann, des anarchistes qui protègent les Juifs, d'un ministre des finances qui a un compte ouvert au nom d'un de ses cousins chez un banquier juif, etc.

M. Donnay s'est peu attaché, dans sa pièce même, au monde politique ; il ne nous parle guère que d'un ministre qui prend un chef de cabinet recommandé par un Juif influent plutôt qu'un autre qui lui est recommandé par un camarade d'enfance et ami de jeunesse ; mais, en revanche, dans sa préface, il a suivi, en des pages remarquables, à propos de Michel, l'évolution de la bourgeoisie française depuis 1848 jusqu'à nos jours.

Le grand-père de Michel a fait des barricades en 1848 ; son père a renversé l'empire, mais ce vieux républicain, ayant acheté un château de la Touraine à des nobles ruinés, a tenu à « conserver pieusement les rideaux fleurdelisés de la bibliothèque... et autres salamandres ».

« Michel Aubier, dit M. Donnay, a 36 ou 37 ans vers 1900. Il a vu la fin de l'empire, les fêtes du 15 août et les barricades, les crinolines et les blouses blanches ; puis des régiments ont défilé sur les boulevards, tandis que la foule criait : A Berlin ! et ce qui l'a frappé c'est qu'il était permis de chanter la *Marseillaise*. Il l'a chantée. Il a vu son père pleurer au lendemain de Sedan, la République a été proclamée ; il s'est trouvé enfermé dans Paris assiégé ; la paix fut enfin signée. Et un soir de printemps, sur les collines fleuries entourant la petite ville de banlieue où ses parents s'étaient réfugiés, il a vu dans le ciel, du côté de Paris, une grande lueur rouge, et on lui a dit que c'étaient des palais et des monuments qui brûlaient. Et ce fut, sous forme d'images impressionnantes pour un petit garçon, l'année terrible.

« On l'a mis au lycée. Il enviait les grands qui, deux fois par semaine, sous le commandement de vrais sergents, faisaient l'exercice, et le professeur d'allemand, jusque-là tourné en ridicule et sans autorité, devenait un personnage redoutable, muni de pouvoirs discrétionnaires. C'était l'œuvre de relèvement qui commençait. Il donnait cinq francs sur ses économies pour la libération du territoire, et les poésies de Paul Déroulède l'enflammaient.

« On lui montrait, sur la carte de France, un petit coin en haut, à droite, toujours teinté en couleur de deuil (la tache noire !) et il pensait à la revanche. On flétrissait la corruption de l'empire. C'est vers cette époque que M. Jules Simon, ministre de l'instruction publique, couronnant une rosière à Puteaux, terminait ainsi un long discours sur les vertus domestiques : « Le règne des voleurs et des courtisanes est passé ! » — Paroles imprudentes.

« C'étaient les jeunes années de la troisième République. En lisant sur tous les monuments ces trois mots : Liberté, Egalité, Fraternité, Michel s'étonnait qu'il y eût encore des riches et des pauvres, des patrons et des ouvriers, des gens qui mouraient de faim, d'autres qui assassinaient, et trois classes dans les wagons des chemins de fer, comme avant ! C'est que les enfants prennent le mot au pied de la lettre, et n'acceptent pas les contradictions et les désordres que les hommes acceptent.

« Les contradictions le froissaient de toutes parts. On lui recommandait de prier Dieu, et ses parents ne le priaient pas. Son père n'aimait pas les prêtres.

« Il avait des petits camarades israélites ; mais il ne remarquait aucune différence entre eux et lui...

« Michel grandit sous la présidence de M. Thiers et du maréchal Mac-Mahon. Il apprend la formation des nouvelles dénominations politiques, avec la terminaison iste qui marque le respect, et la terminaison ard qui marque le mépris. Quand arrive le 16 mai, il comprend que la République est en danger. Il lit les journaux et l'*Histoire de la Révolution*, fait des rapprochements entre les hommes de 77 et ceux de 89, et plus d'un, parmi les 363, prend à ses yeux les allures de tel député du Tiers. La République est sauvée! Michel n'attendait que cela pour passer son baccalauréat. Il le passe.

« Au Quartier Latin, comme toute la jeunesse bourgeoise de cette époque, il est ardemment républicain. Il se réjouit de la première expulsion des jésuites, il se réjouit de la première amnistie. Les premières fêtes du 14 juillet l'enivrent ; tous les cœurs sont gonflés d'espoir ; dans les rues pavoisées et illuminées, il communie véritablement avec le peuple, rit, chante, crie et danse avec lui.

« Non, la République ne pouvait pas être plus belle sous l'empire! Liberté, Egalité, Fraternité, vous n'êtes donc pas de vains noms?

« Michel fait son volontariat. Le régiment n'est pas cette grande famille qu'il était si disposé à aimer... L'indifférence des officiers le chagrine et le décourage ; la grossièreté et la vénalité des gradés inférieurs l'indignent. Sa véritable parenté, c'est avec les pauvres et simples soldats, ses frères d'armes, frères d'ennui morne aussi, d'exercices monotones, de corvées répugnantes et stupides, de punitions arbitraires. C'est qu'en temps de paix, la logique et la discipline, l'honneur militaire et la dignité de l'homme se livrent des combats, parfois meurtriers. Cette grande école d'abnégation et de devoir est pleine, elle aussi, de contradictions.

« Peut-être a-t-il connu, dans son régiment, ce maréchal des logis, joli garçon, et que les femmes aidaient, toujours couvert de dettes nonobstant, et qu'on faisait régulièrement sortir de prison, pour escorter le drapeau, dans les grandes occasions, à cause qu'il avait bon air à cheval et belle tournure militaire ?

« Mais les contradictions n'étaient-elles pas en lui-même? Certes, il n'aimait pas ce métier, et pourtant, certains jours de revue, lorsque dans la grande cour du quartier, au son des trompettes rageuses, le régiment défilait devant l'aigrette blanche du colonel, entouré de son état-major aux plumes tricolores, il oubliait ses rancœurs, et un frisson d'héroïsme parcourait tout son être.

« Il y avait, parmi les volontaires, de jeunes israélites ; mais sous le képi et la veste, n'étaient-ils pas semblables à lui ?...

« Il rentre dans la vie dite civile. Sa foi politique va être soumise à d'attristantes épreuves. Il est encore plein d'illusions : pour lui, la République, c'est toujours de l'austérité et de la vertu ; sage, belle, prudente, forte, pacifique, victorieuse, il la pare de toutes les nobles épithètes dont les Grecs, en trichant un peu, parèrent jadis Pallas Athéné.

« Mais vers la fin de l'opportunisme, Marianne commence à négliger ses dessous. Michel s'afflige des premiers scandales (affaire des décorations).

« Le parlementarisme lui apparaît bientôt comme une maladie dont son pays est rongé, avec la succession lamentable des accidents secondaires ou tertiaires (Boulangisme, Panama). Il se préoccupe d'une question qu'avaient posée les livres précurseurs d'Edouard Drumond. Mais sa raison lui défend d'être antisémite, il ne rend pas les juifs seuls responsables de tout ce qui arrive de fâcheux autour de lui. Parbleu ! Il sait bien que s'il n'y avait pas de corruptibles, les corrupteurs perdraient leur temps. Luttes brèves et inégales de certaines consciences contre les tentations ; c'est le pot de terre, vide, contre le pot de vin, plein. Michel, qui n'accepterait pas, n'oserait pas offrir ; à ces représentants du peuple, il prêterait ses pudeurs, sa fierté, sa droiture, et ce n'est pas cela, paraît-il, qu'il faut leur prêter.

« Il suit avec passion le socialisme qui grandit : il y rencontre des humanitaires qui se détestent, des libres penseurs aussi ennemis de la liberté que de la pensée. Alors, il se détourne de la chose publique; il est également prêt pour l'anarchie et pour le bon tyran.

« Il cultive son Moi, veut se connaître lui-même. Mais les systèmes philosophiques se contredisent, la physiologie, la psychologie scientifique l'épouvantent : sa mémoire, sa volonté, toutes ses facultés, autant de mécanismes compliqués dont on lui démontre qu'il ne peut régler aucun des rouages subtils. Il se découvre l'esclave de son libre arbitre, le jouet d'un déterminisme indéterminé; et d'une philosophie de baccalauréat, de l'Impératif catégorique de Kant, il passe à un Dubitatif non moins catégorique. Il est également prêt pour le renoncement et pour la course au bonheur.

« Entre temps, il a lu Renan; il s'est amusé aux contradictions élégantes de ce virtuose éminent dont les partis les plus opposés peuvent se réclamer; il a admiré que cet esprit considérable, parcourant toutes les routes de la pensée, se tînt constamment en équilibre sur deux vérités, comme un cycliste sur les deux roues de sa légère machine.

« A sa suite, il est entré en dilettantisme, recherchant dans Sirius les raisons supérieures d'une indifférence séduisante. Jusqu'au jour où, placé dans le milieu et en face des circonstances que l'on connaît, il se trouve projeté, presque malgré lui, hors de ses hésitations habituelles, hors de son éclectisme. Alors il choisit entre les deux vérités, ou plutôt croit choisir celle que lui imposent l'atavisme, l'hérédité, la tradition, l'éducation, en un mot toute la sensibilité collective et française. »

Avec une pénétration très remarquable de psychologue, M. Donnay a fouillé ainsi la mentalité des Français qui parvinrent à l'âge mûr vers la fin du xixe siècle. Peut-être ce travail ne lui a-t-il pas été très difficile : peut-être n'a-t-il eu qu'à « se regarder passer dans la rue » et à s'étudier lui-même.

Les pages que nous venons de citer ont un accent de vérité et de sincérité qui oblige presque à leur donner le caractère d'une confession. Elles resteront comme un document précieux pour l'historien et le philosophe.

Notons, en terminant, ce que pense Michel des LIGUES POLITIQUES :

Il refuse d'adhérer à la ligue *Paix et lumière* de Lazare

Hœndelssohn parce qu'on a « un peu l'air de lui présenter des idées à l'acceptation pour les lui représenter plus tard à l'échéance », et parce qu'il ne veut pas se rendre solidaire des autres membres de cette ligue. « Je connais trop, dit-il, la mentalité d'un signataire. On ne poursuit d'abord que la réalisation d'une haute et noble idée ; mais, bientôt, on ne suit plus que son idée, et l'on est précipité dans le sectarisme le plus étroit... Et puis j'ai, pour ne pas signer, d'autres raison purement sentimentales et qui vous feront peut-être encore sourire, mais dont j'ai le courage, et que je vais vous dire. Il y a dans une autre ligue, qui m'apparaît opposée à la vôtre, des hommes que j'aime et que j'estime, et je ne veux pas me déclarer l'adversaire de ces hommes-là. » — « Je sais de quelles brutes tu veux parler ! » s'écrie Judith.

Si M. Donnay ne nous avait pas avertis que nous étions en 1899 et 1900, nous l'aurions facilement deviné. Malheureusement, les passions aveuglantes de cette époque ne sont pas éteintes, et il est bon que, de temps en temps, les littérateurs impartiaux jettent sur elles l'eau salutaire jaillie des sources du bon sens, l'eau qui purifie sans détruire, qui lave et donne la vie saine.

———— ✻ ————

Les Auteurs dramatiques moralistes

« HIPPOLYTE COURONNÉ »

L'*Hippolyte couronné* de M. Jules Bois, joué en août au théâtre d'Orange, attire de nouveau l'attention sur le drame passionnel qui, depuis 2.332 ans, a été une des principales sources de l'émotion tragique au théâtre : l'amour de Phèdre pour Hippolyte.

Nous n'avons pas à examiner ici le plus ou moins grand talent littéraire avec lequel le sujet fut traité par Euripide et Sénèque, par Garnier (1573), de la Pinelière (1635), Pradon et Racine (1677), et par M. Jules Bois ; nous n'avons qu'à examiner en lui-même le problème moral posé.

Une femme aime son beau-fils, et celui-ci résiste à cette passion, que va-t-il se produire ?

L'expérience répond : la femme se vengera, toujours. Chez tous les auteurs, en effet, Phèdre se venge, mais avec des différences intéressantes à signaler.

Chez Euripide, elle inscrit sur des tablettes qu'elle suspend à sa main l'accusation épouvantable contre Hippolyte, et elle se pend.

Chez Sénèque, elle même, devant Thésée, accuse Hippolyte de l'avoir violée.

Chez Garnier, qui traduit presque Sénèque, cette odieuse calomnie se retrouve dans la bouche de Phèdre.

Chez Pradon, elle laisse croire à Thésée qu'Hippolyte lui a fait de honteuses propositions.

Chez Racine, elle se refuse à « opprimer et noircir l'innocence », mais elle laisse sa nourrice accuser Hippolyte.

Racine voudrait faire croire qu'il a eu un souci particulier de moralité, et dans sa préface il a pris soin de nous dire : « Je n'ai point fait de tragédie où la vertu soit plus mise au « jour que dans celle-ci. Les moindres fautes y sont sévè- « rement punies. La seule pensée du crime y est regardée « avec autant d'horreur que le crime même. Les faiblesses « de l'amour y passent pour de vraies faiblesses. Les pas- « sions n'y sont présentées aux yeux que pour montrer tout « le désordre dont elles sont cause ; et le vice y est peint « partout avec des couleurs qui en font connaître et haïr la « difformité. C'est là proprement le but que tout homme qui « travaille pour le public doit se proposer. »

Mais ces paroles ont les exagérations d'un plaidoyer de défense ; l'ancien élève de Port-Royal, devenu l'ami joyeux de La Fontaine, de Le Vasseur, — et de la Champ-meslé, — veut préparer la conversion à laquelle le pous-sait depuis longtemps une tante religieuse ; en écrivant *Phèdre*, il a songé davantage à faire une belle tragédie troublante de passion qu'une pièce moralisatrice.

La preuve en est qu'il n'a pas suivi Euripide dans sa façon de faire apprendre à Hippolyte par la nourrice la passion de Phèdre : il fait parler Phèdre elle-même, pour ne pas manquer l'occasion d'une des scènes les plus émouvantes de notre théâtre.

Il a voulu, il est vrai, corriger cet aveu impudique en imaginant la fausse nouvelle de la mort de Thésée ; mais le procédé ne peut satisfaire que les esprits très superficiels ; il va en effet contre son but même, ainsi que le fait très justement remarquer M. Edmond Dreyfus-Brisac : « Cette veuve d'un jour, ou plutôt d'une heure, courant s'offrir à Hippolyte sur la tombe de son père, se montre incestueuse jusque dans son deuil. »

M. Dreyfus-Brisac a très bien montré tous ces points dans son récent ouvrage intitulé « Phèdre et Hippolyte ou *Racine moraliste* », en même temps qu'il s'est attaché, avec un

soin de travailleur acharné, à découvrir toutes les ressemblances du texte de Racine avec celui d'Euripide, d'Ovide,
de Sénèque, etc.

Pradon a montré plus que Racine un souci (d'ailleurs
exagéré) de moralité en se plaçant à une époque où Phèdre
et Thésée ne sont que fiancés.

Robert Garnier avait été mieux inspiré en suivant pas à
pas Sénèque et sa logique implacable. Les œuvres de nos
anciens perdent beaucoup à être modifiées dans la vigoureuse
pensée directrice qui les a inspirées. Vouloir remplacer dans
notre sympathie Hippolyte par Phèdre, et modifier le caractère du jeune chasseur qui préfère Diane à Vénus en mettant
dans son cœur une Aricie, est ruiner à sa base l'édifice
antique, si grand de pure et stoïque beauté.

M. Jules Bois a commis la faute bien plus impardonnable
encore de montrer Hippolyte recevant un instant dans ses
bras Phèdre défaillante. L'amour est né en lui à la suite
d'un philtre que lui a fait boire la nourrice de Phèdre.
J'aurais été surpris que M. Jules Bois, qui fit de très
mondaines conférences à la Bodinière sur la sorcellerie, qui
est président et secrétaire de plusieurs sociétés d'hypnologie
et d'hypnotisme, qui est même, je crois, converti au spiri-
tisme, n'ajoutât pas à la tragédie antique quelque procédé de
sorcière.

Ne croyez pas que son philtre a pour but de rendre la calomnie de Phèdre un peu moins odieuse quand elle l'accusera d'avoir voulu attenter à sa vertu, parce qu'il lui a en
effet ouvert ses bras et qu'il a prononcé des paroles de
tendresse. Non. M. Jules Bois a simplement voulu ne pas
manquer la scène des amants enlacés qui réussit toujours
si bien auprès du public. Phèdre, ardente et féline, en-
serre Hippolyte de ses paroles passionnées, mais elle se contente de lui donner un rendez-vous prochain. Hélas !
l'effet du philtre disparaît bientôt, et le prince chasseur
quitte Vénus pour revenir à Diane. Je me trompe, l'effet du

philtre, qui est d'empêcher de haïr toute femme, n'a pas encore complètement disparu, et l'inconséquence est bien plus grande : Hippolyte s'est tourné vers la statue de Diane, et, apercevant près d'elle une jeune fille vouée au culte de la déesse, il est allé lui dire son amour. Phèdre, qui est là, et voit les bras qui l'étreignaient tout à l'heure s'ouvrir à une autre, bondit, et essaie, mais en vain, de ramener à elle celui qu'elle croyait déjà être son amant.

M. Bois a gâté Hippolyte en faisant de lui *l'homme au philtre*, et nous ne pouvons nous empêcher de trouver ce héros outrecuidant et vaniteux quand il reprend à Diane la couronne qu'il lui a offerte le matin, et se la met sur la tête :

> « Ce matin je la lui donnais ; je la reprends
> Ce soir... Ou plutôt non. Artémis, tu la rends
> A celui qui voulut te l'apporter, pieuse,
> Et qui l'a méritée aujourd'hui, glorieuse. »

On connaît le sonnet de Mme Deshoulières au sujet de la *Phèdre* de Racine, la réponse des amis de Racine, sur les mêmes rimes, et la réponse de Pradon, toujours sur les mêmes rimes. Au xviie siècle, où l'on était parfois méchant et injuste, on aurait écrit, sur les mauvaises rimes de Mme Deshoulières, à propos de la tragédie de M. Jules Bois :

> Chez Monsieur Jules Bois, Phèdre, hystérique et *blême*,
> Hurle des mots d'ivresse où le cœur n'est pour *rien*,
> Puis se dit victime, en un courroux peu *chrétien*,
> D'un viol, ce, devant Hippolyte *lui-même*.
>
> Sa nourrice, en vain, las ! voulant que le prince *aime*,
> Ayant de sorcière et l'art et le *maintien*,
> Avait versé le philtre, ultime espoir et *bien*,
> Qui dans la chair, toujours, met le désir *extrême*.
>
> L'auteur ne vit en Phèdre, aux cheveux noirs ou *blonds*,
> Qu'une femme étalant de provocants *tétons*,
> Que la femelle, dont la foule est *idolâtre*.
>
> Campagnols Orangeois, point ne soyez *ingrats* :
> Puisque vous méprisez toutes les *mort-aux-rats*,
> Mangez la pièce de Bois sur votre *théâtre*.

Ce sonnet d'amusement n'enlèverait pas plus à M. Jules Bois son talent de poète que le sonnet de Mme Deshoulières n'a empêché la Phèdre de Racine de vivre encore, admirée, après plus de deux siècles.

Ces digressions terminées, revenons à ce qui fait l'objet principal de cette étude, le côté moral.

M. Jules Bois a placé dans la bouche de Pithéas la moralité de la fable :

> « Nous autres nous n'avons dompté, héros charnels,
> Que le monstre visible et les vils criminels,
> Mais toi, plus délicat et mort dans ta jeunesse,
> Tu seras le *héros supérieur* qui laisse
> A son départ, vaincu, l'Ennemi tout-puissant :
> La luxure et la haine, et les instincts du sang. »

C'est bien en effet un *héros*, mais un héros sans aucune faiblesse, qu'il fallait opposer, comme Euripide l'a fait, à une femme.

ANDRÉ DE MAUPERTUIS.

P. S. — Le théâtre d'Orange a représenté aussi *Cinthia*, drame antique, en vers, de M. Joseph Meunier, et *Dionysos*, tragédie lyrique de M. Joachim Gasquet, dont nous avons déjà loué le vers classique. M. Gasquet a composé une œuvre d'un réel mérite littéraire.

VICTOR HUGO ET LA JALOUSIE ENTRE AUTEURS DRAMATIQUES

Dans l'ouvrage dont nous avons parlé plus haut, M.E. Dreyfus-Brisac cite ce curieux passage d'une lettre inédite de Alexandre Dumas père à Dommange :

« Au théâtre, Hugo est le plus mauvais voisin que je connaisse, capable de tout pour débarrasser sa pièce d'une concurrence et qui, s'il ne me fait pas siffler, me fera éreinter par trois ou quatre journaux dont il dispose. »

MONARCHIE ET DÉMOCRATIE.

VARENNES

Le théâtre Sarah-Bernhardt vient de reprendre, à la mi-septembre, *Varennes*, interrompue peu après les premières représentations.

La pièce de MM. Lavedan et Lenotre a toujours le même succès, qui n'est pas seulement dû à la magnificence des décors, mais au talent avec lequel les auteurs ont su faire revivre la fuite de Louis XVI.

Une scène, qu'on reconnaît écrite par des maîtres, domine toute la pièce, car elle montre ce qui réunit encore la monarchie qui s'en va à la démocratie qui la remplace, c'est l'entrevue de la reine et de Barnave. La démocratie de 1789 était encore attachée à la monarchie, il ne faut pas l'oublier, par des liens très forts, faits de respect et de reconnaissance. L'histoire obligeait à reconnaître que c'était la monarchie qui avait fait la nation française et l'avait placée à la tête des autres nations. L'idéal d'alors (auquel l'Assemblée constituante donna corps) était une monarchie républicaine, une démocratie avec un roi comme Louis XVI. Tous les écrivains politiques étaient de cet avis, sauf Desmoulins, qui écrivait en 1790 : « J'ai perdu mon temps à prêcher la République. » Marat disait le 17 février 1791 : « La monarchie très limitée est la forme du gouvernement qui nous convient le mieux aujourd'hui. Louis XVI est, à tout prendre, le roi qu'il nous faut, et nous devons bénir le ciel de nous l'avoir donné. » Le peuple de Paris tenait à son roi, aussi le 18 avril 1791, il l'empêchait d'aller à Saint-Cloud et dételait ses chevaux pour le forcer à rester.

On conçoit dès lors l'effet désastreux que produisit sur lui, deux mois plus tard (21 juin 1791), la *fuite à Varennes*. C'était le premier lien qui venait de se rompre, et avec lui le rideau s'était entr'ouvert sur la scène des Tuileries où l'on voyait l'étranger jouer le principal rôle. Néanmoins, on ne crut point à une trahison du roi, on tenait à le conserver, et on décida simplement de le *garder à vue*, — comme un écolier fugitif qui serait peu coupable, ses camarades l'ayant entraîné malgré lui.

Barnave, un des trois commissaires de l'Assemblée chargés de ramener à Paris Louis XVI, fit qualifier son départ d'*en-*

lèvement, et non de *fuite*, et la constitution fut maintenue.

MM. Lavedan et Lenotre lui font faire cette proposition à la reine même, et la scène se passe à l'évêché de Meaux : « Une fuite ? Jamais, dit Barnave. Un enlèvement... Vous avez cédé par aveuglement et bonté, malgré vous, la mort dans l'âme, à la passion d'abord, puis aux menaces et aux violences d'une noblesse aux abois qui pactise avec l'étranger... »

La reine refuse. « Après avoir donné des ordres, nous dirions les avoir reçus ? Mais la voilà, la vraie fuite, l'évasion lâche et honteuse ! Quelle abdication morale plus complète et plus humiliante pouvez-vous rêver pour nous ? »

Avant de partir, Barnave rappelle avec émotion le jour où il a vu la reine pour la première fois :

« C'était à Versailles. Il y a déjà longtemps, dans la salle des gardes du corps... un Jeudi Saint (1)... le jour où, selon l'ancienne et touchante coutume, le roi lavait lui-même les pieds à douze enfants du peuple et de pauvres bourgeois... J'étais un de ces enfants... Le roi de France s'est mis à genoux devant moi, et il a baisé mon pied nu... Je n'étais qu'un pauvre petit, chétif et sans naissance... Aujourd'hui je suis député, commissaire de l'Assemblée, je ramène à Paris la royauté en déroute pour laquelle c'est à son tour Jeudi Saint.

La Reine. — Elle ressuscitera.

Barnave. — Pas le troisième jour !... et je vous dis ces choses ici, ce soir, entre ces sombres murs où Bossuet a rêvé du néant des grandeurs humaines.

C'était bien en effet le Jeudi Saint de la royauté, la veille de sa mort. Mais pour cette vieille personne qui comptait son âge par siècles, la journée d'agonie devait être longue, elle dura plus d'une année. Et ceux qui étaient appelés à constater sa mort n'osèrent même pas dresser son acte de décès : « Le roi est suspendu provisoirement et habitera le Luxembourg », dit le décret de l'Assemblée. A cette époque le Luxembourg était voisin de la tour du Temple.

A. M.

(1) Le texte de la pièce que j'ai sous les yeux porte *Vendredi* Saint. Ce doit être une erreur d'impression. Cette cérémonie a lieu le Jeudi Saint.

Autres Livres et Revues

« **Ce qu'enseigne une œuvre d'art.** » (*Revue philosophique de septembre*). — M. Paul Gaultier, dans un article qui est à lire en entier, explique comment l'œuvre d'art est une des plus significatives manifestations de l'activité humaine :

« Toute œuvre d'art vraiment digne de ce nom est la chose la plus pleine de sens et riche d'enseignements qui soit, non pas seulement par ce qu'elle représente, par son côté intellectuel en quelque sorte, mais encore et surtout par l'émotion qu'elle soulève...

Les œuvres d'art contiennent « le sens et comme le parfum des âges disparus dont elles sont les témoins survivants... »

... « La loi de vie qui est le principe et comme l'âme, âme individuelle et singulière, de toute œuvre vraiment belle, ne se découvre qu'à ceux-là qui sont capables de vibrer à son unisson. L'œuvre d'art ne se livre tout entière, avec ce qu'elle contient d'intraduisibles leçons dans le langage des mots, qu'à ceux-là que la beauté émeut.

« Si l'œuvre d'art ne s'adresse à l'imagination que pour ébranler la sensibilité, elle doit à cette particularité de pouvoir traduire des choses que les œuvres littéraires sont impuissantes à rendre, comme échappant à l'intelligence explicite.

... « Si l'œuvre d'art ne nous apprend rien que par le style, c'est-à-dire en fonction de l'individualité qui s'y manifeste, il va de soi qu'elle nous renseigne avant tout sur la personnalité de son auteur, du fait qu'elle nous amène à partager son émotion. »

Et comme la personnalité de l'artiste se ressent du milieu et de l'époque où il a vécu, on revit avec lui la vie de son temps, on « respire le parfum des autrefois évanouis ».

« L'œuvre d'art nous fait comprendre la nature. Si nous aimons à voir en peinture, suivant Pascal, ce que nous n'admirons pas dans la réalité, c'est qu'en outre de ce que la personnalité du peintre y ajoute, et qui nous peut séduire, elle nous met en présence de ce que nous ne sommes pas capables de voir par nous-même, elle découvre le mal à nos regards, le précise, le développe et l'explique.

« L'œuvre d'art nous fait comprendre les êtres vivants et nous fait pénétrer la vie sociale. Les frères Le Nain n'ont-ils pas été les premiers en France à montrer la grandeur des travaux champêtres, bien avant Millet, dont ce fut la gloire, et en un siècle où on n'en avait pas le moindre soupçon ?

« L'œuvre d'art enfin, et ce n'est pas le moindre de ses enseignements, jette ses clartés jusque sur l'âme humaine, sur ses rêves, ses douleurs, ses aspirations, ses joies, ses doutes et ses tristesses, non seulement parce qu'elle en sort, mais aussi parce qu'elle lui sert souvent de motif, de soutien et de sujet.

« L'importance du *portrait* vient de là, puisqu'il n'est vraiment grand, d'un intérêt universel et impérissable, que si sous les traits du visage le peintre a su saisir et rendre le caractère individuel, et plus encore a su faire pressentir sous celui-ci le mode général d'humanité qu'il contient...

« Synthèse ineffable de l'âme des êtres ou des choses, et d'une âme d'artiste tout imprégnée elle-même de l'esprit d'une société, d'une époque, d'un pays, l'œuvre d'art est féconde en enseignements de toute sorte sur son auteur, sur son temps et sur la nature... Langage sensoriel, elle parle directement aux sens et à la sensibilité, nous émeut avant de nous édifier, et ne nous édifie que parce qu'elle nous émeut... »

NÉCROLOGIE

FANTIN-LATOUR

Fantin-Latour, peintre de grand talent, fils d'un peintre de talent, est mort le 27 août à Buré, dans l'Orne, au milieu des fleurs qu'il aimait à peindre.

C'était un amant passionné de la littérature et des arts. Il s'était lié avec Baudelaire et Verlaine, Courbet et Manet. Le Luxembourg possède son *Atelier de Manet*.

Il illustra Wagner, Berlioz et Schumann. On connaît son *Autour du piano*, où se trouvent Chabrier, Vincent d'Indy, Camille Benoît, etc., et *la Lecture*, qui fut peut-être son œuvre la plus remarquée.

Nous perdons en lui un des idéalistes les plus aimables de notre époque.

VARIÉTÉS

Les « satisfactions morales » d'une « femme écrivain public » cousine de Verlaine. — Un de nos confrères (1) a découvert, rue Lamartine, une « femme écrivain » qui lui a fait les déclarations suivantes :

« Lettres d'amour, lettres d'affaires, pétitions, suppliques aux ministres, à vingt sous l'épître, je tiens tous les genres, Monsieur. Mais vous devinez que j'écris surtout des lettres d'amour. J'y ai jusqu'ici largement gagné mon existence. C'est naturel. N'écrit pas qui veut des lettres d'amour. Il y faut de l'imagination et du lyrisme. Il y faut aussi du tact et de l'usage. Mais il faut surtout une ordonnance sage et diverse. Je ne cesse de le leur dire, à celles qui viennent ici me demander mon secours : « Si vous parlez de vous tuer, dès la première lettre, « que direz-vous dans six mois ? »

« Le style ne se donne pas, il s'emprunte. Je prête le mien. C'est pour moi un héritage de famille. Car je suis la cousine du poète de *Fêtes galantes*. »

Et, non sans emphase :

« Je me nomme Mme Verlaine, Monsieur !

« Je ne suis pas, poursuivit-elle, un de ces écrivains méprisables qui tenaient échoppe auprès des églises et n'étaient, au demeurant, que des policiers. Je pense avoir honoré ma profession. Je refuse d'écrire les lettres anonymes et, pour le reste, je cherche à créer de la bonté. Comment ? Je vais vous le dire tout de suite. Combien de fois ne vient-on pas me demander de composer une lettre de colère, une lettre qui va mettre aux prises toute une famille ? J'use alors d'un innocent subterfuge. J'affirme n'être pas en verve, avoir besoin de deux jours pour préparer la missive. Au bout de ces deux jours, il est bien rare, la colère tombée, que ma cliente revienne. J'y perds un franc, mais j'y gagne des *satisfactions morales*, les seules, Monsieur, qui valent la peine d'être obtenues. »

Et voici maintenant ce que Mme Verlaine pense de son cousin poète :

« C'était un vicieux ! Il ne faut pas dire le contraire, c'était un vicieux ! J'ai connu M. Mürger. M. Mürger s'enivrait, lui aussi. Mais enfin il avait un intérieur. C'était un homme comme tout le monde ! Tandis que M. Verlaine, c'était un vicieux, je le répète. Il écrivait bien, mais ce n'est pas tout dans la vie. J'en puis parler, Monsieur, savamment. »

(1) V. le *Matin* du 9 août 1904.

Le Gérant : Henri FRUCHARD.

Poitiers. — Société française d'Imprimerie et de Librairie.

L'Action Littéraire et Artistique

Voir aux 2e et 3e pages de la couverture ce qui a trait à **Notre but,**
Notre Association, *et à la* **Ligue** « **Par le foyer** ».

Notre Œuvre

ORGANISATION NOUVELLE

Les médecins et les charlatans.

Depuis une année nous publions cette Revue. Elle a paru chaque mois jusqu'en juin, tous les deux mois de juin à septembre, et voici les trois derniers mois de l'année réunis.

De cet état de choses il est plusieurs causes intéressantes à exposer.

Tout d'abord, les personnes qui se sont intéressées à notre œuvre nous ont fait justement remarquer que ce n'était pas par une Revue, même mensuelle, qu'on pouvait créer une *action*, mais par un journal. Le journal, grâce à la modicité de son prix, se répand partout, c'est un gamin effronté qui jette un regard à toutes les portes, qui entre, parle haut, et qu'on est obligé d'écouter, car on le craint. La Revue, au contraire, est une dame grave et discrète, un bas-bleu dont on peut d'autant plus facilement mépriser le radotage qu'il ne vous importune qu'à de rares intervalles.

Partant de cette constatation, nous avons fondé le journal

Le Bon Sens français, dont un numéro spécimen a été publié en octobre (1).

Ce journal est destiné à paraître chaque semaine, mais sa publication hebdomadaire ne peut être que lointaine, car il ne reçoit de subvention d'aucun parti politique et ne fera payer aucune de ses campagnes, il refuse les annonces trompeuses et malhonnêtes, il éloigne ainsi de lui les ressources qui font vivre la presque totalité des journaux.

Nous touchons ici à un point important et digne d'être étudié : au motif du très lent succès de notre œuvre.

Nous entendons chaque jour, et de tous côtés, les gens indépendants se plaindre amèrement de la « décomposition » générale. « Le mal est grand, s'écrient-ils, le chancre a envahi plus de la moitié du corps, appliquons-lui vite un remède. » Nous offrons alors à ces braves gens le remède classique de la vieille science, mais ils n'en veulent pas, et vont chercher celui du charlatan qui bat la grosse caisse, juché sur sa voiture, — transformée dans ce cas en une tribune de réunion publique. On n'aide pas ceux qui veulent discuter avec calme, réfléchir et travailler, mais ceux qui jurent de lutter avec une violence toujours croissante. On veut des coups, non des idées.

Il en résulte fatalement que la violence répond à la violence, et comme celle des hommes qui détiennent la force est nécessairement la plus forte, les pauvres gens se plaignant d'être brutalisés le sont davantage. — N'est-ce pas bien fait ?

Nous sommes à une époque où la démoralisation s'étend de jour en jour, cela est certain : nous sommes à une époque où l'égoïsme bas triomphe, où le sensualisme grossier règne en maître, cela est certain, mais vous êtes vraiment bien mal venus à vous en plaindre, vous tous qui préférez le vain tapage au travail réfléchi, vous dont la nonchalance fait échouer toutes les œuvres généreuses, œuvres

(1) Ce numéro a été tiré à *vingt mille* exemplaires.

que vous ne vous donnez même pas la peine de comprendre.

Votre intelligence ne va pas plus loin qu'une chirurgie meurtrière ; nous, nous sommes pour la médecine vitale.

« Un bras de ce corps malade nous frappe, il faut le couper », dites-vous. Vous parvenez quelquefois à le couper, en effet, mais celui qui reste vous frappe encore plus fort. Nous, nous disons : « Il faut le guérir et le faire coopérer avec l'autre à notre œuvre humaine et féconde. »

Ces vérités à l adresse de ceux dont l'action mal dirigée augmente le mal au lieu de le diminuer étant exposées, nous déclarons que notre entreprise *ne périra pas*. Elle mettra peut-être longtemps à réaliser sa plénitude de vie et de force, mais elle y parviendra.

En attendant, cette Revue devra se borner à être un bulletin de l'Association *l'Action littéraire et artistique*. Elle fera connaître aux membres de cette Association (qui la recevront gratuitement) des *documents*, tirés des œuvres littéraires et artistiques nouvelles. Ces documents leur offriront l'ensemble des pierres ajoutées pendant l'année à l'édifice moral et social. Leur apparition sera espacée selon le nombre et l'importance des œuvres, et une table des matières comme celle qu'on trouvera plus loin rendra les recherches commodes et promptes.

Nous continuerons ainsi, et sans laisser de côté nos autres moyens d'action, à être des travailleurs réfléchis, des médecins sages, partant des hommes utiles.

LA DIRECTION.

Les Littérateurs pauvres et le suicide

Ils sont plus nombreux qu'on ne le croit ceux qui, ne pouvant faire entendre aux hommes leurs rêves et leur amour, sont contraints d'aller les chanter aux dieux, amis des poètes pauvres.

Lucien Cressonnois, jeune écrivain dramatique trop pauvre pour être joué, — car les directeurs de théâtre ont besoin d'auteurs riches, — n'a pas été assez heureux pour sentir l'effet attendu du laudanum libérateur. Les médecins de l'hôpital de la *Charité* l'ont, peu charitablement, rappelé à la vie ; « il ne mourra plus que de faim, ses manuscrits à la main, au coin d'un pont », dit Emile Bergerat (1), qui rappelle que le père de Lucien Cressonnois, chef d'une musique militaire à Alger, fit sait en 1865 le voyage de Paris pour voir jouer, entre deux courriers, la *Pomme*, de Théodore de Banville.

Bergerat ajoute ces observations tristes, et malheureusement trop vraies :

« Hélas ! qu'elle a été froide, la presse actuelle, la *belle presse d'affaires et de réclame*, et comme, de son estrade, là-bas, à Alger, le père Cressonnois fût demeuré stupide de nous voir tous si indifférents au suicide de son enfant !

« J'en sais la cause, ou plutôt je la devine. On boude l'écrivain de s'être manqué. Certes, ce n'est pas sa faute et il n'a rien fait pour ça, mais enfin il se survit, et il prend ainsi la place de quelqu'un qui serait franchement mort et, par conséquent, ne gênerait plus personne. La première condition requise pour avoir, je ne dis même pas une bonne presse, c'est de ne plus être en état d'en jouir. C'est par l'attitude de défunt que l'on désarme la critique et que l'on obtient de la nécrologie, à l'œil, dans les gazettes. Mais tant que le dernier soupir n'est pas exhalé dûment, sans recours, la camaraderie se réserve, et elle ne pleure qu'en dedans. Le fils du père Cressonnois a eu le tort, étant parti pour l'Adès, d'en revenir. S'il y était resté,

<hr>

(1) *L'Éclair* du 25 septembre 1904.

comme les bons modèles, Gilbert, Malfilâtre, Hégésippe Moreau
et les types immortels du genre, toute la chronique et l'inter-
view seraient en train de gueuler contre la société et de lui
demander compte du désespoir d'un homme de talent, réduit,
faute de débouchés, à s'abolir lui-même, en pleine Ville-
Lumière. L'encre sympathique coulerait à flots de tous les
encriers, et le trépassé aurait de la copie.

« Il en aurait de ces brillants amateurs de « l'en-tête », million-
naires sans carrière, que l'oisiveté déverse dans « l'écriture »
et qui encombrent eux-mêmes ces débouchés, leurs carnets de
chèques à la main. Il en aurait des députés d'affaires qui tirent
de leurs mandats double mouture et rallongent sur les rédac-
tions les couloirs du Parlement. Il en aurait aussi, je pense, de
ces directeurs de théâtres, inabordables tant ils sont occupés
à entretenir le public de leurs sensations subventionnées et à
faire l'article. . sur leur administration. Il en aurait dans les bul-
tins mensuels des associations corporatives où il payait sa cotisation et laissait un tantième de ses droits d'auteur. Que dis-je,
il en aurait dans l'*Officiel* peut-être, où le directeur des Beaux-
Arts jurerait à ses Mânes qu'il n'avait, pour être secouru, qu'à
tendre son chapeau à la République.

« Mais il n'en aura pas, de la bonne copie, le fils du père Cressonnois qui venait d'Alger pour une pomme. Il n'en aura pas,
sauf celle-ci, parce qu'il n'est pas mort et que, par conséquent,
il est toujours à craindre. Sait-on s'il ne va pas retrouver, avec
le courage, quelques manuscrits ex-posthumes sur sa table, les
placer peut être et entraver de la sorte es combinaisons dont
se compose le trafic judaïque du commerce de rhubarbe et de
séné que couvre le mensonge de l'art dramatique ?...

« ...Je crois très sincèrement qu'il n'y a plus rien à faire pour
un homme pauvre dans les arts littéraires, et que cette branche
de l'esprit humain tombe de l'arbre, en pourriture. Outre que ce
que l'on donne à la clientèle, soit au théâtre, soit en librairie,
voire dans les feuilles, est d'un ordre tellement bas qu'on en a
honte, les trois quarts de ceux qui en accaparent la fourniture
sont aussi étrangers au métier que vous pouvez l'être au cunéi-
forme, et l'on voit cependant que le public démocratique s'en
contente. Il fait au néant des centièmes, et s'arrache à cent
mille des imbécillités pures et simples. Il paraît d'ailleurs que
jamais la République ne fut plus athénienne. Ce sont donc les
vieux maîtres éducateurs qui ont tort, ils nous ont mis dedans
avec leurs chefs-d'œuvre. La littérature de l'avenir, que dis-je,

de demain, ne doit être que bête à couper au couteau... à papier, d'abord immensément pornographique, ensuite sans idées, sans forme et sans fond, et ne pas transgresser la limite de l'instruction primaire, moyenne d'une société égalitaire, — c'est-à-dire qu'elle est finie. Elle l'est, du moins comme art, car, comme négoce, elle ne fait que commencer. Si encore il nous restait les monastères !

« Il ne nous reste même plus les monastères, minimum des débouchés pourtant, et qui laissait toute la place aux amateurs, gens de loisirs. De telle sorte que nous ne savons plus où aller, fût-ce pour vivre, puisque la société nous en impose l'obligation, comme aux autres contribuables. Mais, alors, c'est le fils du père Cressonnois qui est dans le vrai, en somme, et la question se résout d'elle-même avec dix sous de laudanum, disons douze, puisque la dose n'est pas assez forte pour les dramaturges.... »

------·✕·------

L'Art populaire

Notre confrère Gustave Hue a réuni sous ce titre, dans une petite brochure de 80 pages, cinq ou six interviews de littérateurs et artistes où l'on peut glaner quelques réflexions intéressantes :

« Chacun veut briller aujourd'hui, même au prix du ridicule, lui a dit M. Frantz Jourdain, et l'on a sur la beauté des idées fausses. »

« Il faut avouer, a observé justement M. Albert Besnard, que l'art, la littérature, le théâtre, ont tout fait pour égarer le goût du peuple, pour le rendre indifférent à des œuvres dont lui-même forme le principal sujet, pour le placer en un mot au delà de la vérité de ses sensations. C'est pourquoi, si vous lui demandez comment il désire décorer ses palais civiques, il exigera de vous des Nymphes et des Amours, des flots azurés crêtés d'argent, des lointains roses... que sais-je ? tout ce qui, dans son imagination, signifie : liberté, oisiveté, richesse — et domination.

« Lui montrer sur les murs des édifices publics la réalité de
la vie lui est aussi pénible que le serait à un malade le spectacle de ses maux sur les murs de l'hôpital embués de son ha-
leine fiévreuse.

« C'est que le peuple est, avant tout, imaginatif, sans cesse
dans l'attente du mieux qui doit remplacer le pire où il se débat.
C'est grâce à cet état de rêve qu'il supporte sa vie ; et le faux
luxe qu'on lui reproche de chérir est la naturelle conséquence de
cet état d'âme...

« Fermez les cabarets et vous redonnerez au peuple le goût
du chez-soi, qui enfantera le goût de l'art dans la vie. »

Ces judicieuses observations rapetissent un peu les grands
mots creux de l'orgueilleux M. Rodin, qui, pendant *une heure*
de conversation, n'a su que condamner la machine. Il est vrai
qu'il a ajouté des « digressions pleines d'intérêt », — que
notre confrère ne nous rapporte pas. Il est vrai aussi qu'il fut
question du *Penseur* que la toute-puissance de M. Rodin est par-
venue à placer au Panthéon, sous l'ombre du magnifique fronton
de David d'Angers, pour lequel il sera la plus criante des in-
jures. (*Voir ce que nous en avons dit dans nos numéros d'avril
et de mai.*)

« L'éducation artistique est extrêmement défectueuse en
France, a déclaré Marcel Prévost. Cela provient surtout et presque uniquement de l'anarchie artistique des dirigeants intellectuels. Il n'y a plus « une école », mais « des écoles », autant
d'écoles que d'artistes. Or le peuple n'a jamais été ouvert à la
compréhension de l'art qu'aux époques où il existait une école
directrice au sommet de la hiérarchie. Voyez l'Italie. Le mouvement des Primitifs et de la Renaissance se perpétue encore
chez le peuple. L'Italien le moins cultivé nous étonne par ses
appréciations exactes sur un Vinci, un Donatello, un Giotto,
qu'il distingue de leurs devanciers. En France, il n'en est point
de même... »

Parlant de l'art populaire, Marcel Prévost a fait cette remarque si vraie, qu'on oublie trop : « *Art* et *bon marché*, voilà
deux mots qui ne vont guère ensemble, puisque l'art, au point
de vue pécuniaire, est objet de luxe. Les bons bois à sculpter
sont chers. »

C'est l'objection qui se présentera toujours à la réalisation de
« l'art mis à la portée des petites bourses ». L'art coûtant très
cher, comment veut-on l'avoir à bon marché ?

Le Salon d'automne

**La peinture au pinceau remplacée par la
peinture aux doigts. — L'art titubant.**

Vous avez vu, sur les murs, ces dessins
tracés par des doigts d'enfants qui ne tiennent pas compte du « Prenez garde à la
peinture » ; transportez de pareils dessins
sur une toile, et vous aurez les œuvres exposées au Salon d'automne par M. Henri
Matisse, M. Albert Marquet, M. Valtat,
M. Thomas-William Marshall, et quelques autres.

Princes du barbouillage, je vous en supplie, dites-nous si vos *jeux* vous procurent
les moyens de vie pleine et élevée que les
écrivains attendent de leurs *travaux*. Si oui,
nous jetterons nos plumes par-dessus les
imprimeries, et nous prendrons le pinceau.
Je me trompe puisqu'on ne se sert plus de
pinceaux... Le couteau à palettes ? Non,
puisqu'il n'y a plus de palettes. — Nous
tremperons nos doigts dans les pots de peinture, — ce qui vaut mieux que dans les
encriers !

Au reste, un des vôtres, M. Jean-Fran-
çois Raffaëlli, nous a récemment (1) indiqué la recette :

« *Aujourd'hui que j'ai pu m'affirmer tour
à tour peintre, illustrateur, chanteur, compositeur de musique, littérateur, graveur,
conférencier, sculpteur, acteur, inventeur, je
peux dire que j'ai eu peu de mérite à faire
tout cela...*

(1) V. *La Revue* du 15 mars 1904.

*« Voici comment je devins un peintre : —
En 1869, j'avais 19 ans. Je cherchais une
position et ne savais où m'orienter. La misère
était arrivée tout d'un coup dans ma famille
et il me fallait vivre et aider les miens. Je
résolus d'être peintre... Je questionnai un
jeune ami qui était chez un décorateur de
théâtre pour savoir ce qui était nécessaire
pour faire un tableau. Il me dit : une toile,
des couleurs, une palette, des pinceaux. —
J'achetais le tout, fis un tableau d'idée, sans
avoir jamais fait une seule étude de ma vie.
J'envoyai le tableau au Salon où il fut reçu ! ! !*

« Depuis j'ai été refusé pendant *plusieurs*
années à ce même Salon !

« Depuis, aussi, j'ai, par ma découverte des
couleurs à l'huile solides, qui va bouleverser
notre art, supprimé la palette, les pinceaux..... »

Oui, Peintres, votre art est bouleversé,
tellement bouleversé qu'il ne se tient plus
bien droit, et qu'il faut l'appeler **l'art
titubant**.

M. Eugen Jansco, de Hongrie, voit une
surface d'eau si peu plane que les bateaux
semblent sur le point de chavirer, et ce
n'est pas la mer, puisque les embarcations
sont amarrées à des arbres. C'est un « *paysage* », paysage sombre, où le ciel est couvert de nuages blancs, ce qui n'empêche pas
l'eau d'être d'un bleu très vif !

M. Nicolas Tarchoff, de Moscou, voit la
Porte Saint-Denis couverte et entourée de
lie de vin ! — Il est déplorable que des
étrangers imitent ainsi nos pires défauts.

M. Paul Vernet, un Parisien de Paris, voit
les arbres de la route de Viroflay se tor-
dre sans branches, en un panache jaunâ-

*

tre, comme un tourbillon de poussière.

Mais c'est surtout l'eau qui apparaît aux yeux troubles de nos modernes impressionnistes sous des couleurs fantastiques. M. Léon Detroy la voit d'un violet qui ferait pâlir mille robes d'évêques ; **M.** Piet et **M.** Le Petit lui donnent des teintes plus que surprenantes. Au moins, ces artistes savent dessiner ; mais que dire d'œuvres comme celles de M. Cézanne, à qui toute une salle est consacrée, de M. Alcide Lebeau, de M. George Bouche, et autres *ejusdem farinæ* ! Oh ! les *baigneurs* et les *baigneuses* de M. Cézanne ! Le plus jeune élève de la plus petite école des Beaux-Arts de province en rougirait ! Oui, décidément, il suffit bien, pour être admis au Salon, de pouvoir acheter une toile et des couleurs, comme l'a fait M. Raffaëlli.

L'art de la sculpture n'est pas plus difficile ; le peintre Henri Matisse nous présente, grossièrement marqués de ses doigts, deux « plâtres » définitifs : *Etude* et *Femme*. Les petits paysans pétrissent dans l'argile des bustes dont les lignes sont plus vraies, et qui ne produisent point la même sensation de dégoût.

Exagération. folie, dévergondage et laideur, ces quatre mots jugent les deux mille œuvres du Salon d'automne, à part de rares exceptions dont j'aurai plaisir à citer plus loin quelques exemples.

Exagération, ce sont des œuvres comme les Enfants bretons vus par Mme de Lurieux, enfants dont la figure est si rouge qu'elle parait barbouillée de sang.

Folie, ce sont des œuvres comme celles que j'ai citées tout à l'heure, et qui semblent nées dans les instants de la « courte folie ».

Dévergondage, ce sont les danseuses de M. Crébassa et de Toulouse-Lautrec, les tavernes et cafés-concerts de MM. Desvallières, Lempereur, Krier et Anselmo.

Laideur, c'est tout ce qui suit, et peut-être bien tout ce qui précède, ce sont les *Idoles*, de M. René Piot, inspirées du xxxiiie sonnet de Baudelaire ; ce sont les clowns et croquis de cirque de M. Rouault. Ici, le mot laideur n'est pas suffisant. Du noir, rien que du noir, voilà un tableau de M. Rouault. Vous vous approchez, et quand votre œil est exactement à cinq centimètres de la toile, vous apercevez des figures diaboliques et sauvages de clowns et de clownesses. L'amusement est au moins original !

Du gris, presque rien que du gris, voilà les tableaux de M. Eugène Carrière, et chez lui ce n'est point un amusement, c'est très sérieux. M. Carrière nous présente un panneau décoratif destiné à la mairie du XIIe arrondissement de Paris, *les Fiancés* ; on croit voir ces fiancés et les jeunes filles qui les entourent à travers l'eau de la Seine, un jour de crue ; leurs traits voilés et leur teint cadavérique ne sont pas faits pour égayer une salle de mariage. A côté, toujours dans le même nuage gris-brun, se trouve une *tête de jeune fille*, une tête coupée qui montre la section vive et sanglante du cou, — à moins que cet effet ne soit produit par une cravate rouge ! Voilà où on en arrive avec la peinture nébuleuse.

M. Carrière a racheté tout cela par le double portrait d'un jeune homme et d'une jeune fille qui se tiennent la main. Cette fois la figure se détache, plus nette, et le rayon de tendresse qui l'éclaire donne à l'œuvre un charme rare au *Salon d'automne*.

On ne voit guère à louer dans cette décadente exposition que les six paysages de M. Cariot, d'une fraîcheur délicieuse, la *Lisière de forêt*, de M. Schulz, d'une jolie note automnale, les scènes du pays basque, de M. Wéry, les effets de neige et couchers de soleil, de M. Siebe Ten-Cate, qui n'a pas oublié ses maîtres de Hollande, le *Temps des loups*, de M. Charenton, et le *Repas à la maison des pauvres*, de M. Max Siebert.

Il faut évidemment ajouter les œuvres de Puvis de Chavannes. L'auteur de *Concordia et Bellum* s'illustra surtout dans la peinture murale et décorative ; aussi les quelques tableaux de lui réunis là ne sont-ils pas ses meilleurs. Néanmoins, nous y avons retrouvé plusieurs de ses pures inspirations.

Mais il ne suffisait pas de consacrer une salle spéciale à Puvis de Chavannes pour faire pardonner tout le reste, et ce fut même une insolence et une injure à l'égard du maître vénéré que d'exposer ses œuvres à côté de celles de M. Cézanne. Une pierre détachée de la Montagne Sainte-Geneviève ne nous fait point oublier que nous sommes en pleine butte Montmartre.

Les trois *Moulin-Rouge* et les deux *Moulin de la Galette*, de M. Toulouse-Lautrec, les autres *Moulin-Rouge* et *Moulin de la Galette*, de M. Lempereur et de M. Desvallières, nous obsèdent, et nous avons le droit de dire qu'en faisant inaugurer ce Salon de music-hall par le chef de l'Etat on a trompé le public et diminué l'Art français.

Le Pessimisme social d'Edouard Rod

Edouard Rod vient d'ajouter à la liste déjà longue de ses ouvrages un roman, intitulé *Un vainqueur*, qui a été justement remarqué. Les amis de ce grand écrivain l'ont vu avec plaisir se tourner, tout en restant lui-même, vers les préoccupations sociales du temps présent, et mettre au service de la meilleure des causes — celle du bonheur de tous — son grand talent de romancier à l'âme sérieuse, parfois triste, mais toujours honnête.

Nous ne reviendrons pas sur les critiques de forme qu'on a déjà cru devoir adresser à cet ouvrage. Ceux de nos lecteurs qui le parcoureront les feront aisément eux-mêmes. Il est un reproche cependant dont Rod n'a pas dû manquer de sourire et sur lequel il nous paraît nécessaire de revenir, car il vise quelque chose d'essentiel : l'ensemble de l'intrigue, à laquelle on a reproché un fâcheux manque d'unité. Voici en quelques mots le sujet du livre : Le directeur d'une grande bouteillerie, Alcide Delémont, recueille chez lui son neveu, le petit Valentin, sans famille, de constitution délicate et habitué jusqu'alors à préférer les livres aux occupations manuelles. Pensant à l'avenir, Delémont veut en faire un ouvrier, mais l'enfant, dans l'atmosphère de l'usine, étouffe. Il rentre donc au lycée et revient aux études, auxquelles sa vraie nature le destinait. « Il connaît alors, nous dit l'auteur, les dernières heures douces que lui réservait son destin, heures qu'il savoura avec un pressentiment qu'il n'en retrouverait jamais de pareilles... mais pourquoi soulever les voiles du lendemain ?... »

En tout cas, l'erreur de Delémont a été provisoirement réparée. Mais il en commet d'autres plus graves. Delémont, qui avait commencé par être ouvrier, a acquis une usine et s'est acharné, comme l'on dit, à « augmenter son affaire », qui est devenue pour lui l'unique affaire.

A la mort de sa première femme, il s'est remarié pour se tirer de graves difficultés pécuniaires que lui causait la crise de la transformation des fours. Mais sa seconde femme, de caractère difficile, ne lui a pas apporté le bonheur. De son premier mariage il avait eu deux filles, Alice et Estelle, qui ne sont guère pour lui que des étrangères. Il ne songe qu'à les faire entrer dans le champ de ses combinaisons. Il avait depuis longtemps promis la délicate Alice à son sous-directeur, Soutre, un brutal avec lequel Alice n'hésite pas à rompre quand, à la veille de son mariage, elle apprend qu'il vient de congédier brutalement une ouvrière, sa maîtresse. Delémont offre alors à Soutre sa deuxième fille, Estelle ; mais, quand, après la cérémonie, les nouveaux époux rentrent à l'usine, la maîtresse congédiée frappe Alice en plein cœur d'une balle qu'elle destinait à Soutre. Mme Delémont en devient folle. Quant à Delémont, il commence à entrevoir quels auraient dû être ses devoirs de père et de patron.

Il y a aussi, dans ce roman, un inspecteur du travail, protecteur discret du petit Valentin, qu'il empêche de rester à l'usine en demandant pour lui un certificat de médecins ; cet inspecteur est secrètement amoureux d'Alice, mais ouvertement épris de justice sociale et fermement convaincu que l'Etat peut établir sur terre le bonheur universel.

Devant tant d'éléments, on s'est empressé de crier au manque d'unité. On a reproché à Rod d'avoir juxtaposé plutôt que fondre trois sujets : l'histoire de Valentin, le châtiment de Delémont, et la lutte du chef d'usine contre le nouvel Etat démocratique protecteur des ouvriers.

Tout d'abord il nous semble qu'on devrait en finir une

fois pour toutes avec cette singulière habitude de vouloir à tout prix imposer aux œuvres littéraires, quelles qu'elles soient, des conventions étroites qui, pour être bonnes dans certains cas, produisent dans d'autres les plus déplorables effets.

Demander à un sonnet une unité d'impression, rien de mieux. Mais c'est se payer de mots que de parler d'unité à un auteur qui aborde une matière aussi riche que l'a fait Edouard Rod dans le *Vainqueur*. Faut-il répéter que la vie est chose complexe et que, si vous découpez dans la foule pour l'étudier un monde restreint, comme celui qui s'agite autour de Delémont, vous avez aussitôt plusieurs points de vue possibles auxquels il est intéressant de se placer tour à tour ? Et si alors l'unité de l'œuvre vient à en pâtir, force sera bien aux critiques de s'en consoler.

Dans le cas particulier qui nous occupe, ce n'est pas difficile, parce que ce changement même de points de vue a permis à Edouard Rod non seulement de donner une image plus fidèle de la vie en étudiant le prolongement et la répercussion à droite et à gauche des actes de son héros, mais encore d'approfondir dans tous les sens son pessimisme.

L'antagonisme entre les patrons et l'Etat est un fait qui l'a frappé. Il y a là un conflit toujours latent, et parfois aigu, qui est bien fait pour plonger dans l'inquiétude tous ceux que n'aveuglent pas l'insouciance du présent et la confiance dans l'avenir. Avec beaucoup d'hommes de notre époque, Edouard Rod souffre de ce malaise. La grande usine dévore des existences humaines ; c'est fatal. Mais parmi ces existences, n'y en a-t-il pas qui appellent la protection ? Ce sont, par exemple, celles des êtres qui sont sans défense, celles des enfants, pour qui le contrat avec le patron est trop souvent illusoire ; ce sont celles de ces petits Italiens que Rod nous montre vendus par leurs parents à des misérables comme le « padrone Gotto », qui leur procure de faux papiers pour travailler avant l'âge légal et avec qui Delémont est secrètement de connivence. La loi du 2 novembre 1892 est intervenue, comme l'on sait, pour réglementer le travail. Sans partager l'optimisme de l'inspecteur Burier, on peut saluer en elle, avec Edouard Rod, la promesse d'un avenir meilleur. Mais personne n'ignore qu'il y a encore beaucoup, beaucoup à faire. Le roman d'Edouard Rod a été écrit en partie pour le démontrer.

L'auteur trouve une autre cause de tristesse, sociale encore, dans le cas du jeune Valentin. On sent que la société ne fera pas de place à cet être mal doué dans la lutte pour la vie. Il mourra peut-être pour n'avoir pas été capable de faire violence à sa nature. Delémont aurait pu le soutenir dans la voie où il le dirigeait. A cet enfant, une place était donc marquée par les éléments sociaux qui l'entouraient. Parce qu'il n'a pas pu la remplir, Dieu sait ce qu'il trouvera sous ces « voiles du lendemain » !

Plus profonde encore et plus triste est la conception du caractère de Delémont. Voilà un homme qui, à l'encontre de son neveu, possède l'énergie physique et morale, le souci de sa vraie fonction sociale. Il connaît sa vraie ligne et la suit avec ténacité. Il cherche à faire bloc de toutes les énergies qu'il sent autour de lui, à tout entraîner dans le sillon de sa prospérité. Eh bien, autour de lui il accumule des ruines, il fait des victimes, il se rend lui-même malheureux. Finalement il est châtié « *de prendre les intérêts contingents de la lutte humaine et les passagères victoires de l'intérêt pour l'essentiel de la vie* ».

Et c'est ici que, après un long détour à travers le pessimisme social, nous nous retrouvons en face de la personnalité même d'Edouard Rod. Son véritable pessimisme, à lui, est, pourrait-on dire, d'essence métaphysique. Certes, il sait s'arrêter devant la misère de l'ouvrier et il en souffre sincèrement. Le malheureux sort d'un enfant déclassé peut lui inspirer des pages de pitié vraie. Mais le véritable mal pour lui n'est pas là. Delémont devrait être heureux et ne faire que des heureux. Oui, mais c'est un être à courte vue qui s'aperçoit trop tard que nos actes ont comme « des résonances éloignées » qu'il faut savoir écouter, « une logique supérieure » qu'il faut savoir découvrir, « des raisons profondes... que sais-je ?... » conclut Bernard, le fils de Delémont. Et vraiment le mot a, chez Edouard Rod, un tout autre sens et un tout autre accent que chez Montaigne.

Paul VUILLERMOZ.

⸎

LE THÉATRE

Déserteuses et Déserteurs

Depuis la rentrée d'octobre le théâtre n'a pour ainsi dire rien donné qui ait une action utile et saine (1).

Le médiocre semble triompher, avec son cortège inévitable de libertinage et d'argot. C'est un peu le grief que mérite *Maman Colibri*, de M. Bataille, mais il faut surtout reprocher à ce jeune et heureux auteur de parler trop lui-même par la bouche de ses personnages. Cela est surtout accentué chez Rysbergue père, lorsque, apprenant le retour de sa femme *déserteuse* (les déserteuses figurent aujourd'hui dans toutes les pièces), il refuse de la revoir et de lui pardonner :

Peut être un jour, dit-il, des hommes viendront, assez forts, assez libres, pour assister au phénomène de la femme avec une simple indulgence et une plus calme équité. Pour nous, que veux-tu ? notre passé religieux, des préjugés, de vieilles et adorables coutumes ne peuvent chasser de notre mémoire cette conception de l'épouse pure et chaste, de l'amour unique, fidèle au foyer domestique On ne porte pas en vain le poids de tant de siècles catholiques. Sans doute, c'est étroit, égoïste, mesquin... mais que veux-tu ?

J'envie ceux qui sauront un jour se libérer de cette conception et s'affranchir de ce passé. Oui, je pressens une plus mâle et plus juste sagesse qui diminuera d'autant la somme des douleurs courantes. Mais nous, on a trop d'attaches... On voudrait, on ne peut pas ! Nous sommes ceux qui auront côtoyé une espérance sans avoir eu la force de la saisir. »

Ce discours est tout ce qu'il y a de moins naturel : un mari

(1) Nous sommes obligés de remettre à notre prochain numéro la critique de l'*Escalade* de M. Donnay.

ne *raisonne* pas ainsi à l'instant où il apprend le retour de sa femme indigne, et dans la maison même où celle-ci vient d'arriver.

En dehors des pièces immorales et grossières, c'est à peine si nous pouvons citer la *Déserteuse*, de MM. Brieux et Sigaux, thème banal d'une femme qui quitte son mari et sa fille pour suivre un directeur de théâtre, et le *Bercail*, de M. Henry Bernstein, à peu près même thème, avec cette différence que la déserteuse y reçoit son pardon.

M. Alfred Capus a eu avec *Notre Jeunesse* les honneurs un peu bien grands de la Comédie-Française. Pourquoi « *notre* jeunesse » ? Il s'agit d'un fils d'industriel qui a eu une fille naturelle étant étudiant. Est-ce que cela caractérise *notre* jeunesse plutôt qu'une autre ? Il est marié, ce fils d'industriel, et sa femme, apprenant sa faute de jeunesse, veut élever chez elle, comme sa fille, l'enfant que, déserteur en son genre, il a longtemps oubliée.

Voilà qui sera très beau si ça peut durer, ce dont je doute, car la fille a 18 ans, est jolie, la belle-mère est « *assez près de la jeunesse pour la regretter encore, assez près de la vieillesse pour en avoir déjà peur* ». De plus, cette épouse généreuse « *commence à s'apercevoir qu'elle est une honnête femme, et quand une femme commence à s'apercevoir qu'elle est honnête, c'est très grave* ».

Il y a dans l'œuvre de M. Capus quelques observations fines et spirituelles de ce genre. Notons encore celle-ci : « Il n'y a que les femmes vraiment coupables qui soient en sécurité près de leur mari. »

Le caractère le plus intéressant de la pièce est celui du père, le vieil industriel, M. Briand, qui conserve tous les préjugés anciens, notamment celui sur les enfants naturels. « Aujourd'hui, dit-il, il suffit qu'un enfant soit naturel pour se voir l'objet de la sympathie générale, comme il suffit qu'une femme ne soit pas légitime pour être immédiatement entourée du respect universel... Quand un préjugé disparaît, il y a une vertu qui disparaît en même temps. Une vertu n'est qu'un préjugé qui reste. »

L'Action littéraire et artistique n'a pas à parler du joli badinage en vers de M. Emile Veyrin dans son *Embarquement pour Cythère*. Contentons-nous de dire que c'est une romance harmonieuse et légère qui accompagne dignement l'œuvre si charmante de **Watteau**.   **A. M.**

Réponse de M. Payot

En réponse à l'article que nous avons publié en septembre sur son *Cours de morale*, M. Jules Payot, docteur ès lettres, Recteur de l'Académie de Chambéry, nous a adressé la lettre suivante, dont il ne nous a point demandé l'insertion, mais que notre impartialité nous fait un devoir de publier :

> « *Le fondement de la loi morale, c'est mon désir de vivre une vie humaine : il est impossible de convaincre qui ne veut pas sortir de la vie animale. Or, sans les bienfaits de la société, nous serions des brutes, inférieures aux singes qui ont gardé leurs instincts, — par suite, si je choisis de ne pas être un animal, et d'être un homme, je dois accepter de tout cœur la loi sociale de justice et de solidarité.*
>
> *Cela me suffit, comme cela suffit à tous ceux qui rejettent le fondement ruineux de la croyance à un Dieu personnel et à l'immortalité de l'âme. Je m'en suis expliqué dans la préface de la 2e édition, et j'ai entièrement refondu le chapitre sur les religions.*
>
> *Je vous remercie de l'esprit largement libéral de vos articles sur mon petit livre ; mais pourquoi ne pas voir les faits et reconnaître qu'il peut y avoir diverses conceptions de la vie, et qu'il est excellent qu'il y en ait plusieurs ?* »

Assurément, il serait mauvais d'exiger que tout le monde ait la même conception de la vie, mais ce que nous devrions avoir le droit d'exiger, c'est que (toute question de prosélytisme mise à part) ceux qui ont une conception différente de la nôtre ne nous considèrent pas comme des intelligences faibles, des esprits abêtis, des ennemis de la Raison.

M. Payot ne tombe-t-il pas un peu lui-même dans ce travers, notamment lorsque, au cours d'un développement d'une ironie facile et sans portée sur « le champagne et les bottines vernies » réservés aux « bons » dans une autre vie, il qualifie de *scandaleuses* les sanctions ultra-terrestres (1)?

Pour être d'une opinion contraire à la sienne, on ne mérite point d'être placé avec mépris au bas rang des ennemis de la Raison, et c'est à tort que l'auteur du *Cours de morale* écrit : « Il faut choisir pour ou contre la Raison (2). » — On n'est pas contre la Raison quand on se contente de penser que la raison, comme la science, a des limites, tout au moins dans le temps, et qu'il est permis de partager des croyances que la raison n'atteint pas.

Ces croyances ne sont sans doute pas si faciles que cela à abattre, même avec l'arme puissante et prétendue infaillible de la raison, puisque, après avoir consacré, nous dit-il, « quatre années d'efforts » à son ouvrage, M. Payot a été obligé de « refondre entièrement » toute la partie sur « les croyances religieuses et les sanctions ».

Si un agrégé de philosophie éminent a tant de peine à échafauder une critique, comment voulez-vous que les millions de Français qui n'ont jamais fait de philosophie puissent se former *eux-mêmes* une conviction solide?

Quant à la *loi sociale de solidarité*, c'est une loi faible, étroite et imprécise. Le mot *solidarité* implique le mot *intérêts*, il veut dire l'union pour la force, pour la « solidité » dans la défense des intérêts ; or, ce n'est pas sur l'intérêt qu'on pourra jamais édifier une morale de dévouement et d'abnégation. « Si je choisis, dites-vous, de ne pas être un animal et d'être un homme, je *dois* accepter de tout cœur la loi sociale de justice et de solidarité. »

La solidarité, qui prend sa source dans la nécessité physique d'une union, n'est-elle pas animale avant d'être humaine, et une morale fondée sur cette base matérielle ne risque-t-elle pas d'abaisser l'esprit de l'homme au lieu de l'élever?

(1) Page 218.
(2) Page 201.

Autres Livres et Revues

L'immoralité de l'art. — M. Paulhan publie sous ce titre, dans la *Revue philosophique* de décembre, une très intéressante étude sur laquelle nous aurons l'occasion de revenir, car elle suscite de longues critiques. En voici quelques courts extraits :

« Le propre de l'art, sa caractéristique essentielle, sa raison d'être, c'est de nous isoler de la vie, c'est de susciter en nous une vie artificielle et factice, harmonisée en elle-même, et à cause de cela morale en elle-même, mais en dehors du système de la vie, et, à cause de cela, immorale par rapport à la vie, immorale par rapport à l'ensemble des êtres. Il crée une réalité illusoire et superficielle, qui s'oppose à la réalité où se déroule la vie... Il est en dehors de la vie, il rêve à la suppléer, et par suite il est en lutte avec elle.... L'art, comme la morale, comme la religion, comme toute activité intellectuelle ou pratique, suppose que nous ne sommes pas satisfaits du monde extérieur, de l'univers, de la société, de nous-mêmes. Mais au lieu de tendre à corriger, à refaire la réalité, il tend à la remplacer par un système d'illusions... »

« **Psychologie de l'impressionnisme** », par Fernand Caussy (*Mercure* de décembre). — « ... L'œuvre d'art, outre sa jouissance passagère, comporte une manière d'enseignement. Elle nous dit d'abord l'effort et la puissance du créateur, et elle nous donne par là, quand cette puissance est remarquable, une sensation de fécondité plus réconfortante que la joie la meilleure. Que cherchons-nous dans l'art, sinon une manifestation de vie supérieure qui doit nous réjouir et nous améliorer ? Et comment l'artiste, s'il ne la possède pas lui-même, pourra-t-il manifester cette vie supérieure ? Les imperfections de son œuvre importent peu si elles ne l'empêchent pas de révéler cette beauté suprême... » — Il ne reste qu'à montrer que les impressionnistes révèlent cette beauté, et M. Caussy ne parvient pas à le faire au cours de son long article.

L'esthétique de la langue française. — Un danger qu'elle court. — Le *Mercure* d'avril a reproduit en partie un article du *Temps* de M. Claretie qui nous signale en ces termes un des très graves dangers que court en ce moment notre langue : son envahissement par les termes étrangers :

« ... Je me suis attaché à noter dans une promenade de moins d'un quart d'heure tout ce qui peut tenir de mots inattendus sur les façades de nos logis, tout ce que peut contenir de vocables exotiques ou de barbarismes un coin particulier de Paris, le plus parisien, le boulevard, et parmi les boulevards, le plus central et le plus vivant. De la place de l'Opéra au théâtre du Gymnase, il m'a semblé curieux de noter les termes de ce nouveau lexique des enseignes, et cette besogne d'académicien en promenade n'a pas laissé que de m'étonner un peu... Nous sommes décidément submergés par on ne sait quel bagage international, et nos successeurs auront fort à faire pour les prochaines éditions du Dictionnaire.

« En quelques centaines de pas, j'ai rencontré sur les murailles, non seulement les mots courants dont la banalité ne surprend plus personne, comme les Bars, le *Grill Room*, *Express Bar*, *Mutual Life*, *Fashionable House*, etc., mais des inscriptions dont la variété et l'étrangeté font ressembler Paris à quelque Chicago ou à quelque coin d'une exhibition universelle : *Electric Store*, *Diamond Palace*, *Pianotist Piano*, *Plazer*, *Duplicateur Néostyle*, *Paris-Phono*...

« ... Ainsi s'altère, se défait, se desquamme la langue d'un peuple. Et, à dire vrai, nous avons décidément la langue trop chargée. Un Renan, qui disait avec si peu de mots tant de choses, en eût été stupéfait. »

Notre « sœur latine » (*Mercure de France*, juin 1904). — M. Remy de Gourmont essaie de nous faire comprendre en ces termes ce qu'il faut penser de cette expression couramment employée et qui en réalité correspond à si peu de chose :

... « Parenté de langue ne signifie nullement parenté d'origine. L'Italie et la France parlent des langues évidemment sœurs. Ethnographiquement, les habitants des deux régions n'ont presque rien de commun. Ou bien, ce qui serait, dans cet ordre d'idées, commun à certaines régions françaises et au nord de l'Italie, serait aussi commun à ces mêmes régions et à telles provinces allemandes. Dire de la France et de l'Allemagne, « sœurs germaines », sans être exact, serait peut-être moins absurde. Il ne faut pas oublier, en effet, que si la Gaule a été une province romaine, elle a été depuis, et pendant plus longtemps, un royaume germain. Toute aristocratie conquérante finit par imposer au peuple son sang. Si les rares patriciens romains égarés en Gaule purent çà et là modifier la teneur du sang celto-ibérique, quelle ne fut pas la puissance d'infiltration du sang germain? La Gaule fut divisée en fiefs entre les chefs francs ; les évêques mêmes, à ce moment, sont Francs ; que de causes de mélange ou, si l'on veut de corruption du sang originel !

« L'Italie est un pays de belle civilisation. Elle a conservé de précieuses traditions romaines ; c'est par elle que l'antiquité nous a été connue. Mais elle n'est pas notre sœur, le langage excepté ; elle est notre voisine. La physiologie moyenne des Italiens, même du nord, diffère extrêmement de la moyenne physiologique française. Je crois que les Italiens nous sont supérieurs en plusieurs points. Mais la race française, ou ce que l'on appelle ainsi, a de très grands mérites : elle les doit à son climat, à son sol, à ses rivières abondantes. Une race est fille du sol exactement comme les arbres. Lièvres d'Allemagne, dit-on aux halles, et cela signifie : de qualité médiocre. Il en est de l'homme de France comme du gibier de France : le sol lui a donné sa valeur et sa saveur. »

Le sentiment de l'art au Japon (*Revue des Deux-Mondes du 1er juin* 1904). — Voici en quels termes M. Bentzon caractérise un des traits essentiels de l'art qui fleurit dans ce pays, vers lequel sont maintenant tournés tous les regards :

« Une religion qui enseigne que l'univers tout entier est illusion, la vie une halte momentanée dans un voyage infini, que tout attachement aux personnes ou aux choses ne produit que chagrin, que l'humanité ne peut atteindre la paix éternelle que par la suppression de tout désir, une telle religion devait s'harmoniser avec le sentiment de la race. Le peuple ne chercha jamais à pénétrer la philosophie plus profonde de la religion importée, mais sa doctrine d'impermanence influença profondément le caractère national et ajoute chez lui à la patience originelle. Même dans l'art japonais, elle a laissé sa trace, car le bouddhisme enseignait bien que la nature était un rêve, une fantasmagorie, mais il enseignait aussi aux hommes à saisir l'impression fugitive de ce rêve et à l'interpréter en relation avec la plus haute vérité. Voilà pourquoi les Japonais ont saisi, dans le passage d'un nuage ou la floraison rapide du printemps, des paraboles d'une signification éternelle ; voilà pourquoi, dans les nombreuses calamités qui les ont assaillis, incendies, inondations, tremblements de terre, ils n'ont vu que la preuve incessante et répétée de l'illusion qui passe. »

« Les mœurs et l'esprit des étudiants japonais ». — Nous extrayons le passage suivant d'un intéressant article que M. Michel Revon, professeur à la Sorbonne, publie sous ce titre dans l'*Université de Paris* du mois de mars :

« Chez nous, les Facultés ont été posées en plein centre urbain ; là-bas, elles ont été disséminées dans un parc, superbe don du plus riche daïmio de l'ancien régime, et qui se trouve situé aux extrêmes limites de la cité, tout près des champs. La colline universitaire, que domine ce parc, plonge à son tour sur un quartier délicieux, le plus sain de la ville, le plus riche en jardins, le plus recherché des savants. L'étudiant peut donc se loger, dans quelque famille des environs, au rez-de-chaussée d'une de ces maisons de bois idéales, si bien aérées, si lumineuses, si esthétiques, qu'entourent de tous côtés les bambous, les pins, les bananiers, les arbres en fleurs ; et ainsi, chaque matin, son esprit s'éveille au chant des oiseaux, au parfum des plantes, en présence de la nature, mère de la joie et inspiratrice du bon travail. *En même temps, nombre d'étudiants trouvent une famille par l'adoption ou par le mariage* ; et ces combinaisons sont d'autant plus fréquentes que les bourgeois de Tokio, moins timides que les nôtres, n'exigent pas de leurs futurs gendres une situation, mais donnent volontiers leur fille à un jeune homme d'avenir, dont ils paient, en attendant, les frais d'études. Enfin, certains étudiants de province obtiennent l'avantage, très recherché, d'habiter une sorte de pension installée dans le parc universitaire. Leur vie y est réglée de la manière la plus libérale. Ils s'organisent eux-mêmes en groupes appelés *bous* ; chaque *bou* élit parmi ses membres un chef, le *boukan*, qui, en dépit de son nom, est chargé de maintenir l'ordre ; et c'est l'assemblée des *boukans* qui, à la majorité des voix, établit à son gré les règlements de la petite communauté scolaire. »

Le mariage au Japon. — Les petits bonshommes qui peuplent l'Empire du Mikado se marient en général de très bonne heure. C'est peut-être une des causes du développement physique et intellectuel de cette nation si admirablement douée,

Le recensement de 1900, le dernier qui a eu lieu, a permis de relever, pour cette année, 316.590 mariages.

Parmi les jeunes gens qui ont conclu une union matrimoniale, il y en a 42 qui n'avaient que 15 ans ; 759, 16 ans, et 5.484, 17 ans. Les jeunes gens mariés à l'âge de 19 ans étaient au nombre de 17.406.

A l'âge de 20 ans, 16.406, à l'âge de 21 ans, 23.148, et à l'âge de 22 ans, 36.831. Il n'y a pas eu un seul mariage au-dessus de 22 ans.

« L'Action nouvelle »

L'ouvrage sur notre œuvre, qu'a publié à la fin d'octobre notre président, a trouvé partout le plus flatteur accueil.

Le chapitre de l'*Action nouvelle* qui parle du théâtre a inspiré à notre confrère P. Marion les réflexions suivantes dans la *République française* du 28 novembre :

Parmi les ouvrages de critique qui ne touchent qu'accidentellement au théâtre, voici l'*Action nouvelle*, où M. André Deloze étudie « les moyens de réaliser le progrès social ». Après avoir énuméré quelques-uns de ces « moyens », M. Deloze arrive au théâtre et s'élève énergiquement contre la « conception erronée et de vues étroites » d'un théâtre du peuple. « Elever et moraliser le peuple par le théâtre, dit-il, voilà certes un noble but ; mais on oublie que le premier devoir serait d'élever et de moraliser le théâtre pour le peuple. » C'est très judicieux Il ne faut pas avoir l'air de dire au peuple : « Tiens ! voilà des spectacles pour toi ; c'est tout ce que tu es capable de comprendre ; les autres seront pour nous. » Séparer nos spectacles des siens, c'est vouloir l'exciter — car rien n'est plus humain — à négliger les siens pour ne rechercher que les autres. La vérité est que « le même théâtre doit s'adresser à tous et être accessible à tous ». Voilà la véritable égalité.

L'Action nouvelle, par M. André Deloze (1 vol. in-18 jésus, 3 fr. 50), est envoyé pour ce prix, franco de port. à toutes les personnes qui en feront la demande, 5, rue Bonaparte. Pour nos abonnés le prix est réduit à *deux francs* (port en sus).

Bibliographie

NOTA. — *Notre Revue rend compte des ouvrages qui lui sont adressés, pourvu que leur caractère ne soit pas opposé à son but moral.*

Les Missionnaires Angevins du XIXe siècle, par M. l'abbé Joseph Messnard — 1 vol. in 8° raisin de 336 pages, avec 120 illustrations d'après des documents originaux. 3 fr. 50. (Desnoés, éditeur, boulevard du Château. Angers.)

C'est un très bel ouvrage que M. l'abbé Joseph Mesnard nous a fait l'honneur de nous offrir. Ecrit d'une plume alerte de lettré, il est rendu plus vivant encore par de très curieuses illustrations. Il contient des renseignements fort intéressants sur les pays les plus divers : grands lacs africains, Dahomey, Indes anglaises, Tonkin, Thibet, Iles Salomon, Nouvelle-Zélande, etc.

Enfin, et surtout, il nous fait connaître la vie de 17 Français qui ne sont pas seulement un honneur pour leur diocèse, mais une gloire pour leur pays.

TABLES ALPHABÉTIQUES

Table des matières de l'année 1904

Littérateurs et artistes cités

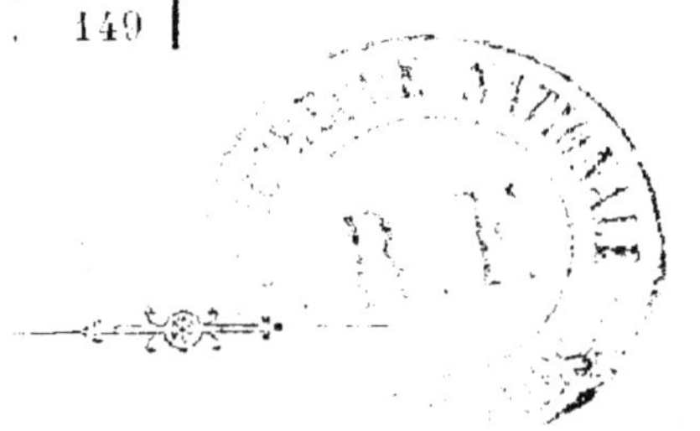

L'Action Littéraire

et

Artistique

REVUE MENSUELLE

SOMMAIRE :

Février 1904

ADMINISTRATION & RÉDACTION : **5, rue Bonaparte, PARIS (VIe)**

Abonnements { *France et Colonies :* Un an, **20** fr. — Six mois, **10** fr. — Trois mois, **6** fr
{ *Étranger :* Un an, **25** fr. — Six mois, **15** fr. — Trois mois, **12** fr.

L'Action Littéraire

et

Artistique

<u>REVUE MENSUELLE</u>

SOMMAIRE :

Mars 1904

ADMINISTRATION & RÉDACTION : **5, rue Bonaparte, PARIS (VIe)**

Abonnements { *France et Colonies :* Un an, **20** fr. — Six mois, **10** fr. — Trois mois, **6** fr.
{ *Étranger :* Un an, **25** fr. — Six mois, **15** fr. — Trois mois, **12** fr.

L'Action Littéraire

et

Artistique

REVUE MENSUELLE

SOMMAIRE :

Avril 1904

ADMINISTRATION & RÉDACTION : **5, rue Bonaparte, PARIS (VIe)**

Abonnements { *France et Colonies :* Un an, **20** fr. — Six mois, **10** fr. — Trois mois, **6** fr.

{ *Étranger :* Un an, **25** fr. — Six mois, **15** fr. — Trois mois. **12** fr.

NOTRE BUT

(*Extraits des premiers numéros de la Revue.*)

> Le mieux-être par la foi
> dans un idéal, le travail,
> l'union et la paix.

Les lettres et les arts ont sur la mentalité d'un peuple, et par suite sur ses destinées, une influence que les historiens ne manquent jamais de faire ressortir : mais très souvent celles des œuvres littéraires et artistiques qui auraient l'influence la plus salutaire, et mériteraient le plus d'être connues et appréciées, sont précisément celles qui restent ignorées. A l'heure actuelle, la réclame tapageuse, chèrement payée, est aussi nécessaire pour faire prendre une œuvre d'art qu'un produit commercial. Le talent est devenu la chose la moins utile pour réussir. Deux sortes d'œuvres parviennent seules au succès : celles qui sont annoncées avec beaucoup de bruit, celles qui ont l'attrait de la lubricité. Ces dernières ne se trouvent pas seulement dans des publications spéciales dont le titre et l'aspect ne trompent point, mais, ce qui est plus dangereux, dans certains grands journaux quotidiens à un sou, feuilles puissantes enrichies en se faisant agences de proxénétisme et entremetteuses pour adultères dans de « petites annonces » très rémunératrices, — le moyen le meilleur de gagner de l'argent étant, aujourd'hui, de faciliter les vices. Et voilà comment le « poison de la littérature » pénètre chaque jour pour un sou dans les foyers les plus pauvres.

Il ne faut peut-être pas chercher d'autres causes à la décadence morale actuelle. Il est déjà douteux que des esprits très cultivés puissent lire impunément les conceptions morbides des cerveaux de nos neurasthéniques ; il est en revanche certain que pareille lecture se trouve néfaste pour tous les autres esprits, c'est à-dire pour la grande majorité des lecteurs. La littérature à un sou ! C'est à peu près la seule qu'on connaisse aujourd'hui. Pour un sou on a trois ou quatre feuilletons, plusieurs pages de faits-divers troublants, avec une odeur de sang et de poudre, faits-divers qui contiennent d'utiles leçons à l'adresse des aspirants criminels. Voilà une abondante lecture pouvant occuper plus que toutes les heures libres de la journée de l'ouvrier et de l'ouvrière. Il leur en reste encore pour leur dimanche !... Et les romans d'amour sain et pur, qui apprennent la vie bonne et font penser, sont abandonnés de plus en plus...

Il en est de même pour les *Arts*. On s'attache surtout à la forme, et à ce qu'il peut y avoir de lascif dans sa reproduction. Ce n'est point là de l'Art. Le Beau, dont l'Art est l'expression humaine, réside dans l'*idée*, non dans la *forme* ; il est l'*harmonie des idées* qui se dégage d'une œuvre artistique.

Nous ferons connaître par cette Revue, par d'autres publications plus fréquentes et de prix populaire destinées à pénétrer dans les foyers pauvres, par des conférences, les œuvres littéraires et artistiques de nature à donner le goût du beau, la notion de la vérité, l'amour de tout ce qui est noble et généreux. Ainsi nous parviendrons à réaliser notre but, à la vérité très prétentieux : refaire la mentalité de ce pays, dévoyé par les souteneurs de la littérature pornographique comme par les sophismes des politiciens.

L'œuvre d'art véritable ne trompe pas ; elle montre la vérité, elle dirige la raison et le cœur.

La vérité est dans le travail personnel qui permet les joies immédiates ; l'erreur est dans la confiance en les promesses d'autrui de travailler pour vous à votre bonheur, elle consiste à rester inactif, les yeux tournés vers les idoles qu'on croit toutes-puissantes. Mais, pour qu'une œuvre littéraire et artistique soit bonne, il ne lui suffit pas de montrer cette vérité et cette erreur, il lui faut indiquer en même temps l'idéal nécessaire ; l'amélioration matérielle qui résulte du travail personnel procure une joie incomplète si elle ne fournit pas aussi le moyen d'approcher l'idéal généreux qu'on s'est formé.

Nous sommes des travailleurs, nous voulons le travail dans l'union et la paix. Nous travaillerons à ce que les divisions et les haines actuelles cessent, parce que la haine ne crée rien de viable et de grand. Nous travaillerons à faire comprendre aux hommes que, toujours faibles et impuissants quand ils agissent isolément, ils sont seulement capables d'œuvres belles et fécondes quand ils s'unissent. (Cette union est possible, malgré les divergences d'opinions, car ces divergences sont plus superficielles que profondes ; parfois même elles sont toutes factices, et en se différenciant de son voisin, on n'a pas le but de faire mieux que lui, mais seulement de prendre sa place. Il serait en vérité bien surprenant que les idées d'êtres ayant la même nature et les mêmes besoins fussent si profondément inconciliables.)

Par une éducation raisonnée on arrivera à comprendre que chacun peut vivre, satisfaire ses légitimes besoins, sans que ce soit au détriment de ses semblables ; c'est par cette éducation de l'esprit et par une action *pacifique* (nous insistons sur ce mot) qu'on arrivera à trouver l'organisation capable de réaliser l'harmonie sociale, car la colère et la violence sont les plus grands obstacles à tout progrès. L'asso-

ciation de tous les travailleurs intellectuels et manuels, leur union solidaire dans le but de défendre leurs intérêt matériels et moraux, contient la seule solution vraie de la question sociale. Cette solution n'est pas et ne peut pas être, en effet, dans les promesses des politiciens, qui ont intérêt au contraire à la retarder, car ils en vivent, et à fomenter la haine, destructrice des œuvres existantes, pour remplacer celles-ci par une organisation satisfaisant les passions égoïstes d'une tourbe violente.

Des esprits éminents, non révolutionnaires, vont même plus loin, et prétendent que ce n'est pas seulement des politiciens qu'on ne peut rien attendre d'utile au point de vue du progrès social, mais aussi des législateurs honnêtes et désintéressés, car, disent-ils, les législateurs ne font qu'enregistrer, poussés l'épée dans les reins, des réformes depuis longtemps réalisées dans la volonté de leurs mandants.

Quoi qu'il en soit de cette opinion, il faut reconnaître que l'union dans le beau et dans l'art est le prélude nécessaire de l'union pour les intérêts matériels et moraux. De telle sorte qu'on a le droit d'affirmer que la question sociale ne pourra pas être résolue tant que l'Art n'aura pas pénétré partout pour élever l'esprit des hommes dans les régions sereines où l'on aperçoit la pure vérité, faite non de luttes fratricides, mais de paix et de bonté.

C'est ainsi qu'apparaît l'utilité de notre œuvre. Si l'on veut que l'union sociale, si féconde, se forme, il est indispensable que les esprits se soient unis d'abord, comme nous le disions tout à l'heure, dans « le goût du beau, la notion de la vérité, l'amour de tout ce qui est noble et généreux ».

Cette union par les lettres et les arts se fera, car elle est aussi indispensable à la vie de l'esprit que l'air pur et la lumière à la vie du corps. S'unir dans leur harmonie, **ce n'est point rêver, c'est agir**.

Nous espérons que nos lecteurs voudront bien encourager de tout leur pouvoir notre œuvre d'action, au succès de laquelle ils sont directement intéressés, car, il ne faut pas craindre de le dire : d'une part le manque actuel de tout idéal, qui produit l'anarchie des cerveaux et l'égoïsme croissant, d'autre part le chaos des sophismes dans les esprits orgueilleux d'une instruction incomplète, nous conduisent à la guerre civile et à la barbarie.

～～～～～～～～

Notre Association

Il est fondé sous le même nom que la Revue : *L'Action littéraire et artistique*, une Association qui a pour but de développer, par des conférences et des publications, l'action morale et sociale des œuvres littéraires et artistiques.

La cotisation des membres actifs est de *dix francs* par an.

Elle est reçue dans les bureaux de la Revue, ouverts tous les jours, dimanches et fêtes exceptés, de 2 heures à 5 heures du soir. Nos lecteurs de province peuvent nous l'adresser dans les mêmes bureaux, 5, rue Bonaparte, en un *bon de poste* (Cette cotisation est indépendante de l'abonnement à la Revue.) Les membres actifs doivent adhérer aux statuts.

Nous aurions pu, en vertu de la loi du 1er juillet 1901, former une Association « sans déclaration préalable », sans faire connaître ses statuts , mais tenant à agir au grand jour, nous avons voulu que notre Association fût *déclarée* à la Préfecture de police, et *rendue publique* par l'insertion au *Journal officiel*.

～～～～～～～～

La Ligue " Par le Foyer "

Cette ligue, fondée par notre Association, a pour but de compléter, dans le domaine des faits journaliers et des situations créées, l'œuvre de l'Association dans le domaine des idées. C'est *par le foyer*, formé plus facilement, plus librement et dans un but plus élevé, qu'on parviendra à empêcher ces crimes dont le nombre croît sans cesse, et qui ont précisément pour causes les entraves diverses apportées à la création d'un foyer ; c'est *par le foyer*, avantageux d'ailleurs pour les intérêts matériels comme pour les intérêts moraux, qu'on parviendra à donner le « mieux-être » aux familles et en même temps, par une conséquence naturelle, plus d'union et de paix à la société.

Le *Comité de permanence et de gestion* de la ligue, composé de pères et de mères de famille, apportera, sous la garantie du secret absolu, une aide non seulement morale, mais pécuniaire, après enquête, aux malheureux sur le point d'être victimes du désespoir et du découragement parce qu'ils sont sans soutien. Par suite d'une organisation particulière, l'aide pécuniaire n'aura pas le caractère d'une aumône.

Pour être adhérent, il suffit de verser une cotisation de **cinquante centimes**.

Tout adhérent a le droit de contrôler son inscription sur le registre spécial qui se trouve au siège social de l'Association.

L'Action Littéraire

et

Artistique

REVUE MENSUELLE

SOMMAIRE :

Mai 1904

ADMINISTRATION & RÉDACTION : **5, rue Bonaparte, PARIS (VIe)**

Abonnements { *France et Colonies :* Un an, **20** fr. — Six mois, **10** fr. — Trois mois, **6** fr.
{ *Étranger :* Un an, **25** fr. — Six mois, **15** fr. — Trois mois, **12** fr.

NOTRE BUT

(*Extraits des premiers numéros de la Revue.*)

> Le mieux-être par la foi
> dans un idéal, le travail,
> l'union et la paix.

Les lettres et les arts ont sur la mentalité d'un peuple, et par suite sur ses destinées, une influence que les historiens ne manquent jamais de faire ressortir : mais très souvent celles des œuvres littéraires et artistiques qui auraient l'influence la plus salutaire, et mériteraient le plus d'être connues et appréciées, sont précisément celles qui restent ignorées. A l'heure actuelle, la réclame tapageuse, chèrement payée, est aussi nécessaire pour faire prendre une œuvre d'art qu'un produit commercial. Le talent est devenu la chose la moins utile pour réussir. Deux sortes d'œuvres parviennent seules au succès : celles qui sont annoncées avec beaucoup de bruit, celles qui ont l'attrait de la lubricité. Ces dernières ne se trouvent pas seulement dans des publications spéciales dont le titre et l'aspect ne trompent point, mais, ce qui est plus dangereux, dans certains grands journaux quotidiens à un sou, feuilles puissantes enrichies en se faisant agences de proxénétisme et entremetteuses pour adultères dans de « petites annonces » très rémunératrices, — le moyen le meilleur de gagner de l'argent étant, aujourd'hui, de faciliter les vices. Et voilà comment le « poison de la littérature » pénètre chaque jour pour un sou dans les foyers les plus pauvres.

Il ne faut peut-être pas chercher d'autres causes à la décadence morale actuelle. Il est déjà douteux que des esprits très cultivés puissent lire impunément les conceptions morbides des cerveaux de nos neurasthéniques ; il est en revanche certain que pareille lecture se trouve néfaste pour tous les autres esprits, c'est à-dire pour la grande majorité des lecteurs. La littérature à un sou ! C'est à peu près la seule qu'on connaisse aujourd'hui. Pour un sou on a trois ou quatre feuilletons, plusieurs pages de faits-divers troublants, avec une odeur de sang et de poudre, faits-divers qui contiennent d'utiles leçons à l'adresse des aspirants criminels. Voilà une abondante lecture pouvant occuper plus que toutes les heures libres de la journée de l'ouvrier et de l'ouvrière. Il leur en reste encore pour leur dimanche !... Et les romans d'amour sain et pur, qui apprennent la vie bonne et font penser, sont abandonnés de plus en plus...

Il en est de même pour les *Arts*. On s'attache surtout à la forme, et à ce qu'il peut y avoir de lascif dans sa reproduction. Ce n'est point là de l'Art. Le Beau, dont l'Art est l'expression humaine, réside dans l'*idée*, non dans la *forme* ; il est l'*harmonie des idées* qui se dégage d'une œuvre artistique.

Nous ferons connaître par cette Revue, par d'autres publications plus fréquentes et de prix populaire destinées à pénétrer dans les foyers pauvres, par des conférences, les œuvres littéraires et artistiques de nature à donner le goût du beau, la notion de la vérité, l'amour de tout ce qui est noble et généreux. Ainsi nous parviendrons à réaliser notre but, à la vérité très prétentieux : refaire la mentalité de ce pays, dévoyé par les souteneurs de la littérature pornographique comme par les sophismes des politiciens.

L'œuvre d'art véritable ne trompe pas ; elle montre la vérité, elle dirige la raison et le cœur.

La vérité est dans le travail personnel qui permet les joies immédiates ; l'erreur est dans la confiance en les promesses d'autrui de travailler pour vous à votre bonheur, elle consiste à rester inactif, les yeux tournés vers les idoles qu'on croit toutes-puissantes. Mais, pour qu'une œuvre littéraire et artistique soit bonne, il ne lui suffit pas de montrer cette vérité et cette erreur, il lui faut indiquer en même temps l'idéal nécessaire ; l'amélioration matérielle qui résulte du travail personnel procure une joie incomplète si elle ne fournit pas aussi le moyen d'approcher l'idéal généreux qu'on s'est formé.

Nous sommes des travailleurs, nous voulons le travail dans l'union et la paix. Nous travaillerons à ce que les divisions et les haines actuelles cessent, parce que la haine ne crée rien de viable et de grand. Nous travaillerons à faire comprendre aux hommes que, toujours faibles et impuissants quand ils agissent isolément, ils sont seulement capables d'œuvres belles et fécondes quand ils s'unissent. (Cette union est possible, malgré les divergences d'opinions, car ces divergences sont plus superficielles que profondes ; parfois même elles sont toutes factices, et en se différenciant de son voisin, on n'a pas le but de faire mieux que lui, mais seulement de prendre sa place. Il serait en vérité bien surprenant que les idées d'êtres ayant la même nature et les mêmes besoins fussent si profondément inconciliables.)

Par une éducation raisonnée on arrivera à comprendre que chacun peut vivre, satisfaire ses légitimes besoins, sans que ce soit au détriment de ses semblables ; c'est par cette éducation de l'esprit et par une action *pacifique* (nous insistons sur ce mot) qu'on arrivera à trouver l'organisation capable de réaliser l'harmonie sociale, car la colère et la violence sont les plus grands obstacles à tout progrès. L'asso-

ciation de tous les travailleurs intellectuels et manuels, leur union solidaire dans le but de défendre leurs intérêt matériels et moraux, contient la seule solution vraie de la question sociale. Cette solution n'est pas et ne peut pas être, en effet, dans les promesses des politiciens, qui ont intérêt au contraire à la retarder, car ils en vivent, et à fomenter la haine, destructrice des œuvres existantes, pour remplacer celles-ci par une organisation satisfaisant les passions égoïstes d'une tourbe violente.

Des esprits éminents, non révolutionnaires, vont même plus loin, et prétendent que ce n'est pas seulement des politiciens qu'on ne peut rien attendre d'utile au point de vue du progrès social, mais aussi des législateurs honnêtes et désintéressés, car, disent-ils, les législateurs ne font qu'enregistrer, poussés l'épée dans les reins, des réformes depuis longtemps réalisées dans la volonté de leurs mandants.

Quoi qu'il en soit de cette opinion, il faut reconnaître que l'union dans le beau et dans l'art est le prélude nécessaire de l'union pour les intérêts matériels et moraux. De telle sorte qu'on a le droit d'affirmer que la question sociale ne pourra pas être résolue tant que l'Art n'aura pas pénétré partout pour élever l'esprit des hommes dans les régions sereines où l'on aperçoit la pure vérité, faite non de luttes fratricides, mais de paix et de bonté.

C'est ainsi qu'apparaît l'utilité de notre œuvre. Si l'on veut que l'union sociale, si féconde, se forme, il est indispensable que les esprits se soient unis d'abord, comme nous le disions tout à l'heure, dans « le goût du beau, la notion de la vérité, l'amour de tout ce qui est noble et généreux ».

Cette union par les lettres et les arts se fera, car elle est aussi indispensable à la vie de l'esprit que l'air pur et la lumière à la vie du corps. S'unir dans leur harmonie, **ce n'est point rêver, c'est agir.**

Nous espérons que nos lecteurs voudront bien encourager de tout leur pouvoir notre œuvre d'action, au succès de laquelle ils sont directement intéressés, car, il ne faut pas craindre de le dire : d'une part le manque actuel de tout idéal, qui produit l'anarchie des cerveaux et l'égoïsme croissant, d'autre part le chaos des sophismes dans les esprits orgueilleux d'une instruction incomplète, nous conduisent à la guerre civile et à la barbarie.

Notre Association

Il est fondé sous le même nom que la Revue : *L'Action littéraire et artistique*, une Association qui a pour but de développer, par des conférences et des publications, l'action morale et sociale des œuvres littéraires et artistiques.

La cotisation des membres actifs est de *dix francs* par an.

Elle est reçue dans les bureaux de la Revue, ouverts tous les jours, dimanches et fêtes exceptés, de 2 heures à 5 heures du soir. Nos lecteurs de province peuvent nous l'adresser dans les mêmes bureaux, 5, rue Bonaparte, en un *bon de poste.* (Cette cotisation est indépendante de l'abonnement à la Revue.) Les membres actifs doivent adhérer aux statuts.

Nous aurions pu, en vertu de la loi du 1er juillet 1901, former une Association « sans déclaration préalable », sans faire connaître ses statuts , mais tenant à agir au grand jour, nous avons voulu que notre Association fût *déclarée* à la Préfecture de police, et *rendue publique* par l'insertion au *Journal officiel*.

La Ligue " Par le Foyer "

Cette ligue, fondée par notre Association, a pour but de compléter, dans le domaine des faits journaliers et des situations créées, l'œuvre de l'Association dans le domaine des idées. C'est *par le foyer*, formé plus facilement, plus librement et dans un but plus élevé, qu'on parviendra à empêcher ces crimes dont le nombre croît sans cesse, et qui ont précisément pour causes les entraves diverses apportées à la création d'un foyer ; c'est *par le foyer*, avantageux d'ailleurs pour les intérêts matériels comme pour les intérêts moraux, qu'on parviendra à donner le « mieux-être » aux familles et en même temps, par une conséquence naturelle, plus d'union et de paix à la société.

Le *Comité de permanence et de gestion* de la ligue, composé de pères et de mères de famille, apportera, sous la garantie du secret absolu, une aide non seulement morale, mais pécuniaire, après enquête, aux malheureux sur le point d'être victimes du désespoir et du découragement parce qu'ils sont sans soutien. Par suite d'une organisation particulière, l'aide pécuniaire n'aura pas le caractère d'une aumône.

Pour être adhérent, il suffit de verser une cotisation de **cinquante centimes.**

Tout adhérent a le droit de contrôler son inscription sur le registre spécial qui se trouve au siège social de l'Association.

L'Action Littéraire

et

Artistique

REVUE MENSUELLE

SOMMAIRE :

Juin & Juillet 1904

Nᵒˢ 6 et 7

ADMINISTRATION & RÉDACTION : **5, rue Bonaparte, PARIS (VIᵉ)**

Abonnements { *France et Colonies :* Un an, **10** fr. — Six mois, **5** fr.
{ *Étranger :* Un an, **15** fr. — Six mois, **10** fr.

LE NUMÉRO : **0** FR. **85** CENTIMES

NOTRE BUT

(Extraits des premiers numéros de la Revue.)

> Le mieux-être par la foi
> dans un idéal, le travail,
> l'union et la paix.

Les lettres et les arts ont sur la mentalité d'un peuple, et par suite sur ses destinées, une influence que les historiens ne manquent jamais de faire ressortir : mais très souvent celles des œuvres littéraires et artistiques qui auraient l'influence la plus salutaire, et mériteraient le plus d'être connues et appréciées, sont précisément celles qui restent ignorées. A l'heure actuelle, la réclame tapageuse, chèrement payée, est aussi nécessaire pour faire prendre une œuvre d'art qu'un produit commercial. Le talent est devenu la chose la moins utile pour réussir. Deux sortes d'œuvres parviennent seules au succès : celles qui sont annoncées avec beaucoup de bruit, celles qui ont l'attrait de la lubricité. Ces dernières ne se trouvent pas seulement dans des publications spéciales dont le titre et l'aspect ne trompent point, mais, ce qui est plus dangereux, dans certains grands journaux quotidiens à un sou, feuilles puissantes enrichies en se faisant agences de proxénétisme et entremetteuses pour adultères dans de « petites annonces » très rémunératrices, — le moyen le meilleur de gagner de l'argent étant, aujourd'hui, de faciliter les vices. Et voilà comment le « poison de la littérature » pénètre chaque jour pour un sou dans les foyers les plus pauvres.

Il ne faut peut-être pas chercher d'autres causes à la décadence morale actuelle. Il est déjà douteux que des esprits très cultivés puissent lire impunément les conceptions morbides des cerveaux de nos neurasthéniques ; il est en revanche certain que pareille lecture se trouve néfaste pour tous les autres esprits, c'est à-dire pour la grande majorité des lecteurs. La littérature à un sou ! C'est à peu près la seule qu'on connaisse aujourd'hui. Pour un sou on a trois ou quatre feuilletons, plusieurs pages de faits-divers troublants, avec une odeur de sang et de poudre, faits-divers qui contiennent d'utiles leçons à l'adresse des aspirants criminels. Voilà une abondante lecture pouvant occuper plus que toutes les heures libres de la journée de l'ouvrier et de l'ouvrière. Il leur en reste encore pour leur dimanche !.. Et les romans d'amour sain et pur, qui apprennent la vie bonne et font penser, sont abandonnés de plus en plus...

Il en est de même pour les *Arts*. On s'attache surtout à la forme, et à ce qu'il peut y avoir de lascif dans sa reproduction. Ce n'est point là de l'Art. Le Beau, dont l'Art est l'expression humaine, réside dans l'*idée*, non dans la *forme* ; il est l'*harmonie des idées* qui se dégage d'une œuvre artistique.

Nous ferons connaître par cette Revue, par d'autres publications plus fréquentes et de prix populaire destinées à pénétrer dans les foyers pauvres, par des conférences, les œuvres littéraires et artistiques de nature à donner le goût du beau, la notion de la vérité, l'amour de tout ce qui est noble et généreux. Ainsi nous parviendrons à réaliser notre but, à la vérité très prétentieux : refaire la mentalité de ce pays, dévoyé par les souteneurs de la littérature pornographique comme par les sophismes des politiciens.

L'œuvre d'art véritable ne trompe pas ; elle montre la vérité, elle dirige la raison et le cœur.

La vérité est dans le travail personnel qui permet les joies immédiates ; l'erreur est dans la confiance en les promesses d'autrui de travailler pour vous à votre bonheur, elle consiste à rester inactif, les yeux tournés vers les idoles qu'on croit toutes-puissantes. Mais, pour qu'une œuvre littéraire et artistique soit bonne, il ne lui suffit pas de montrer cette vérité et cette erreur, il lui faut indiquer en même temps l'idéal nécessaire ; l'amélioration matérielle qui résulte du travail personnel procure une joie incomplète si elle ne fournit pas aussi le moyen d'approcher l'idéal généreux qu'on s'est formé.

Nous sommes des travailleurs, nous voulons le travail dans l'union et la paix. Nous travaillerons à ce que les divisions et les haines actuelles cessent, parce que la haine ne crée rien de viable et de grand. Nous travaillerons à faire comprendre aux hommes que, toujours faibles et impuissants quand ils agissent isolément, ils sont seulement capables d'œuvres belles et fécondes quand ils s'unissent. (Cette union est possible, malgré les divergences d'opinions, car ces divergences sont plus superficielles que profondes ; parfois même elles sont toutes factices, et en se différenciant de son voisin, on n'a pas le but de faire mieux que lui, mais seulement de prendre sa place. Il serait en vérité bien surprenant que les idées d'êtres ayant la même nature et les mêmes besoins fussent si profondément inconciliables.)

Par une éducation raisonnée on arrivera à comprendre que chacun peut vivre, satisfaire ses légitimes besoins, sans que ce soit au détriment de ses semblables ; c'est par cette éducation de l'esprit et par une action *pacifique* (nous insistons sur ce mot) qu'on arrivera à trouver l'organisation capable de réaliser l'harmonie sociale, car la colère et la violence sont les plus grands obstacles à tout progrès. L'asso-

ciation de tous les travailleurs intellectuels et manuels, leur union solidaire dans le but de défendre leurs intérêt matériels et moraux, contient la seule solution vraie de la question sociale. Cette solution n'est pas et ne peut pas être, en effet, dans les promesses des politiciens, qui ont intérêt au contraire à la retarder, car ils en vivent, et à fomenter la haine, destructrice des œuvres existantes, pour remplacer celles-ci par une organisation satisfaisant les passions égoïstes d'une tourbe violente.

Des esprits éminents, non révolutionnaires, vont même plus loin, et prétendent que ce n'est pas seulement des politiciens qu'on ne peut rien attendre d'utile au point de vue du progrès social, mais aussi des législateurs honnêtes et désintéressés, car, disent-ils, les législateurs ne font qu'enregistrer, poussés l'épée dans les reins, des réformes depuis longtemps réalisées dans la volonté de leurs mandants.

Quoi qu'il en soit de cette opinion, il faut reconnaître que l'union dans le beau et dans l'art est le prélude nécessaire de l'union pour les intérêts matériels et moraux. De telle sorte qu'on a le droit d'affirmer que la question sociale ne pourra pas être résolue tant que l'Art n'aura pas pénétré partout pour élever l'esprit des hommes dans les régions sereines où l'on aperçoit la pure vérité, faite non de luttes fratricides, mais de paix et de bonté.

C'est ainsi qu'apparaît l'utilité de notre œuvre. Si l'on veut que l'union sociale, si féconde, se forme, il est indispensable que les esprits se soient unis d'abord, comme nous le disions tout à l'heure, dans « le goût du beau, la notion de la vérité, l'amour de tout ce qui est noble et généreux ».

Cette union par les lettres et les arts se fera, car elle est aussi indispensable à la vie de l'esprit que l'air pur et la lumière à la vie du corps. S'unir dans leur harmonie, **ce n'est point rêver, c'est agir.**

Nous espérons que nos lecteurs voudront bien encourager de tout leur pouvoir notre œuvre d'action, au succès de laquelle ils sont directement intéressés, car, il ne faut pas craindre de le dire : d'une part le manque actuel de tout idéal, qui produit l'anarchie des cerveaux et l'égoïsme croissant, d'autre part le chaos des sophismes dans les esprits orgueilleux d'une instruction incomplète, nous conduisent à la guerre civile et à la barbarie.

Notre Association

Il est fondé sous le même nom que la Revue : *L'Action littéraire et artistique*, une Association qui a pour but de développer, par des conférences et des publications, l'action morale et sociale des œuvres littéraires et artistiques.

La cotisation des membres actifs est de *dix francs* par an.

Elle est reçue dans les bureaux de la Revue, ouverts tous les jours, dimanches et fêtes exceptés, de 2 heures à 5 heures du soir. Nos lecteurs de province peuvent nous l'adresser dans les mêmes bureaux, 5, rue Bonaparte, en un *bon de poste* (Cette cotisation est indépendante de l'abonnement à la Revue.) Les membres actifs doivent adhérer aux statuts.

Nous aurions pu, en vertu de la loi du 1er juillet 1901, former une Association « sans déclaration préalable », sans faire connaître ses statuts, mais tenant à agir au grand jour, nous avons voulu que notre Association fût *déclarée* à la Préfecture de police, et *rendue publique* par l'insertion au *Journal officiel*.

La Ligue " Par le Foyer "

Cette ligue, fondée par notre Association, a pour but de compléter, dans le domaine des faits journaliers et des situations créées, l'œuvre de l'Association dans le domaine des idées. C'est *par le foyer*, formé plus facilement, plus librement et dans un but plus élevé, qu'on parviendra à empêcher ces crimes dont le nombre croît sans cesse, et qui ont précisément pour causes les entraves diverses apportées à la création d'un foyer ; c'est *par le foyer*, avantageux d'ailleurs pour les intérêts matériels comme pour les intérêts moraux, qu'on parviendra à donner le « mieux-être » aux familles et en même temps, par une conséquence naturelle, plus d'union et de paix à la société.

La ligue s'occupe aussi de permettre aux miséreux de retourner dans leurs foyers, où il leur est plus facile de trouver du travail et des secours.

Le *Comité de permanence et de gestion* de la ligue, composé de pères et de mères de famille, apportera, sous la garantie du secret absolu, une aide non seulement morale, mais pécuniaire, après enquête, aux malheureux sur le point d'être victimes du désespoir et du découragement parce qu'ils sont sans soutien. Par suite d'une organisation particulière, l'aide pécuniaire n'aura pas le caractère d'une aumône.

Pour être adhérent, il suffit de verser une cotisation de **cinquante centimes.**

Tout adhérent a le droit de contrôler son inscription sur le registre spécial qui se trouve au siège social de l'Association.

L'Action Littéraire

et

Artistique

REVUE MENSUELLE

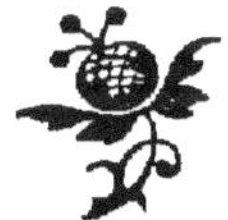

Août & Septembre 1904

Nos 8 et 9

ADMINISTRATION & RÉDACTION : **5, rue Bonaparte, PARIS (VIe)**

Abonnements { *France et Colonies :* Un an, **10** fr. — Six mois, **5** fr.
{ *Étranger :* Un an, **15** fr. — Six mois, **10** fr.

LE NUMÉRO : **0** FR. **85** CENTIMES

NOTRE BUT

(*Extraits des premiers numéros de la Revue.*)

> Le mieux-être par la foi
> dans un idéal, le travail,
> l'union et la paix.

Les lettres et les arts ont sur la mentalité d'un peuple, et par suite sur ses destinées, une influence que les historiens ne manquent jamais de faire ressortir ; mais très souvent celles des œuvres littéraires et artistiques qui auraient l'influence la plus salutaire, et mériteraient le plus d'être connues et appréciées, sont précisément celles qui restent ignorées. A l'heure actuelle, la réclame tapageuse, chèrement payée, est aussi nécessaire pour faire prendre une œuvre d'art qu'un produit commercial. Le talent est devenu la chose la moins utile pour réussir. Deux sortes d'œuvres parviennent seules au succès : celles qui sont annoncées avec beaucoup de bruit, celles qui ont l'attrait de la lubricité. Ces dernières ne se trouvent pas seulement dans des publications spéciales dont le titre et l'aspect ne trompent point, mais, ce qui est plus dangereux, dans certains grands journaux quotidiens à un sou, feuilles puissantes enrichies en se faisant agences de proxénétisme et entremetteuses pour adultères dans de « petites annonces » très rémunératrices, — le moyen le meilleur de gagner de l'argent étant, aujourd'hui, de faciliter les vices. Et voilà comment le « poison de la littérature » pénètre chaque jour pour un sou dans les foyers les plus pauvres.

Il ne faut peut-être pas chercher d'autres causes à la décadence morale actuelle. Il est déjà douteux que des esprits très cultivés puissent lire impunément les conceptions morbides des cerveaux de nos neurasthéniques ; il est en revanche certain que pareille lecture se trouve néfaste pour tous les autres esprits, c'est-à-dire pour la grande majorité des lecteurs. La littérature à un sou ! C'est à peu près la seule qu'on connaisse aujourd'hui. Pour un sou on a trois ou quatre feuilletons, plusieurs pages de faits-divers troublants, avec une odeur de sang et de poudre, faits-divers qui contiennent d'utiles leçons à l'adresse des aspirants criminels. Voilà une abondante lecture pouvant occuper plus que toutes les heures libres de la journée de l'ouvrier et de l'ouvrière. Il leur en reste encore pour leur dimanche !... Et les romans d'amour sain et pur, qui apprennent la vie bonne et font penser, sont abandonnés de plus en plus...

Il en est de même pour les *Arts*. On s'attache surtout à la forme, et à ce qu'il peut y avoir de lascif dans sa reproduction. Ce n'est point là de l'Art. Le Beau, dont l'Art est l'expression humaine, réside dans l'*idée*, non dans la *forme* ; il est *l'harmonie des idées* qui se dégage d'une œuvre artistique.

Nous ferons connaître par cette Revue, par d'autres publications plus fréquentes et de prix populaire destinées à pénétrer dans les foyers pauvres, par des conférences, les œuvres littéraires et artistiques de nature à donner le goût du beau, la notion de la vérité, l'amour de tout ce qui est noble et généreux. Ainsi nous parviendrons à réaliser notre but, à la vérité très prétentieux : refaire la mentalité de ce pays, dévoyé par les souteneurs de la littérature pornographique comme par les sophismes des politiciens.

L'œuvre d'art véritable ne trompe pas ; elle montre la vérité, elle dirige la raison et le cœur

La vérité est dans le travail personnel qui permet les joies immédiates : l'erreur est dans la confiance en les promesses d'autrui de travailler pour vous à votre bonheur, elle consiste à rester inactif, les yeux tournés vers les idoles qu'on croit toutes-puissantes. Mais, pour qu'une œuvre littéraire et artistique soit bonne, il ne lui suffit pas de montrer cette vérité et cette erreur, il lui faut indiquer en même temps l'idéal nécessaire ; l'amélioration matérielle qui résulte du travail personnel procure une joie incomplète si elle ne fournit pas aussi le moyen d'approcher l'idéal généreux qu'on s'est formé.

Nous sommes des travailleurs, nous voulons le travail dans l'union et la paix. Nous travaillerons à ce que les divisions et les haines actuelles cessent, parce que la haine ne crée rien de viable et de grand. Nous travaillerons à faire comprendre aux hommes que, toujours faibles et impuissants quand ils agissent isolément, ils sont seulement capables d'œuvres belles et fécondes quand ils s'unissent. (Cette union est possible, malgré les divergences d'opinions, car ces divergences sont plus superficielles que profondes ; parfois même elles sont toutes factices, et en se différenciant de son voisin, on n'a pas le but de faire mieux que lui, mais seulement de prendre sa place. Il serait en vérité bien surprenant que les idées d'êtres ayant la même nature et les mêmes besoins fussent si profondément inconciliables.)

Par une éducation raisonnée on arrivera à comprendre que chacun peut vivre, satisfaire ses légitimes besoins, sans que ce soit au détriment de ses semblables ; c'est par cette éducation de l'esprit et par une action *pacifique* (nous insistons sur ce mot) qu'on arrivera à trouver l'organisation capable de réaliser l'harmonie sociale, car la colère et la violence sont les plus grands obstacles à tout progrès. L'asso-

ciation de tous les travailleurs intellectuels et manuels, leur union solidaire dans le but de défendre leurs intérêt matériels et moraux, contient la seule solution vraie de la question sociale. Cette solution n'est pas et ne peut pas être, en effet, dans les promesses des politiciens, qui ont intérêt au contraire à la retarder, car ils en vivent, et à fomenter la haine, destructrice des œuvres existantes, pour remplacer celles-ci par une organisation satisfaisant les passions égoïstes d'une tourbe violente.

Des esprits éminents, non révolutionnaires, vont même plus loin, et prétendent que ce n'est pas seulement des politiciens qu'on ne peut rien attendre d'utile au point de vue du progrès social, mais aussi des législateurs honnêtes et désintéressés, car, disent-ils, les législateurs ne font qu'enregistrer, poussés l'épée dans les reins, des réformes depuis longtemps réalisées dans la volonté de leurs mandants.

Quoi qu'il en soit de cette opinion, il faut reconnaître que l'union dans le beau et dans l'art est le prélude nécessaire de l'union pour les intérêts matériels et moraux. De telle sorte qu'on a le droit d'affirmer que la question sociale ne pourra pas être résolue tant que l'Art n'aura pas pénétré partout pour élever l'esprit des hommes dans les régions sereines où l'on aperçoit la pure vérité, faite non de luttes fratricides, mais de paix et de bonté.

C'est ainsi qu'apparaît l'utilité de notre œuvre. Si l'on veut que l'union sociale, si féconde, se forme, il est indispensable que les esprits se soient unis d'abord, comme nous le disions tout à l'heure, dans « le goût du beau, la notion de la vérité, l'amour de tout ce qui est noble et généreux ».

Cette union par les lettres et les arts se fera, car elle est aussi indispensable à la vie de l'esprit que l'air pur et la lumière à la vie du corps. S'unir dans leur harmonie, **ce n'est point rêver, c'est agir.**

Nous espérons que nos lecteurs voudront bien encourager de tout leur pouvoir notre œuvre d'action, au succès de laquelle ils sont directement intéressés, car, il ne faut pas craindre de le dire : d'une part le manque actuel de tout idéal, qui produit l'anarchie des cerveaux et l'égoïsme croissant, d'autre part le chaos des sophismes dans les esprits orgueilleux d'une instruction incomplète, nous conduisent à la guerre civile et à la barbarie.

Notre Association

Il est fondé sous le même nom que la Revue : *L'Action littéraire et artistique*, une Association qui a pour but de développer, par des conférences et des publications, l'action morale et sociale des œuvres littéraires et artistiques.

La cotisation des membres actifs est de *dix francs* par an.

Elle est reçue dans les bureaux de la Revue, ouverts tous les jours, dimanches et fêtes exceptés, de 2 heures à 5 heures du soir. Nos lecteurs de province peuvent nous l'adresser dans les mêmes bureaux. 5, rue Bonaparte, en un *bon de poste.* (Cette cotisation est indépendante de l'abonnement à la Revue.) Les membres actifs doivent adhérer aux statuts.

Nous aurions pu, en vertu de la loi du 1er juillet 1901, former une Association « sans déclaration préalable », sans faire connaître ses statuts , mais tenant à agir au grand jour, nous avons voulu que notre Association fût *déclarée* à la Préfecture de police, et *rendue publique* par l'insertion au *Journal officiel*.

La Ligue " Par le Foyer "

Cette ligue, fondée par notre Association, a pour but de compléter, dans le domaine des faits journaliers et des situations créées, l'œuvre de l'Association dans le domaine des idées. C'est *par le foyer*, formé plus facilement, plus librement et dans un but plus élevé, qu'on parviendra à empêcher ces crimes dont le nombre croît sans cesse, et qui ont précisément pour causes les entraves diverses apportées à la création d'un foyer ; c'est *par le foyer*, avantageux d'ailleurs pour les intérêts matériels comme pour les intérêts moraux, qu'on parviendra à donner le « mieux-être » aux familles et en même temps, par une conséquence naturelle, plus d'union et de paix à la société.

La ligue s'occupe aussi de permettre aux miséreux de retourner dans leurs foyers, où il leur est plus facile de trouver du travail et des secours.

Le *Comité de permanence et de gestion* de la ligue, composé de pères et de mères de famille, apportera, sous la garantie du secret absolu, une aide non seulement morale, mais pécuniaire, après enquête, sur le point d'être victimes du désespoir et du découragement parce qu'ils sont sans soutien. Par suite d'une organisation particulière, l'aide pécuniaire n'aura pas le caractère d'une aumône.

Pour être adhérent, il suffit de verser une cotisation de **cinquante** *centimes.*

Tout adhérent a le droit de contrôler son inscription sur le **registre** spécial qui se trouve au siège social de l'Association.

L'Action Littéraire

et

Artistique

REVUE MENSUELLE

Octobre-Novembre-Décembre 1904

Nᵒˢ 10, 11 et 12

ADMINISTRATION & RÉDACTION : 5, rue Bonaparte, PARIS (VIᵉ)

Abonnements { France et Colonies : Un an, **10** fr. — Six mois, **5** fr.
{ Étranger : Un an, **15** fr. — Six mois, **10** fr.

LE NUMÉRO : **0** FR. **85** CENTIMES

NOTRE BUT

(*Extraits des premiers numéros de la Revue.*)

> Le mieux-être par la foi
> dans un idéal le travail,
> l'union et la paix.

Les lettres et les arts ont sur la mentalité d'un peuple, et par suite sur ses destinées, une influence que les historiens ne manquent jamais de faire ressortir . mais très souvent celles des œuvres littéraires et artistiques qui auraient l'influence la plus salutaire, et mériteraient le plus d'être connues et appréciées, sont précisément celles qui restent ignorées A l'heure actuelle, la réclame tapageuse, chèrement payée, est aussi nécessaire pour faire prendre une œuvre d'art qu'un produit commercial. Le talent est devenu la chose la moins utile pour réussir. Deux sortes d'œuvres parviennent seules au succès : celles qui sont annoncées avec beaucoup de bruit, celles qui ont l'attrait de la lubricité. Ces dernières ne se trouvent pas seulement dans des publications spéciales dont le titre et l'aspect ne trompent point, mais, ce qui est plus dangereux, dans certains grands journaux quotidiens à un sou, feuilles puissantes enrichies en se faisant agences de proxénétisme et entremetteuses pour adultères dans de « petites annonces » très rémunératrices, — le moyen le meilleur de gagner de l'argent étant, aujourd'hui, de faciliter les vices. Et voilà comment le « poison de la littérature » pénètre chaque jour pour un sou dans les foyers les plus pauvres.

Il ne faut peut-être pas chercher d'autres causes à la décadence morale actuelle. Il est déjà douteux que des esprits très cultivés puissent lire impunément les conceptions morbides des cerveaux de nos neurasthéniques ; il est en revanche certain que pareille lecture se trouve néfaste pour tous les autres esprits, c'est à-dire pour la grande majorité des lecteurs. La littérature à un sou ! C'est à peu près la seule qu'on connaisse aujourd'hui. Pour un sou on a trois ou quatre feuilletons, plusieurs pages de faits-divers troublants, avec une odeur de sang et de poudre, faits-divers qui contiennent d'utiles leçons à l'adresse des aspirants criminels. Voilà une abondante lecture pouvant occuper plus que toutes les heures libres de la journée de l'ouvrier et de l'ouvrière. Il leur en reste encore pour leur dimanche !.. Et les romans d'amour sain et pur, qui apprennent la vie bonne et font penser, sont abandonnés de plus en plus...

Il en est de même pour les *Arts*. On s'attache surtout à la forme, et à ce qu'il peut y avoir de lascif dans sa reproduction. Ce n'est point là de l'Art. Le Beau, dont l'Art est l'expression humaine, réside dans l'*idée*, non dans la *forme* ; il est l'*harmonie des idées* qui se dégage d'une œuvre artistique.

Nous ferons connaître par cette Revue, par d'autres publications plus fréquentes et de prix populaire destinées à pénétrer dans les foyers pauvres, par des conférences, les œuvres littéraires et artistiques de nature à donner le goût du beau, la notion de la vérité, l'amour de tout ce qui est noble et généreux. Ainsi nous parviendrons à réaliser notre but, à la vérité très prétentieux : refaire la mentalité de ce pays, dévoyé par les souteneurs de la littérature pornographique comme par les sophismes des politiciens.

L'œuvre d'art véritable ne trompe pas ; elle montre la vérité, elle dirige la raison et le cœur.

La vérité est dans le travail personnel qui permet les joies immédiates ; l'erreur est dans la confiance en les promesses d'autrui de travailler pour vous à votre bonheur, elle consiste à rester inactif, les yeux tournés vers les idoles qu'on croit toutes-puissantes. Mais, pour qu'une œuvre littéraire et artistique soit bonne, il ne lui suffit pas de montrer cette vérité et cette erreur, il lui faut indiquer en même temps l'idéal nécessaire ; l'amélioration matérielle qui résulte du travail personnel procure une joie incomplète si elle ne fournit pas aussi le moyen d'approcher l'idéal généreux qu'on s est formé.

Nous sommes des travailleurs, nous voulons le travail dans l'union et la paix. Nous travaillerons à ce que les divisions et les haines actuelles cessent, parce que la haine ne crée rien de viable et de grand. Nous travaillerons à faire comprendre aux hommes que, toujours faibles et impuissants quand ils agissent isolément, ils sont seulement capables d'œuvres belles et fécondes quand ils s'unissent. (Cette union est possible, malgré les divergences d'opinions, car ces divergences sont plus superficielles que profondes ; parfois même elles sont toutes factices, et en se différenciant de son voisin, on n'a pas le but de faire mieux que lui, mais seulement de prendre sa place. Il serait en vérité bien surprenant que les idées d'êtres ayant la même nature et les mêmes besoins fussent si profondément inconciliables.)

Par une éducation raisonnée on arrivera à comprendre que chacun peut vivre, satisfaire ses légitimes besoins, sans que ce soit au détriment de ses semblables ; c'est par cette éducation de l'esprit et par une action *pacifique* (nous insistons sur ce mot) qu'on arrivera à trouver l'organisation capable de réaliser l'harmonie sociale, car la colère et la violence sont les plus grands obstacles à tout progrès. L'asso-

ciation de tous les travailleurs intellectuels et manuels, leur union solidaire dans le but de défendre leurs intérêts matériels et moraux, contient la seule solution vraie de la question sociale. Cette solution n'est pas et ne peut pas être, en effet, dans les promesses des politiciens, qui ont intérêt au contraire à la retarder, car ils en vivent, et à fomenter la haine, destructrice des œuvres existantes, pour remplacer celles-ci par une organisation satisfaisant les passions égoïstes d'une tourbe violente.

Des esprits éminents, non révolutionnaires, vont même plus loin, et prétendent que ce n'est pas seulement des politiciens qu'on ne peut rien attendre d'utile au point de vue du progrès social, mais aussi des législateurs honnêtes et désintéressés, car, disent-ils, les législateurs ne font qu'enregistrer, poussés l'épée dans les reins, des réformes depuis longtemps réalisées dans la volonté de leurs mandants.

Quoi qu'il en soit de cette opinion, il faut reconnaître que l'union dans le beau et dans l'art est le prélude nécessaire de l'union pour les intérêts matériels et moraux. De telle sorte qu'on a le droit d'affirmer que la question sociale ne pourra pas être résolue tant que l'Art n'aura pas pénétré partout pour élever l'esprit des hommes dans les régions sereines où l'on aperçoit la pure vérité, faite non de luttes fratricides, mais de paix et de bonté.

C'est ainsi qu'apparaît l'utilité de notre œuvre. Si l'on veut que l'union sociale, si féconde, se forme, il est indispensable que les esprits se soient unis d'abord, comme nous le disions tout à l'heure, dans « le goût du beau, la notion de la vérité, l'amour de tout ce qui est noble et généreux ».

Cette union par les lettres et les arts se fera, car elle est aussi indispensable à la vie de l'esprit que l'air pur et la lumière à la vie du corps. S'unir dans leur harmonie, **ce n'est point rêver, c'est agir.**

Nous espérons que nos lecteurs voudront bien encourager de tout leur pouvoir notre œuvre d'action, au succès de laquelle ils sont directement intéressés, car, il ne faut pas craindre de le dire : d'une part le manque actuel de tout idéal, qui produit l'anarchie des cerveaux et l'égoïsme croissant, d'autre part le chaos des sophismes dans les esprits orgueilleux d'une instruction incomplète, nous conduisent à la guerre civile et à la barbarie.

Notre Association

Il est fondé sous le même nom que la Revue : *L'Action littéraire et artistique*, une Association qui a pour but de développer, par des conférences et des publications, l'action morale et sociale des œuvres littéraires et artistiques.

La cotisation des membres actifs est de *dix francs* par an.

Elle est reçue dans les bureaux de la Revue, ouverts tous les jours, dimanches et fêtes exceptés, de 2 heures à 5 heures du soir. Nos lecteurs de province peuvent nous l'adresser dans les mêmes bureaux, 5, rue Bonaparte, en un *bon de poste* (Cette cotisation est indépendante de l'abonnement à la Revue.) Les membres actifs doivent adhérer aux statuts.

Nous aurions pu, en vertu de la loi du 1ᵉʳ juillet 1901, former une Association « sans déclaration préalable », sans faire connaître ses statuts, mais tenant à agir au grand jour, nous avons voulu que notre Association fût *déclarée* à la Préfecture de police, et *rendue publique* par l'insertion au *Journal officiel*.

La Ligue " Par le Foyer "

Cette ligue, fondée par notre Association, a pour but de compléter, dans le domaine des faits journaliers et des situations créées, l'œuvre de l'Association dans le domaine des idées. C'est *par le foyer*, formé plus facilement, plus librement et dans un but plus élevé, qu'on parviendra à empêcher ces crimes dont le nombre croît sans cesse, et qui ont précisément pour causes les entraves diverses apportées à la création d'un foyer ; c'est *par le foyer*, avantageux d'ailleurs pour les intérêts matériels comme pour les intérêts moraux, qu'on parviendra à donner le « mieux-être » aux familles et en même temps, par une conséquence naturelle, plus d'union et de paix à la société.

La ligue s'occupe aussi de permettre aux miséreux de retourner dans leurs foyers, où il leur est plus facile de trouver du travail et des secours.

Le *Comité de permanence et de gestion* de la ligue, composé de pères et de mères de famille, apportera, sous la garantie du secret absolu, une aide non seulement morale, mais pécuniaire, après enquête, aux malheureux sur le point d'être victimes du désespoir et du découragement parce qu'ils sont sans soutien. Par suite d'une organisation particulière, l'aide pécuniaire n'aura pas le caractère d'une aumône.

Pour être adhérent, il suffit de verser une cotisation de cinquante centimes.

Tout adhérent a le droit de contrôler son inscription sur le registre spécial qui se trouve au siège social de l'Association.